지은이 옥한흠

제자훈련에 인생을 건 광인(狂人) 옥한흠. 그는 선교 단체의 전유물이던 제자훈련을 개혁주의 교회론에 입각하여 창의적으로 재해석하고 지역 교회에 적용한 교회 중심 제자훈련의 선구자다.

1978년 사랑의교회를 개척한 후, 줄곧 '한 사람' 목회철학으로 예수 그리스도를 닮은 평신도 지도자를 양성하는 데 사력을 다했다. 사랑의교회는 지역 교회에 제자훈련을 접목해 풍성한 열매를 거둔 첫 사례가 되었으며, 국내외 수많은 교회가 본받는 모델 교회로 자리매김했다. 1986년에 시작한 〈평신도를 깨운다 제자훈련 지도자 세미나〉(Called to Awaken the Laity, CAL세미나)는 제자훈련을 목회의 본질로 끌어안고 씨름하는 수많은 목회자에게 이론과 현장을 동시에 제공하는 탁월한 세미나로 인정받고 있다.

철저한 자기 절제가 빚어낸 그의 설교는 듣는 이의 영혼에 강한 울림을 주는 육화된 하나님의 말씀으로 나타났다. 50대 초반에 발병하여 72세의 일기로 생을 마감할 때까지 그를 괴롭힌 육체의 질병은 그로 하여금 더욱 더 하나님 말씀에 천착하도록 이끌었다. 삶의 현장을 파고드는 다양한 이슈의 주제 설교와 더불어 성경 말씀을 심도 있게 다룬 강해 설교 시리즈를 통해 성도들에게 하나님 말씀을 이해하는 지평을 넓혀준 그는, 실로 우리 시대의 탁월한 성경 해석자요 강해 설교가였다.

설교 강단에서뿐만 아니라 삶의 자리에서도 신실하고자 애썼던 그는 한목협(한국기독교목회자협의회)과 교갱협(교회갱신을위한목회자협의회)을 통해 한국교회의 일치와 갱신에도 앞장섰다. 그리하여 보수 복음주의 진영은 물론 진보 진영으로부터도 존경받는, 보기 드문 목회자였다.

1938년 경남 거제에서 태어났으며 성균관대학교와 총신대학원을 졸업했다. 미국의 캘빈신학교(Th. M.)와 웨스트민스터신학교에서 공부했으며, 동(同) 신학교에서 평신도 지도자 훈련에 관한 논문으로 학위(D. Min.)를 취득했다. 제자훈련 사역으로 한국교회에 끼친 공로를 인정받아 웨스트민스터신학교에서 수여하는 명예신학박사 학위(D. D.)를 받았다. 2010년 9월 2일, 주님과 동행한 72년간의 은혜의 발걸음을 뒤로하고 하나님의 너른 품에 안겼다.

교회 중심의 제자훈련 교과서인 《평신도를 깨운다》를 비롯해 《길》, 《안아주심》, 《고통에는 뜻이 있다》, 성경 강해 시리즈인 《로마서 1, 2, 3》, 《요한이 전한 복음 1, 2, 3》 등 수많은 스테디셀러를 남겼으며, 그의 인생을 다룬 책으로는 《열정 40년》, 《광인》 등이 있다.

옥한흠 전집 강해 10

산상수훈 2 하늘 행복으로 살아가는 작은 예수

Romans   John   Acts   Sermon on the Mount

산상수훈 2

하늘 행복으로
살아가는
작은 예수

옥한흠 지음

국제제자훈련원

서문

나는 30년이 넘도록 예수님의 제자 됨이 무엇인가에 깊은 관심을 쏟아왔다. 사랑의교회를 개척하고 제자훈련으로 평신도를 깨우는 것을 목회철학으로 정한 뒤 지금껏 곁눈질 한 번 하지 않고 외길을 달려왔다. 그러나 그동안 남모르는 갈등이 없지 않았다. 예수님을 배우고 닮고 따라가는 삶이 말처럼 쉬운 일도 아닐뿐더러 제자 됨이 무엇인지 알면 알수록 기쁨보다 부담을 느낀 적이 많았기 때문이다. 그리고 나 자신을 비롯해 많은 그리스도인에게서 예수님의 모습이 잘 보이지 않을 때 실망하고 좌절하기를 여러 번 했다. 때로는 "제자가 되자"라는 말을 이제 그만해야겠다는 생각에 시달리기도 했다.

그럼에도 나는 강단에서 "예수님을 닮은 제자가 되자"라고 설교했으며, 지금도 기회가 있을 때마다 제자 됨을 강조하고 있다. 이는 우리를 구원하신 하나님의 소원이며 궁극적인 목적이다. 내가 마음에 든다고 해서 말하거나 그렇지 않다고 해서 입을 다물 수 있는 것이 아니다. 설혹 내가 예수님의 제자 됨에 한참 미치지 못하는 자격 미달의 사람이라 할지라도 이런 이유로 입을 다물어서는 안 된다. 모든 민족을 제자로 삼으라고 명령하신 주님이 "내가 너희에게 분부한 모든 것을 가르쳐 지키게 하라"고 엄명하셨기 때문이다. 나는 이 일을 위해 직분을 받았다. 그러므로 바울이 말한 것처럼 억지로라도 말해야 하고 가르쳐야 한다.

마태복음에 나오는 산상수훈은 제자 됨이 어떤 인격과 삶을 요구하는지 명쾌하게 보여주는 원전(原典)이라고 할 수 있다. 예수님 닮기를 사모하는 사람은 날마다 이 교훈의 거울에 자기를 비춰 보면서 순종하지 않으면 안 된다. 어쩌다 산상수훈을 읽어본 불신자들은 대개 비슷한 반응을 보인다. 예수님을 믿는 사람의 진짜 자화상이 바로 여기에 있다는 식이다. 다시 말해 '예수님을 믿는다고 말하려면 적어도 이 말씀과 엇비슷한 인격과 삶을 보여야 돼'라고 생각한다는 것이다.

저명한 문학평론가로 알려진 교수가 초청을 받은 교회에서 자기가 왜 예수를 믿지 않고 거부하는지를 이야기한 일이 있다. 믿기를 거부하는 사람들이 늘어놓는 변명은 식자나 무식자나 거의 비슷해서 우리의 관심을 끌지 못하는 것이 사실이다. 그러나 그 교수의 변은 남다른 데가 있었다. 자기는 산상수훈을 많이 읽었고 연구를 해본 일도 있다고 했다. 그러면서 한 가지 의아한 생각이 들었다고 한다. 말씀대로 사는 그리스도인을 찾기가 어려웠기 때문이다. 그러다 보니 자기도 모르게 "입만 살아 있는 것이 예수 믿는 사람"이라는 좋지 못한 선입견을 가지게 되었다. 그가 마지막으로 던진 한마디는 아주 충격적이었다. "산상수훈대로 사는 성도들이 다니는 교회가 있다면 저에게 소개해주세요. 그러면 두말 않고 예수님을 믿겠습니다."

산상수훈이 풍기는 이런 예민한 성격 때문에 나는 오랫동안 이 본문을 통째로 주일 강단에서 강해할 엄두를 내지 못했다. 비록 목사지만 산상수훈에 부응할 수 있는 삶을 살지 못하면서 "온유해라, 오른뺨을 돌려대라"와 같은 내용을 설교하기가 무척 어려웠기 때문이다. 설교자가 자기 경건에 근거해서 설교를 하면 안 된다는 사실을 잘 알면서도 내 삶에 육화되지 못한 내용을 청중에게 강요한다는 것은 말처럼 쉽지 않았다.

어느 날 한 성도로부터 이메일을 받았다. 그동안 요한복음 강해를 해주어서 감사하다는 인사와 함께 언젠가 기회가 되면 산상수훈 강해를 꼭 해달라는 부탁의 내용이었다. 이상하게도 이 형제의 요청이 나에게는 마치 주님의 음성처럼 들렸다. 그 음성은 내가 설교하기로 마음먹고 산상수훈을 펴서 묵상하기 시작한 그날까지 사라지지 않았다.

산상수훈이 우리에게 주는 메시지는 분명하다. 예수님의 제자는 "하늘에 계신 너희 아버지의 온전하심과 같이 너희도 온전하라"(마 5:48)는 것이다. 세상에서 부름받은 하나님의 자녀는 땅에서부터 온전함이라는 정상을 목표로 삼고 열심히 오르는 자가 되어야 한다.

오늘날 세상 사람들의 눈에 비치는 그리스도인의 이미지는 너무나 참담하다. 그들의 눈에 우리가 자기들과 다른 게 별로 없어 보인다. 성경을 들고 있다고 해서 우리를 특별하다고 생각하지 않는다. 어쩌다가 이 지경에까지 이르렀을까? 산상수훈대로 살아야 하는 거룩한 목표를 상실했기 때문이다. "너무 어려운 말씀이고 너무 비현실적이야. 이대로 사는 사람은 아무도 없어, 믿음만 있으면 구원받는데…" 등의 변명을 늘어놓으면서, 이 교훈을 마치 응접실에 치장용으로 걸어놓은 액자처럼 여기며 신앙생활을 한 것에 원인이 있다고 해야 할 것이다. 내세 구원을 외치는 사람은 많지만 예수님의 제자가 되자고 외치는 목소리에는 점점 힘이 빠져가는 우리의 상태가 이런 현실을 잘 설명하고 있지 않은가?

산상수훈은 한국교회가 살고 우리가 다시 빛을 발할 수 있는 길이 어디에 있는지를 제시하고 있다. '우리는 흠이 없는 자가 되어야 한다'는 말이 아니다. '우리가 오를 정상이 어디인가를 분명히 하자'는 것이다. 그 정상은 '작은 예수'다. 그렇게 되려고 흉내라도 내야 한다. 우리 모두는 지금 당장 갈릴리 언덕으로 달려가 "심령이 가난한 자는 복이 있나니 천국이 그들의 것임이요"라고 가르치시는 주님의 무릎 앞에 다가앉아야 할 것이다. 그리고 그분의 얼굴을 뚫어지게 바라보아야 할 것이다.

본서를 책으로 내기 위해 보이지 않는 곳에서 정성을 다해 수고한 지체들이 여럿이다. 국제제자훈련원의 교역자들과 비서실의 박정은 자매에게 깊은 사랑과 감사를 보낸다. 무엇보다 1년 가까이 설교를 들으면서 나를 격려해준 사랑의교회 성도들에게 뜨거운 감사를 전하고 싶다.

2001년 7월
옥한흠

차례

16

하나님이 짝지어주신 부부

마태복음 5장 31-32절

31 또 일렀으되 누구든지 아내를 버리려거든 이혼 증서를 줄 것이라 하였으나 32 나는 너희에게 이르노니 누구든지 음행한 이유 없이 아내를 버리면 이는 그로 간음하게 함이요 또 누구든지 버림받은 여자에게 장가드는 자도 간음함이니라

한 사람이 일생 동안 만나고 헤어지는 사람의 수가 전부 몇 명이나 될까요? 계산해본 적은 없지만 대단히 많으리라 생각합니다. 대부분은 스치는 바람처럼 큰 의미 없이 지나가는 만남일 것입니다. 그러나 어떤 경우는 세상에서 흔히 쓰는 말처럼 '숙명적인 만남'이 될 수도 있습니다.

기독교에서는 그것을 '섭리적인 만남'이라고 합니다. 하나님의 뜻 안에서 그러한 만남이 이루어진다는 믿음에 기반한 말입니다. 그러므로 한 사람의 생을 완전히 바꾸어놓는 단 한 번의 만남이 있을 수 있습니다. 이런 섭리적인 만남 가운데서도 가장 대표적인 것이 남녀가 만나 부부가 되는 것입니다.

하나님이 하셨다

결혼생활의 알파, 즉 결혼해서 부부가 된 사람들이 끼워야 할 첫 단추가 있습니다. 마태복음에 나온

대로 하나님께서 두 사람을 짝지어주셨다는 사실을 기억하는 것입니다(마 19:6). 우리는 배우자를 자신의 자유의지로 선택했다고 생각합니다. 내가 좋아서, 내 마음에 들어서, 내가 선택했다고 말합니다. 그러나 자유의지의 배후에는 하나님의 손길이 있음을 말씀을 통해 알 수 있습니다.

오래전부터 하나님은 누구와 누구를 만나게 해서 짝을 지어주어야겠다는 계획을 세우셨습니다. 그 계획대로 하나님은 두 사람의 한 걸음 한 걸음을 인도하셨습니다. 수십만 명이나 되는 총각 가운데 한 사람과, 수십만 명이나 되는 처녀 가운데 한 사람이 부부로 만나는 일은 사람의 마음대로 할 수 있는 것이 아닙니다. 둘을 만나게 하신 하나님의 손길이 있습니다.

남이 보기에는 별로 호감을 살 것 같지 않은데 자기 눈에는 매력적으로 비칩니다. 제 눈에 안경입니다. 이것도 놀라운 일입니다. 다 인연이 되려고 그러는 것입니다. 인연이 된다는 말은 하나님이 예정해놓으셨기에 두 사람이 그 안에서 움직인다는 의미입니다. 그래서 자신도 모르게 마음이 열려 사랑하고, 결혼하고, 부부가 됩니다. 그런 면에서 볼 때 하나님이 짝지어주신 것은 부부의 알파요, 첫 단추라고 할 수 있습니다.

하나님의 허락 없이는

부부의 오메가요, 마지막 단추라고 할 수 있는 것은 "사람이 나누지 못할지니라"(마 19:6) 하신 말씀입니다. 만나게 하시고 부부로 맺어주신 분이 하나님이기 때문에 하나님의 허락 없이는 절대로 나눌 수 없습니다.

부부가 된다는 것은, "하나님께서 짝지어주셨고 하나님의 허락 없이는 나눌 수 없다"라는 틀 속에서 두 사람이 만나는 것을 의미합니다. 따라서 사람이 나누지 못한다는 말씀은 절대 명령, 절대 계명이라고 할 수 있습니다. 여기에 예외 조항이나 단서가 붙을 수 없습니다.

"살인하지 말라"는 계명은 십계명에 명시된 중요한 조항입니다. 여기에는 "누구는 죽여도 좋고, 누구는 죽이지 말고 누구는 반쯤만 죽여라" 하는 예외 조항이 없습니다. 무조건 죽이지 말라는 것입니다. 죽이면 대가를 지불해야 한다는 의미입니다. 이처럼 하나님이 짝지어주신 관계를 사람이 나눌 수 없다는 것도 예외 조항이 붙을 수 없는 하나님의 절대적이고 엄숙한 명령이라는 사실을 받아들여야 합니다.

자비의 탈출구

성경을 읽다 보면 놀라운 사실을 발견합니다. 하나님께서 절대로 나누지 못한다고 해놓으셨지만, 이혼을 할 수 있는 예외 조항을 달아놓으신 것입니다. 신명기에 이런 말씀이 나옵니다. "사람이 아내를 맞이하여 데려온 후에 그에게 수치 되는 일이 있음을 발견하고 그를 기뻐하지 아니하면 이혼 증서를 써서 그의 손에 주고 그를 자기 집에서 내보낼 것이요 그 여자는 그의 집에서 나가서 다른 사람의 아내가 되려니와"(신 24:1-2).

당시는 여자를 데리고 사느냐 내보내느냐 하는 권한이 남자에게 있었기 때문에 하나님도 남성 중심적으로 말씀하셨습니다. 그렇다면 '수치 되는 일'이란 무엇입니까? 구절 자체로 보면 애매모호합니다. 그런데 예수님께서는 마태복음 5장 32절에서 그것을 음행으로 해석하셨습니다. "누구든지 음행한 이유 없이 아내를 버리면 이는 그로 간음하게 함이요 또 누구든지 버림받은 여자에게 장가드는 자도 간음함이니라." 음행이라는 문제가 생기면, 즉 부부가 정절을 지키지 않고 성적으로 탈선하면 이혼을 할 수 있다는 단서 조항을 다셨습니다. 주님은 성적 탈선을 수치스러운 일로 해석하셨습니다.

사도 바울은 고린도전서에서 또 하나의 예를 추가했습니다. 이것도 이혼의 조건이기 때문에 수치스러운 일의 범주에 포함할 수 있습니다. "혹 믿지 아니하는 자가 갈리거든 갈리게 하라 형제나 자매나 이런 일에 구애될 것이 없느니라"(고전 7:15). 즉 믿지 않는 남편이나 아내와 꼭 헤어지기를 원한다면 헤어지라는 말씀입니다. 불신 남편이나 아내를 둔 사람은 이혼이 가능함을 추리할 수 있는 대목입니다.

초대교회 당시 예수님을 믿는 것은 곧 생명을 내어놓는 행위나 다름없었습니다. 예수님을 영접한 사람들 대부분이 경제적으로 매우 어려운 형편에 있거나 노예 혹은 여자처럼 사회적으로 인정받지 못하던, 낮고 천한 신분의 사람들이었습니다. 게다가 종교적인 핍박까지 극심했으니 대다수 그리스도인들의 형편이 어떠했을지 상상할 수 있습니다.

어느 가정에서 부인이 먼저 예수님을 믿고 거듭나 예수님께 마음을 완전히 뺏겼다고 합시다. 남편이 보니 마음에 들지 않습니다. 처음에는 그만 믿으라고 경고합니다. 그래도 부인이 말을 안 듣습니다. 생명을 걸고 믿겠다는데 누가 말리겠습니까? 드디어 남편과 부인 사이에 충돌이 일어납니다. 나중에는 말을 듣지 않는 부인에게 남편이 폭력을 행사합니다. 집에서 쫓아내기도 합니다. 부인은 도저히 견딜 수 없었습니다. 불신 남편이 믿는 아내와 도저히 살 수 없다 하여 이런 상황에까지 이르면 이혼을 해도 된다는 말입니다.

반대로 남편이 예수님을 믿었는데 아내가 죽어도 안 믿겠다고 하면서 집에만 들어오면 바가지를 긁습니다. 아예 문을 걸어 잠그고 열어주지 않습니다. 이처럼 일상이 지옥과 같아진다면 정상적인 신앙생활을 할 수 없지 않겠습니까? 그럴 때는 나누어지라는 말입니다.

이런 몇 가지 경우에서 하나님의 놀라운 자비와 은혜를 느낍니다. "내가 짝지은 것을 사람이 절대 나눌 수 없다"라고 엄하게 말씀하셨지만 "이런 경우는 나눌 수 있다"라고 예외 조항을 두신 이유는, 우리의 연약함과 부족함을 너무나 불쌍히 여기셔서 탈출구를 마련해주신 것입니다. 우리를 향한 하나님의 세심한 배려였습니다.

어떤 부부가 있습니다. 남편이 보기에 부인이 어딘가 미심쩍습니다. 자기에게 마음을 주지 않는 것 같고, 다른 남자를 좋아하는 것 같습니다. 심지어 바람을 피웠다는 소문도 들려옵니다. 그런데 증거는 잡을 수 없습니다. 이 정도가 되면 남편의 얼굴 표정이 바뀝니다. 툭하면 부부 싸움을 합니다. 나중에는 폭력을 행사하고 집 안에서 비명 소리가 자주 들립니다.

그런데 하나님께서 "이혼을 하면 안 된다. 만약 이혼을 하면 사형이다"하며 못을 박으시고 탈출구를 전혀 만들어놓지 않으셨다면, 차마 이혼은 못 하겠지만 그 결과가 어떻겠습니까? 부인은 온몸에 시퍼런 멍이 든 채 들것에 실려 나올지도 모릅니다. 그러므로 최악의 경우는 이혼할 수 있도록 하나님께서 여지를 주신 것입니다. 하나님께서 우리의 형편을 얼마나 잘 아시고 불쌍히 여기시는지 알 수 있습니다.

정면 도전: 제 맘대로

안타까운 점은, 하나님께서 인간의 연약함과 완악함을 감안하여 마련해두신 예외 조항을 사람들이 악용한다는 사실입니다. 수치스러운 일이 있으면 아내에게 이혼 증서를 써주고 나누어져도 괜찮다고 하시자 유대인들은 속으로 쾌재를 부르면서 성경에 적힌 "수치스러운 일"을 아전인수 격으로 해석하기 시작했고, 그런 사유를 내밀며 제 맘대로 이혼을 했습니다.

예수님께서 활동하셨던 당시만 해도 남자들이 아내 쫓아내는 일을 예사로 여겼습니다. 기록을 보면 어떤 남자는 음식을 짜게 만들었다고, 어떤 남자는 밥을 태웠다고, 어떤 남자는 남 앞에서 자신에게 면박을 주었다고 아내를 쫓아냈습니다. 심지어 랍비 아키바와 같은 사람은 함께 살던 아내보다도 더 마음에 드는 아름다운 여자가 생기면 아내를 갈아 치우라고까지 가르쳤습니다.

이혼 증서는 홀몸이라는 신분증명서 역할을 하게 되어 다른 남자와 재혼을 할 수 있는 권리를 갖게 해주었고, 혼자 살다가 불미스러운 일이 생겨도 재판석에서 유죄 판결을 면할 수 있게 해주었습니다. 그래서 남자들은 큰 선심을 쓰는 것처럼 이혼 증서를 써주며 제 맘대로 이혼을 했습니다. 그러나 이것은 하나님의 긍휼하심을 비웃는 행위요, 짝을 지어주시고 사람이 나누지 못한다고 하신 하나님의 거룩하고 엄숙한 명령에 정면으로 도전하는 행위입니다.

이와 같이 함부로 이혼하는 자는 자기만 죄를 범하는 것이 아닙니다. "나는 너희에게 이르노니 누구든지 음행한 이유 없이 아내를 버리면 이는 그로 간음하게 함이요 또 누구든지 버림받은 여자에게 장가드는 자도 간음함이니라"(마 5:32). 성적으로 부정을 저질러서 정절을 잃어버린 일이 없는데도 아내가 싫어져서 이혼 증서를 써주고 내보낸다면, 그것은 아내가 간음하게 만드는 것이나 다름없습니다. 뿐만 아니라 그 여자에게 장가드는 사람도 간음죄를 범하게 하는 것입니다. 즉, 함부로 이혼하는 남자는 성적 문란 행위를 조장하는 자라는 이야기입니다. 그러므로 이혼이 하나님 앞에서 얼마나 큰 책임이 따르는 문제인지 알아야 합니다. 하나님께서는 그로 인해 빚어진 성적 문란의 모든 책임을 그에게 물으시기 때문입니다.

당시 이혼 증서를 받고 집에서 쫓겨나는 여자들은 다음 세 가지 가운데 하나만 선택할 수 있었습니다. 첫째는 인심 좋은 친척 집에 얹혀살면서 그 집 하인으로 지내야 했습니다. 둘째는 다른 남자를 만나 결혼할 수 있었습니다. 그러나 그렇게 되어도 평생 불량품 취급을 당하는 일은 면할 수 없습니다. 마지막으로 목숨을 부지하기 위해 창녀가 되는 경우도 있었습니다. 따라서 어느 길로 가든지 아내의 앞날을 생각하면 쫓아낸 남자가 영적·도덕적으로 모든 책임을 져야 합니다. 주님께서는 바로 이 점을 경고하시는 것입니다.

이스라엘 백성이 이처럼 수치스러운 일이 있으면 이혼하라는 단서를 악용하여 막무가내로 아내를 쫓아내자 하나님께서 말라기 선지자를 통해 이런 말씀까지 하셨습니다. "나는 이혼하는 것과 옷으로 학대를 가리는 자를 미워하노라"(말 2:16).

현대인의 이혼관

오늘날의 현실은 모두가 아는 것처럼 이혼을 너무 쉽게 생각합니다. 어느 나라를 막론하고 이혼율은 계속 상승하고, 이제 위험수위를 넘어서고 있습니다.

영국의 어느 의사는 전통적인 가족 제도를 폐지하자고 주장합니다. 여성의 인권 회복을 위해 싸운다는 어느 여성 지도자는 기존의 결혼 제도를 완전히 말살시켜야 한다고 소리를 높입니다. 결혼 제도가 여성을 노리갯감으로 취급했고, 인간 대우를 하지 않았으며, 인권을 유린해왔기 때문이라고 합니다.

이런 생각들이 점점 확산되는 분위기라서 그런지 요즘은 여성들이 이혼을 더 쉽게 생각하는 경향이 있습니다. 과거에는 남성들이 아내를 쫓아냈지만 이제는 여성들이 남편을 쫓아낼 정도로 세상이 많이 바뀌었습니다.

피터 드러커는 그의 책 《미래의 조직》(*The Organization of The Future*, 한국경제신문사 역간)에서 이렇게 예언했습니다. "맞벌이 부부가 점점 늘고 그와 함께 이혼율도 높아지고 있어서 지금은 최고 수위에 이르렀다. 계속 이와 같은 추세로 가다 보면 미국의 경우 결혼한 가정 가운데 절반 이상이 이혼할 것이다." 그런데 2000년에 들어와 미국의 통계가 그의 예언이 적중했음을 증명하고 있습니다. 이혼하지 않은 가정보다도 이혼한 가정의 수치가 앞섰습니다. 실로 엄청난 일이 벌어지고 있습니다.

우리나라도 1999년 통계에 의하면, 하루 평균 2,026쌍이 결혼하고 그 가운데서 255쌍이 이혼했습니다. 그런데 2000년 통계에서는 한 해 전까지만 해도 4분의 1이었던 이혼율이 3분의 1을 넘어섰다고 나왔습니다. 열 쌍 가운데 서너 쌍은 이혼을 한다는 이야기입니다.

더 안타까운 것은 예수님을 믿는 사람이라고 해서 별반 다를 바가 없다는 것입니다. 물론 미국의 조사를 근거로 한 것이기는 하지만, 오히려 예수님을 믿는 사람들이 안 믿는 사람들보다도 더 많이 이혼한다고 합니다. 더욱이 복음적으로 산다고 하는 사람들, 소위 보수적인 신앙을 가지고 성경은 정확무오한 하나님의 말씀이라고 주장하는 사람들이 그렇지 않은 그리스도인보다도 6퍼센트나 더 높은 이혼율을 보였다고 합니다. 참으로 심각한 문제가 아닐 수 없습니다.

물론 불가피한 사연도 있습니다. 그러나 가만히 보면 대부분 극복할 수 있는 문제인데도 문제를 극복하려고 애쓰기가 싫어서 헤어집니다. 더러는 반드시 극복해야 할 문제인데도 책임지기 싫어 이혼을 선택합니다.

가정법률상담소 자료를 보면 이혼하면서 남성들이 내세우는 구실은 주로 "성격 차이가 너무 심해서 못 살겠다"입니다. 물론 성격이 극과 극인 경우가 있습니다. 그래서 도저히 같이 살 수 없는 지경에 이르기도 합니다. 그러나 대부분은 그렇지 않습니다. 결혼한 분들은 잘 알 것입니다. 성격 차이가 없는 부부가 어디 있습니까? 저는 서로 다르기 때문에 만나서 산다고 생각합니다. 이 세상에 똑같은 성격이 어디 있겠습니까?

한편 여성들이 주로 내세우는 이혼의 명분 가운데 하나는 가정 폭력이라고 합니다. 이것은 분명 남자의 잘못입니다. 또 하나는 가치관이 너무 달라서 함께 살 수 없다고 합니다. 그러나 가치관이 처음부터 똑같은 부부가 어디 있습니까? 이처럼 오늘날 많은 젊은이가 구실 같지 않은 구실을 핑계로 갈라서고 있습니다.

이혼 당사자들이 겪는 정신적, 육체적 피해가 얼마나 큰지 우리는 상상조차 할 수 없습니다. 이혼하는 사람은 암이나 고혈압, 뇌졸중 등 우리에게 잘 알려진 치명적인 병 때문에 남보다 빨리 죽을 확률이 훨씬 높아진다는 것은 의학적으로도 증명된 사실입니다. 또한 자기는 담배를 피우지 않는다 하더라도 담배를 매일 한 갑 이상 피우는 사람만큼 각종 질병에 걸릴 확률이 높아집니다.

뿐만 아니라 정신 건강이 나빠집니다. 자살하는 사람 중에 상당수는 이혼 경험이 있습니다. 또 이혼한 사람은 정신 병동에 가서 치료를 받아야 할 확률이 다른 사람보다도 열 배나 높다고 합니다.

당사자들은 그렇다 하더라도 자녀가 입는 정신적인 피해와 정서적인 황폐화는 어떻게 말로 다 표현할 수 있겠습니까? 이혼한 가정의 자녀가 범죄를 저지를 확률, 사회적으로 범죄의 뿌리가 될 확률이 정상 가정의 자녀보다 두 배나 높다는 것을 우리는 잘 알고 있습니다.

결혼생활의 위기

비록 하나님이 짝지어주신 것을 사람이 나누지 못한다는 명령에 예외 조항이 있기는 해도 그것을 최후 수단으로 사용해야 합니다. 잠깐의 고통을 피하는 도피처로 사용한다면 모두가 망하고 맙니다. 개인도 망하고 자녀도 망하고 사회도 망하고 다 망합니다.

우리 앞에 정말 행복한 날이 올 수 있을까요? 이 사회의 앞날이 밝을 수 있을까요? 서로 사랑하면서 살 수 있는 세상이 올까요? 이런 식으로 나가면 비관적입니다. 가장 기본적인 단위가 깨지는데 어떻게 행복할 수 있으며, 어떻게 서로 믿고 사는 사회를 이룰 수 있겠습니까?

짝지어주신 하나님의 본심은 나누어지지 말라는 데 있습니다. 자식을 결혼시켜놓고 살기 싫으면 한 달 만에라도 헤어지라고 말하는 부모가 천하에 어디 있습니까? 부모는 다 자식이 행복한 가정을 이루고 오래오래 살기를 바랍니다. 하나님의 마음도 똑같습니다. 그러므로 하나님께서 짝지어주시고 나눌 수 없도록 하신 부부관계를 소중하게 다루고 지켜야 합니다.

부부들은 다음 몇 가지 항목을 참고해서 결혼생활을 점검해보십시오. 〈리더스 다이제스트〉에서 발췌한 내용인데 결혼생활의 위험 신호에 대한 몇 가지 예를 들어놓았습니다.

· 당신은 더 이상 배우자와 함께 둘이서 웃지 않습니다.
· 당신은 속마음을 배우자에게 털어놓기보다는 친구를 더 많이 찾습니다.
· 당신은 부부관계에서 활기를 잃어버렸습니다.
· 당신은 배우자가 보기 싫어 귀가를 꺼립니다.
· 당신은 의견 충돌이 생길 때마다 부부 싸움으로 번집니다.
· 당신은 배우자에게 잘 보이려는 몸치장을 아예 포기해버렸습니다.
· 당신은 자신의 관심사나 사교 생활에 배우자를 끌어들이려는 것을 그만두었습니다.
· 당신은 배우자에 관해 알아두어야 할 것은 모조리 다 안다고 생각합니다.
· 당신은 배우자와 둘이 함께 살아가야 할 생각만 해도 기분이 우울해집니다.

몇 가지 증세들 가운데 한두 가지만 있어도 결혼생활이 대단히 위험하다고 볼 수 있습니다. 이러한 감정을 그대로 방치해두면 처음에는 말문을 닫아버립니다. 그러다가 상대방을 비난하게 되고 마음으로 경멸하게 됩니다. 나중에는 자기방어에 급급해 집안 분위기가 살벌해집니다. 이런 관계가 계속 누적되면 결국 파탄에 이를 수밖에 없습니다. 결혼한 지 7, 8년 전후와 16년에서 20년 사이가 가장 위험하다고 합니다.

수용, 관계 회복의 지름길

이와 같은 적신호의 조짐이 조금이라도 보인다면 절대 가만히 있어서는 안 됩니다. 위기 없는 결혼생활은 없습니다. 살다 보면 심각한 위기를 맞이할 때가 있습니다. 두 사람 중에 적어도 한 사람은 '더 이상 못 살겠다. 이제정말 포기해야지' 하는 마음이 들 때가 옵니다. 그러나 이런 위기를 잘 극복해야 강한 부부입니다.

훌륭한 부부관계란, 거의 끊어질 것처럼 늘어나고 가늘어져서 이제는 안 되겠다 싶을 때, 끊어지지 않도록 다시 한번 단단히 붙잡아 매는 것입니다. 그러기 위해서는 최선의 노력을 다해야 합니다. 요사이 부부 농사를 제대로 짓자는 표어 아래 좋은 남편이 되기 위한 모임들이 인기를 끌고 있는데 상당히 고무적인 현상이라고 생각합니다.

하나님이 짝지어주신 부부입니다. 나누어질 수 없습니다. 특별한 경우를 제외하고는 갈라지면 자기 파멸을 부르는 것입니다. 그러므로 최선을 다해 가꾸어야 합니다.

그러기 위해서 꼭 기억해야 할 것이 한 가지 있습니다. '서로 수용하기'입니다. 상대방을 있는 그대로 받아들이는 것입니다. 상대방이 고치지 못하는 약점을 그대로 받아들이는 것입니다. 내가 아무리 더 좋은 것을 원해도 그 사람이 해주지 못할 때는 그냥 그대로 받아들이는 것이 수용입니다.

세상에 완전한 배우자는 없습니다. 완전한 남편이 어디 있습니까? 완전한 아내가 어디 있습니까? 불완전한 사람끼리 만나 한평생을 사는 것입니다. 서로 사랑해서 만났다고 완전해집니까? 그렇지 않습니다. 불완전한 사람들이 팔짱을 끼고 불안정한 대로 평생 걸어가는 것이 인생입니다.

자기가 불완전하면서 다른 사람에게 완전하기를 요구하는 것은 자기모순입니다. 자기도 다른 사람에게 만족을 주지 못하면서 상대방이 무조건 자기를 만족시키길 기대하는 것은 극단적인 이기주의입니다. 그러면 안 됩니다. 서로가 불완전하다는 것을 인정하고 수용해야 합니다.

수용, 감사로 가는 지름길

교역자들과 함께 여름 수련회에 갔을 때 일입니다. 교역자들이 1년 내내 스트레스를 받으며 일하다가 모처럼 휴식을 갖게 되면 모든 것을 다 잊어버리고 싶어 합니다. 저부터도 그렇습니다.

마침 수련회 장소가 바닷가여서 제가 바다낚시를 제안했습니다. 부두에 나가보니 우리가 전세를 낸 조그마한 고깃배 여덟 척이 모여 있었습니다. 대여섯 명이 타면 적당할 정도의 규모에 통통거리는 엔진 소리를 내는 소위 통통배였습니다. 교역자들이 몇 명씩 짝을 지어 배에 탔습니다. 그런데 배들 가운데서도 다른 것에 비해 비교적 깨끗하고 잘 나갈 것 같은 배가 있었습니다. 그래서 담임목사인 제가 그 배를 탔습니다.

이제 모든 배들이 바다를 향해 나갔습니다. 그런데 10분쯤 지났을까요? 제가 탄 배보다 늦게 출발한 배들이 앞으로 쌩쌩 달려가는 것입니다. 우리 배는 소리만 요란했지 속도가 너무 느렸습니다. 제 안에서 슬슬 화가 올라왔습니다. '우리 옆을 지난 배들은 벌써 저만큼 앞에 가 있는데 이렇게 느려 터져서는 낚시고 뭐고 흉내도 못 내겠다' 싶은 생각이 들었습니다.

이럴 때는 어떻게 해야 합니까? "무슨 배가 이 모양이야? 겉만 멀쩡하고 영 속도가 나지 않잖아?" 하면서 그냥 바다에 뛰어들어야 합니까? "왜 '이 배는 속도가 느리다'라고 간판을 큼지막하게 붙여놓지 않아서 겉모양만 보고 타게 만들었습니까?"라고 선장에게 항의를 합니까? 그렇지 않으면 제가 탄 배보다 앞서가는 것 때문에 기분이 좋아서 손을 흔드는 교역자들을 쳐다보며 이를 부드득 갈면서 흥분해야 합니까? 그것도 아니면 "내 복이 이 정도밖에 안 되나 보네" 하면서 털썩 주저앉아 우울한 표정을 짓고 있어야 합니까?

어느 것이든지 선택할 수는 있지만 이런 반응은 수용하지 않는 자세입니다. 수용하는 자세는 "느긋하게 가는 것도 좋은 점이 있어. 바다를 감상하기 좋고 하늘을 감상하기도 좋아. 하나님, 감사합니다" 하면서 상황을 즐기는 것입니다. 그래서 우리 배에 탄 교역자들은 하늘도 쳐다보고 바다도 바라보며 이렇게 좋은 시간을 주신 것을 감사했습니다. 먼저 가는 배를 보지 않았습니다. 찬송가도 부르고 낚시 도구들을 꺼내 점검하기도 하면서 "우리에게 주어진 환경을 기쁨으로 받아들이자" 하며 느긋하게 갔습니다.

결국 우리가 탄 배가 낚시 장소에 가장 늦게 도착했습니다. 벌써 다른 배들은 낚시를 하느라고 야단이었습니다. 참 아이러니한 것은 가장 늦게 도착한 우리가 가장 먼저 고기를 낚았다는 것입니다. 나중에 보니 잡은 고기도 우리가 가장 많았습니다.

이를 본 다른 배의 교역자들이 심통이 났는지 배를 타고 이리 갔다가 저리 갔다가 하는 것이었습니다. 그래서 제가 속으로 이렇게 말했습니다. "정자 좋고 물 좋은 곳이 없다. 배가 느리면 그 대신 고기를 많이 잡는 것이다. 배가 잘 나가면 고기를 못 잡을 수도 있는 것이지." 그래서 인생은 공평한가 봅니다.

최고의 생일 선물

남성의 경우 첫눈에 반해서 '저 여자와 살았으면 평생 한이 없겠다' 하는 마음으로 결혼했는데 막상 같이 살다 보니 "속도가 너무 느려서 답답합니다", "해주는 음식마다 맛이 없습니다", "결혼 전에는 낭만적인 성격일 것 같았는데 실제로는 무뚝뚝합니다"라는 불만이 터져나옵니다.

반면 여성의 경우도 별반 다를 것이 없습니다. '저 남자 같으면 내가 평생 의지할 만하다'라고 생각했는데 결혼하고 보니 "나쁜 버릇이 한두 가지가 아닙니다", "아침마다 늦잠을 자서 깨우는 데 힘이 듭니다", "직장에서는 적응을 못해 자주 조퇴를 합니다"라는 등의 불만을 늘어놓습니다. 그렇지만 한번 생각해봅시다. 자기가 좋아서 탄 배인데 어떻게 하겠습니까?

카터 대통령에게는 현숙한 부인이 있습니다. 그런데 두 사람은 종종 부부 싸움을 했다고 합니다. 카터는 시간을 정확히 지키는 사람이어서 항상 약속 시간 1분 전까지 약속 장소에 도착해야 직성이 풀렸습니다. 따라서 약속에 절대 늦는 법이 없었습니다. 그런데 부인은 그러지 못했습니다. 이것을 잘 알았던 카터는 대통령이 되기 전부터 부부 동반 약속이 있으면 적어도 몇십 분 전에 약속 장소에 미리 도착해야 한다면서 부인을 재촉했다고 합니다. 그렇게 해서라도 약속 시간을 지키려고 애를 써본 것입니다. 그러나 대부분의 경우 여자들은 화장을 하려고 자리에 앉으면 마치는 데 적지 않은 시간이 걸리지 않습니까? 그러니 싸움이 날 수밖에 없었던 것입니다.

한번은 부인의 생일날 카드를 쓰다가 이런 생각이 들었다고 합니다. '아무리 고치려고 해도 못 고치는 저 버릇을 이제는 내가 수용해야지.' 그래서 카드에다 이렇게 썼다고 합니다. "내가 오늘까지 당신을 너무나 많이 괴롭혔는데, 지금부터 당신은 시간을 지키는 일에 있어서 자유로워져도 좋아요." 부인이 카드를 받고 얼마나 좋아했던지 자주 이런 말을 한다고 합니다. "당신이 나에게 준 최고의 생일 선물은 시간을 지키는 데서 자유로워지라는 말이었어요."

이것이 수용하는 자세입니다. 아무리 고치려고 해도 못 고치는 상대방의 약점을, 아무리 잘해보려고 해도 여전히 갖고 있는 한계를 받아주는 것입니다. 이렇게 함으로써 우리를 짝지어주신 하나님의 은혜를 따라 행복하게 살 수 있습니다.

행복은 하나님이 짝지어주신 울타리 안에 있습니다. 그 속에서 행복을 찾아야지 밖으로 눈을 돌리면 안 됩니다. 그것은 어리석은 짓입니다. 이혼한 사람들을 대상으로 이혼을 후회하지 않느냐고 물었더니 그렇다고 대답한 사람이 열 명 중 여덟 명이었습니다. 때로 울타리 밖으로 나오면 행복할 것처럼 보이지만 천만의 말씀입니다. 그러므로 짝지어주시고 사람이 나누지 못한다고 하신 하나님의 명령이 우리의 행복을 위한 절대조건임을 인정하고 말씀대로 순종해야 합니다.

결혼식 때 자주 부르는 찬송이 있다.
아내는 남편을 생각하고
남편은 아내를 생각하며
부를 수 있는 찬송이다.
아직 미혼인 형제자매들은
미래의 아내와 남편을 생각하며
부를 수 있는 찬송이다.

〈사랑의 종소리〉

주께 두 손 모아 비나니 크신 은총 베푸사
밝아오는 이 아침을 환히 비춰주소서
오 주 우리 모든 허물을 보혈의 피로 씻기어
하나님 사랑 안에서 행복을 갖게 하소서
서로 믿음 안에서 서로 소망 가운데
서로 사랑 안에서 손잡고 가는 길
오 주 사랑의 종소리가 사랑의 종소리가
이 시간 우리 모두를 감싸게 하여 주소서

주께 두 손 모아 비나니 크신 은총 베푸사
주가 예비하신 동산에 항상 있게 하소서

오 주 우리 맘에 새 빛이 어두움 밝게 하시어
진리의 말씀 안에서 늘 순종하게 하소서
서로 참아주면서 서로 감싸주면서
서로 사랑하면서 주께로 가는 길
오 주 사랑의 종소리가 사랑의 종소리가
이 시간 우리 모두를 감싸게 하여 주소서

산상수훈 2 하늘 행복으로 살아가는 작은 예수

17

'예' 혹은 '아니요'의 정직성

마태복음 5장 33-37절

33 또 옛사람에게 말한 바 헛맹세를 하지 말고 네 맹세한 것을 주께 지키라 하였다는 것을 너희가 들었으나 34 나는 너희에게 이르노니 도무지 맹세하지 말지니 하늘로도 하지 말라 이는 하나님의 보좌임이요 35 땅으로도 하지 말라 이는 하나님의 발등상임이요 예루살렘으로도 하지 말라 이는 큰 임금의 성임이요 36 네 머리로도 하지 말라 이는 네가 한 터럭도 희고 검게 할 수 없음이라 37 오직 너희 말은 옳다 옳다, 아니라 아니라 하라 이에서 지나는 것은 악으로부터 나느니라

가슴을 답답하게 하는 사건들이 연이어 터지고 있습니다. 목사가 교회 개척을 구실로 거액의 채권을 위조해서 유통시켰다가 구속당하는 일이 있었습니다. 초고속 승진을 하며 승승장구하던 서울 경찰청장이 학력을 날조했다가 임명된 지 3일 만에 옷을 벗은 웃지 못할 일도 벌어졌습니다. 대학 입시에 내신 비율이 높아지자 학교마다 성적을 부풀려 도저히 신뢰할 수 없는 지경이 되었습니다. 어느 학교는 88퍼센트가 엉터리였다는 기사를 보았습니다.

정직이라는 토대가 무너진 세상

이 사건들에는 공통점이 있습니다. 정직하지 못하다는 것입니다. 믿을 수 없다는 것입니다. 심각한 문제가 아닐 수 없습니다. 사회의 도덕적 기반이 무너져가고 있다는 우려를 금치 못할 정도로 위기감을 느낍니다.

법을 집행하는 공직자가, 다음 세대를 키우는 교육가들이 그리고 이 사회의 양심이라고 할 수 있는 성직자가, 사람들에게 믿을 수 없는 인격으로 의심받는 일은 정말 서글픈 현실입니다. 이런 상황에서 이 나라의 미래를 과연 내다볼 수 있는지, 우리에게 장래가 있는지 의심하지 않을 수 없습니다.

얼마 전에 가까운 분들과 조용히 교제하는 시간을 가졌습니다. 그때 한 분이 자신의 아들 이야기를 했습니다. 믿음도 좋고 한국과 미국에서 상당한 수준의 교육을 받은 청년입니다. 그런데 우리나라에서 직장생활을 한 지 이삼 년이 되어 가던 어느 날 갑자기 아버지를 찾아와 어떻게 해서든지 한국을 떠나고 싶다는 말을 하더랍니다.

그 아버지는 제가 알기로 상당한 애국자입니다. 하도 의아해서 아들에게 이유를 물었더니, "이 나라의 앞이 보이지 않습니다"라고 대답하더랍니다. 나라의 앞이 보이지 않는다는 그 말 한마디에서 저는 수많은 젊은이의 탄식과 좌절을 느낄 수 있었습니다.

젊은이들의 눈에 나라의 앞이 보이지 않는다면 그 책임을 누가 져야 합니까? 교회가 그 책임에서 벗어날 수 있습니까? 교회 지도자가 그 책임을 벗고 손을 털 수 있습니까? 세상의 빛과 소금으로 부름받은 교회이기 때문에 그럴 수 없습니다. 한국교회 성도 수가 천만 명이 넘는다고 떠벌리며 자랑했기 때문에 더 이상 책임을 회피할 수 없습니다.

정직이 퇴색된 교회

언제부터인지 사람들은 목사를 믿지 않습니다. 이미 여론조사에서 드러난 사실이지만 목사의 정직도는 승려보다도 못하고 방송국 아나운서보다도 뒤떨어집니다. 한국교회가 내어놓는 수치나 통계를 믿으려고 하는 사람이 그리 많지 않습니다.

세상의 빛이라고 하는 교회가 이렇게 어두워서야 어떻게 나라의 앞이 보이겠습니까? 어떻게 이 나라가 정직해지고 투명해지리라고 기대할 수 있겠습니까? 교회 지도자의 한 사람인 저 자신도 쥐구멍이 있으면 들어가 숨고 싶은 심정입니다. 내 힘으로는 도무지 바꿀 수 없는 암담한 현실 앞에 차라리 어디론가 사라져버리는 것이 낫겠다는 생각도 듭니다. 그만큼 우리나라가 도덕적으로 어려운 상태에 이르렀습니다.

50여 년 전까지만 해도 예수님을 믿는 사람이라고 하면 세상이 정직성을 인정해주었습니다. 아무리 양심이 없는 사람이라도 예수님만 믿으면 정직한 사람이 된다고 생각했습니다. 그러나 오늘날의 상황은 어떻습니까? "나는 예수님을 믿는 사람입니다. 나는 손해를 보고 욕을 먹어도 절대 거짓말은 못 하겠습니다"라고 말하는, 유별나게 정직한 사람을 보면 주변 사람들이 놀랍니다. 마음으로 감동을 받습니다. 그리고 "예수 믿는 이들 중에 저런 사람도 있네"라고 말합니다.

이런 사례는 사회의 빛이라고 하는 교회가 정직하지 못하다는 면에서는 믿지 않는 사람과 전혀 다를 바 없다는 것을 의미합니다. 불신 정치인들이나 기업가들보다 교회 지도자가 나은 점이 없다는 이야기입니다. 얼마나 하나님 앞에서 부끄럽고 두려운 일입니까?

우리 모두 정직한 사람으로 다시 태어나지 않으면 주님이 한국교회에서 얼굴을 돌리시고 촛대를 옮기실지도 모릅니다. 우리가 세상 사람들에게 짓밟히는 맛 잃은 소금이 되어버린다면, 화려한 촛대만 덩그러니 서 있고 불꽃은 꺼져버린 교회가 된다면, 하나님께서 손을 대지 않으셔도 한국교회는 스스로 무너져내리고 맙니다. 지금은 위기의식을 가져야 할 때입니다.

이런 의미에서 주님이 주시는 말씀에 귀를 기울여야 합니다. 우리의 아픈 곳을 찌르고 부끄러운 곳을 드러내 보이기 때문에 들을 때 불편한 마음이 드는 말씀입니다. 그러나 이 말씀을 듣고 순종하는 것이 우리가 사는 길이기에 부담스럽더라도 귀를 기울여야 합니다.

그리스도인은 정직한 사람으로 거듭나야 합니다. 하나님의 은혜로 새로워져서 입술이 깨끗해져야 합니다. 그래야만 앞이 보이는 사회가 될 수 있으며 젊은이들이 희망을 가지고 뛸 수 있는 나라가 됩니다.

거짓의 아비, 사탄

하나님은 거짓을 미워하십니다. 거짓말하는 자를 멸하신다고 말씀하셨습니다. "오만한 자들이 주의 목전에 서지 못하리이다 주는 모든 행악자를 미워하시며 거짓말하는 자들을 멸망시키시리이다 여호와께서는 피 흘리기를

즐기는 자와 속이는 자를 싫어하시나이다"(시 5:5-6). 예수님은
요한복음에서 사탄은 "거짓말쟁이요 거짓의 아비"(요 8:44)라고
분명히 말씀하셨습니다. 그러므로 거짓말하는 자는 다 사탄의
자손입니다.

사탄은 처음부터 마지막까지 거짓말을 마치 자기가 가장 잘
쓰는 무기인 양 사용합니다. 이런 의미에서 하나님이 거짓말하
는 자를 미워하실 수밖에 없는 것입니다. 그런데 하나님을 아
버지라고 부르는 우리가 거짓말을 예사로 해서야 되겠습니까?
그렇게 해서 하나님의 사랑을 받을 수 있겠습니까?

당시 유대는 거짓이 난무하던 세상이었습니다. 성전에서 거
룩하게 제사를 지낼 때는 대단히 정직하고 거룩한 백성인 것처
럼 행동했지만 일단 성전 밖으로만 나오면 지능적이고 상습적
으로 거짓말을 하는 사람이 많았습니다. 그들이 거짓말을 하기
위해 상투적으로 사용한 것이 바로 맹세였습니다.

본문에는 맹세와 관련 있는 말씀이 계속해서 나옵니다. 맹
세는 나쁜 것이 아닙니다. 구약성경에 보면 중요하고 심각한
문제를 놓고 약속할 때, 상대방이 과연 그 약속을 잘 지킬지 의
심이 간다면 맹세를 해서 서로의 마음을 안심시키라고 하셨습
니다. 또 어떤 문제를 놓고 시시비비를 가려야 하는 일이 벌어
질 때도 맹세를 통해서 분쟁을 잠재우고 서로 신뢰하도록 하셨
습니다. 이처럼 맹세는, 맹세하는 사람이 정직하며 거짓말하지
않고 꼭 약속을 지킨다는 것을 하나님의 이름을 걸고 사람들에
게 확인시켜주는 방편이었습니다.

맹세에 대한 성경의 교훈

구약성경에는 하나님께서 직접 맹세하신 장면들이 나옵니다. 마음에 의심의 안개가 남아 있는 아브라함을 바깥으로 데리고 나가신 하나님께서는 하늘에 있는 별을 가리키시면서 다시 한번 약속을 확인시켜주십니다. 하나님께서는 아브라함에게 다음과 같이 약속하셨습니다. "하늘을 우러러 뭇별을 셀 수 있나 보라 또 그에게 이르시되 네 자손이 이와 같으리라"(창 15:5). 그런데 그 약속이 사람에게는 마치 뜬 구름 잡는 것처럼 허황되게 들릴 수도 있습니다.

그래서 하나님은 아브라함에게 그 약속이 반드시 이루어진다는 확신을 주고자 맹세를 하십니다. 맹세를 할 때는 자기보다 높은 존재의 이름을 걸고 해야 하는데 하나님보다 높은 존재는 없습니다. 그러므로 하나님께서는 자기 이름을 걸어서 아브라함에게 맹세하셨습니다. "내 이름을 걸고 맹세하노니 내 말대로 네 자손이 하늘의 별처럼 많게 하리라." 하나님께서 맹세하시자 아브라함은 그 약속을 믿었습니다.

맹세에 대해 하나님께서는 몇 가지 조건을 다셨습니다. "맹세할 때에는 꼭 여호와 하나님의 이름으로 맹세하라. 그리고 여호와 하나님의 이름으로 맹세한 것은 반드시 지켜라. 그렇지 않으면 내가 그 책임을 묻겠다." 그 밖에 맹세할 때의 주의 사항은 망령되이 맹세하면 안 되고, 헛되이 맹세하면 안 되고, 일상생활에서 함부로, 혹은 습관적으로 맹세하면 안 된다 하셨습니다. 마지막으로 맹세할 때는 하나님 외에 다른 이름으로 하면 안 된다고 다짐을 두셨습니다.

출애굽기 22장 10절 이하에 보면 하나님께서 하나의 가상적인 상황을 설정하고 맹세를 가르치시는 말씀이 나옵니다. 어떤 사람이 며칠 동안 집을 비워야 할 상황이라 이웃에게 자신의 가축을 부탁했습니다. 그러고는 여행을 떠났는데, 갑자기 가축 가운데 양 몇 마리가 죽었습니다. 남의 양을 맡은 사람은 영문도 모르게 양이 죽었으니 얼마나 답답하겠습니까? 주인이 돌아오면 자신의 결백을 어떻게 증명해야 할지 생각만 해도 눈앞이 캄캄해졌습니다.

이런 상황에서 자칫 잘못하면 이웃 간에 큰 분쟁이 생길 수 있고, 그동안 돈독하게 쌓아왔던 우정이 한순간에 무너질 수도 있습니다. 하나님께서는 이런 경우가 생겼을 때 다음과 같이 하라고 말씀하셨습니다. 양을 맡았던 이웃이 그 양을 자기가 죽이지 않은 것이 확실하다면 주인 앞에서 이렇게 맹세하라는 것입니다. "여호와 하나님의 이름을 들어 내가 맹세합니다. 나는 절대로 양을 죽이지 않았습니다." 그러면 맹세를 들은 주인은 반드시 그대로 믿어야 합니다. 하나님의 이름을 걸고 맹세하는 것을 의심하면 안 됩니다. 게다가 배상을 청구해서도 안 된다고 명령하셨습니다. 이처럼 맹세가 선하게 쓰일 때에는 서로 신뢰하며 약속을 지키게 하는 순기능을 합니다.

맹세를 악용하는 사람들

그러나 예수님께서 활동하시던 시대의 사람들은 이를 악용했습니다. 맹세를 하면 사람들이 믿어준다는 사실을 이용해서, 자기의 주장을 관철하거나 약간의 거짓이 섞인 말을 사람들이 믿게끔 하려고 무턱대고 맹세를 했습니다. 그런데 이처럼 함부로 맹세를 하면서 여호와의 이름을 거는 것이 겁이 났던 모양입니다. 여호와의 이름을 걸고 맹세하면 반드시 지켜야 되고 지키지 않으면 하나님께서 그 값을 찾는다고 하셨기 때문입니다.

가능한 한 여호와의 이름을 피하여 맹세를 하려다 보니, 하나님보다는 높지 않지만 그래도 상당히 크게 여겨지는 것들을 전부 끌어다가 맹세하기 시작했습니다. 본문에 나오는 예수님의 말씀 중에서 이 사실을 발견할 수 있습니다. 어떤 사람은 하늘을 걸고 맹세했고, 어떤 사람은 땅을 걸고 맹세했으며, 어떤 사람은 예루살렘을 걸고 맹세했습니다. 심지어 어떤 이는 자기 머리를 걸고 맹세하기도 했습니다. 그런데 예수님께서는 하늘로도 말고 땅으로도 말고 머리로도 말라고 하셨습니다. 거짓이 다분히 섞인 맹세이기 때문입니다.

지금은 21세기 최고의 문명을 자랑하는 시대지만 남들에게 정직한 사람으로 보이려고 맹세와 엇비슷한 것을 하고 다니는 사람들이 있습니다. 사업상 거래를 하다가 필요 없는 말을 합니다. "저는 교회를 다니는 사람입니다." 그런 말을 왜 합니까? 어떤 사람은 한 술 더 떠서 "저는 ○○교회 집사입니다"라고 말하기도 합니다.

옷 로비 사건이 세상을 한창 떠들썩하게 할 때 성경에 손을 얹고 맹세한다는 사람도 있었습니다. 그것이 바로 현대판 맹세입니다. 자기가 거짓말을 하지 않는다는 것, 자기는 믿을 수 있

산상수훈 2 하늘 행복으로 살아가는 작은 예수

는 사람이라는 것을 상대방에게 어떻게 해서든지 인식시키려는 의도가 그 속에 있습니다.

고속도로에서 생긴 일

　　　　　　　20년 전쯤에 저는 지금 생각해도 얼굴이 화끈거리는 사건을 겪었습니다. 당시에는 차가 그리 많지 않았기 때문에 고속도로가 지금보다 한산했습니다. 비록 타고 다니던 차는 작았지만 일단 고속도로에 접어들면 거칠 것 없이 달릴 수 있었습니다.

　부산에서 차를 몰고 서울로 올라오는 길이었습니다. 추풍령을 지나 터널을 통과하고는 내리막길에 막 들어섰습니다. 제 앞에 차 몇 대가 가고 있기는 했지만 신경이 쓰일 만큼은 아니었으니 얼마나 신이 났겠습니까? 가속페달을 좀 더 깊이 밟자 속도가 붙는 것이 느껴졌습니다. 스트레스가 다 풀리는 것 같았습니다. 스피드를 즐기며 막 코너를 돌아서는데 갑자기 경찰관이 뛰어나왔습니다. 함정 단속을 한 것입니다. 요즘은 그렇지 않지만 당시 고속도로에 나와 있는 경찰관들은 직급이 비교적 높은 사람들이었습니다. 아마도 수입이 짭짤했기 때문이었던 것 같습니다.

　차를 세우기에 도망도 못 가고 꼼짝없이 섰습니다. 경찰관이 다가와서는 과속을 했다면서 면허증을 제시해달라고 했습니다. 과속한 것은 사실이지만 슬그머니 화가 났습니다. '왜 앞에 가는 차는 하나도 잡지 않고 그대로 보내주었으면서 하필

내 차를 잡는 거지?' 하는 생각이 들었습니다. 차 모양으로 봐서는 털어도 돈이 안 나올 것이 뻔한데 잡는 것이 화가 났고, 숨어 있다가 튀어나오는 것도 화가 났습니다. 그러자 벌금 내는 것이 아깝다는 생각이 들었습니다.

그때 저도 모르게 무슨 말이 튀어나왔는지 아십니까? "저는 사실 교회 목사입니다." 한번 생각해보십시오. 그 상황에서 목사라는 것이 무슨 소용이 있습니까? 그러나 그 말 속에는 "내가 교회 목사인데 어떻게 과속을 했겠는가? 그러니 믿어달라" 하는 의미를 깔고 있었습니다. 이것이 일종의 맹세입니다.

그 말을 듣고 "아, 그렇습니까? 그럼 그냥 가십시오" 했으면 좋았을 텐데, 저를 쳐다보고 씩 웃더니 이러는 것이 아닙니까? "아, 목사님이세요? 그래도 어떻게 하겠습니까? 억울하시겠지만 우리 처지도 생각해주시고 좀 보태주고 가십시오." 제 신분을 밝힌 것은 정직하게 보이기 위해서 그런 말을 한 것인데 그 사람은 오히려 그것을 역이용했습니다. 목사이기 때문에 더 자기를 동정해달라는 이야기였습니다. 그때 생각만 하면 지금도 얼굴이 달아오릅니다.

맹세가 필요 없는
투명한 인격으로

예전이나 지금이나 맹세와 비슷한 말들을 갖다 붙이는 사람의 심리 저변에는 항상 정직하지 못한 의도가 숨어 있음을 부인할 수 없습니다. 이런 이유 때문에 예수님은 절대로 맹세하지 말라고 명령하십니다.

"나는 너희에게 이르노니 도무지 맹세하지 말지니 하늘로도 하지 말라 이는 하나님의 보좌임이요 땅으로도 하지 말라 이는 하나님의 발등상임이요 예루살렘으로도 하지 말라 이는 큰 임금의 성임이요 네 머리로도 하지 말라 이는 네가 한 터럭도 희고 검게 할 수 없음이라"(마 5:34-36). 어떤 이름을 끌어다가 맹세를 해도 하나님과 상관없이 사용할 수는 없습니다. 하늘이나 땅이나 머리나 모든 것이 다 하나님께 속했기 때문에 그것들을 가지고 함부로 하는 맹세는 곧 하나님의 이름을 욕되게 하는 행위입니다. 그래서 어떤 이름으로도 맹세하지 말라고 명령하신 것입니다.

예수님은 결론적으로 말씀하십니다. "오직 너희 말은 옳다 옳다, 아니라 아니라 하라 이에서 지나는 것은 악으로부터 나느니라"(마 5:37). 하나님의 자녀가 말을 할 때는 "예", "아니요"로 있는 그대로의 사실만을 이야기해야지 무언가 첨가하거나 빼는 것은 그 근본이 잘못되었습니다. 다시 말해 동기가 순수하지 못하다는 뜻입니다. 그러므로 그리스도인은 투명한 말을 하면서 살아야 합니다.

우리는 예수님이 주시는 이 교훈에서 하나님의 자녀는 정직해야 한다는 교훈을 배워야 합니다. 맹세가 필요 없는 투명한 인격을 갖추어야 합니다. 맹세를 하지 않아도 사람들이 우리의 말을 믿어줄 정도의 삶을 살아야 합니다.

우리 모두는 자기 자신을 놓고 얼마나 정직한지 자문해야 합니다. 맥스 루케이도는 이 문제를 다음과 같이 재치 넘치게 표현했습니다.

"우리는 상사에게서 호감을 사길 원합니다. 그래서 아첨을 합니다. 그러면서 그것을 가리켜 윤활유라고 부르지요. 그러나 하나님은 거짓말이라고 하십니다. 우리는 사람들에게서 칭찬 받기를 바랍니다. 그래서 과장을 합니다. 그러면서 그것을 가리켜 극적 효과라고 부릅니다. 그러나 하나님은 거짓말이라고 하십니다. 우리는 사람들에게서 존경받기를 원합니다. 그래서 갚을 수 없는 빚을 지고 분에 넘치는 집에서 삽니다. 우리는 그것을 성공이라고 말합니다. 그러나 하나님은 거짓된 삶이라고 말씀하십니다."

고난받는 정직

세상이 거짓되면 거짓될수록 정직하게 사는 일은 정말로 어렵습니다. 나 혼자 정직하게 살려고 노력하다가 사람들에게 자주 속아 손해를 봅니다. 그런 일을 여러 번 겪다 보면 정직할 수 없다는 생각이 듭니다. 그래서 자기도 적당히 세상 사람처럼 말하고, 세상 사람처럼 행동합니다. 자기가 그렇게 말하고 행동하기 때문에 다른 사람도 다 그럴 것이라고 여깁니다.

결국 자신도 모르게 고정관념이 생깁니다. 바로 누군가를 믿지 않는 것이 상책이라는 생각입니다. 그리고 어쩔 수 없이 꼭 믿어야 할 상황에 이르면 '속는 셈 치고 믿어주자' 합니다. 진심 어린 신뢰는 찾아볼 수 없고 선심성 신뢰로 땜질하는 것만 남고 말았습니다.

이와 같은 세상에서 예수님이 말씀하신 것처럼 정직성과 투명한 인격을 가지고 과연 살아남을 수 있을까요? 서울대학교박 모 교수가 3만 명을 대상으로 표본조사를 했습니다. 한국에서 살려면 정직해야 하는지를 묻는 질문에 조사 대상의 73퍼센트 이상이 아니라고 안 된다고 대답했습니다. 그렇게 대답한사람들 가운데 다수가 십 대와 이십 대라고 하니 기가 막힌 이야기입니다. 이렇게 투명하지 못한 세상에서 나 혼자 정직하다고 해서 바르게 살 수 있을까요?

그런 면으로 보면 다니엘 웹스터의 말은 일리가 있습니다. "이 세상에서 진실만큼 강한 것은 없다. 그러나 진실만큼 이상한 것도 없다." 셰익스피어의 희곡 〈오셀로〉에서 주문처럼 자주 흘러나오는 말이 있습니다. "오! 기괴한 세상, 조심하라. 이세상 사람들이여, 정말 조심할지어다. 솔직하고 정직하다는 것은 안전한 것이 못 되느니라."

솔직하고 정직하면 안전하지 못하기 때문에 안전하게 살고싶다면 적당히 거짓말을 해야 한다는 이야기입니다. 오히려 이런 말이 예수님의 교훈보다도 더 우리 마음에 와닿는 이유는세상이 거짓으로 가득 찼기 때문입니다.

그러므로 이렇게 거짓이 판을 치고 과장과 아첨과 술수와온갖 헛된 말들이 난무하는 세상에서 예수님의 말씀을 따라"예면 예요, 아니면 아니라"는 정직성을 지키려고 고집하는 사람은 기필코 고난을 받게 되어 있습니다. 때에 따라 손해를 보는 일도 감수해야 합니다. 심지어 오해를 받고 따돌림을 당할 수도 있습니다.

　회사 설립 때부터 지금까지 고집스럽게 붙들고 있는 이랜드 그룹의 사훈은 '절대 정직'입니다. '절대'라는 단어가 없었다면 혹시 모르겠는데 '정직'에다가 '절대'까지 붙여놓았으니 요지부동입니다. 그것 때문에 그동안 회사가 당한 고충이 참 많았습니다.

　심지어 그 회사에 다니는 믿음 좋은 젊은이들까지도 나중에는 회사의 정책을 비판하기 시작했습니다. 그들의 비판은 다음과 같습니다. "거짓말로 둘러대지 않으면 도무지 통하지 않는 악한 세상에서 어떻게 '절대 정직'으로 기업을 운영할 수 있다는 말인가? 지나친 이상론이다." 그러고는 도저히 견뎌낼 재간이 없다며 회사를 떠나는 몇몇 사람을 보았습니다. 이 원칙을 고수하려다가 그동안 손해도 참 많이 보았습니다. 세무 사찰을 당한 일이 한두 번이 아닙니다. 정직하려고 하는데 그것을 의심받는 세상이니 참 기가 막힙니다. 정직하려고 하면 이렇게 고난을 당합니다.

나는 절대로
거짓말하지 않겠습니다

　　　　　　　이런 기가 막힌 세상임에도 예수님은 우리를 향해서 정직해야 한다고 하십니다. 그 이유는 다음과 같습니다.

　첫째, 우리는 예수님을 따르는 제자이기 때문입니다. 예수님은 세상에 계실 때 거짓말을 하지 않으셨습니다. 이사야는 "그는 강포를 행하지 아니하였고 그의 입에 거짓이 없었으나 그의 무덤이 악인들과 함께 있었으며 그가 죽은 후에 부자와 함께 있었도다"(사 53:9)라고 말씀합니다. 예수님은 말을 부풀리는 법이 없으셨고 진실을 왜곡하는 법이 없으셨습니다. 그러므로 이렇게 말씀하십니다. "내가 너희에게 이르노니 어떤 맹세라도 하지 말라. 거짓말하지 말라." 예수님을 따라가길 원합니까? 그러면 고난을 당하고 십자가를 지는 한이 있더라도 예수님처럼 정직해야 합니다.

1976년 워터게이트 사건이 있은 후, 대통령 후보였던 카터는 거짓말을 밥 먹듯이 하는 닉슨에게 넌더리가 난 국민을 향해서 다음과 같은 선거 공약을 내세웠습니다. "나는 절대로 거짓말하지 않겠습니다." 그의 정직성에 호감을 가진 사람들이 그에게 표를 던졌고, 카터는 대통령이 되었습니다. 그는 약속대로 정직한 도덕 정치를 펴려고 무척이나 애를 썼습니다. 그러나 이 같은 노력의 결과는 그의 의도와는 전혀 다르게 나타났습니다. 정치판에서 정직은 통하지 않았고, 국민과의 약속을 지키려는 그의 노력은 오히려 무능한 대통령의 모습으로 비쳐졌습니다. 결국 그는 1980년 레이건과 대통령 자리를 놓고 경쟁하다가 패했습니다. 아마 정직을 내세워서 대통령이 된 사람은 미국 역사에 다시 없을 것입니다.

패배를 시인하는 연설문에서 그는 묘한 말을 했습니다. "여러분, 나는 절대로 거짓말을 하지 않겠다고 여러분에게 약속했습니다. 그것 때문에 내가 다시는 대통령의 자리에 설 수 없게 되었지만 괜찮다고 말하지는 못하겠군요." 그러고는 씁쓸하게 웃었습니다. 무슨 뜻입니까? 정직한 대통령이 되겠다고 했고 지금까지 그 약속을 지키려고 무던히도 애를 썼는데 오히려 그것 때문에 국민들에게 인기를 잃어버려 낙선했다는 말입니다.

대통령 선거에서 패배한 사람의 심정을 우리가 어떻게 다 알겠습니까? 가슴이 찢어질 정도로 아프고 후회가 밀려올 것입니다. 그래서 괴롭고 슬플 것입니다. 그런 감정을 연설에서 그대로 다 표현하면 솔직해서 좋기는 하겠지만 체면이라는 것이 또 있지 않습니까? 자기감정을 그대로 말할 수 없었겠지요. "저는 괜찮습니다. 이제 새로운 대통령에게 적극적으로 협조하겠습니다"라고 말했어야 되는데, 그러면 또 거짓말을 하는 것이 될 것 같습니다. 그러니 "괜찮다고 말하지는 못하겠다"라고 솔직히 말했습니다. 끝까지 거짓말을 하지 않겠다는 의지가 보이는 한마디였습니다.

그는 대통령을 그만두고 백악관을 나온 후에 미국 사람들뿐만 아니라 전 세계적으로 가장 존경받는 전임 대통령으로 평가받고 있습니다. 또한 국제 해비타트에서 진행하는 '사랑의 집 짓기' 운동의 일환으로 지미 카터 특별건축사업(JCWP)을 해오고 있습니다. 비록 다시 대통령이 되지 못하더라도, 무능한 대통령이라는 욕을 먹더라도 예수님의 제자가 되기를 원하는 사람은 정직해야 합니다. 카터는 그렇게 살았습니다. 우리도 그래야 합니다.

정직, 참된 성공의 비결

이런 기가 막힌 세상에서 우리가 정직해야 하는 이유는 하나님께서 정직한 자에게 복을 주시기 때문입니다. 우리 가운데 진실을 말해야 할지, 하지 말아야 할지를 놓고 딜레마에 빠진 형제, 자매가 있으면 이 질문을 꼭 해보아야 합니다. "거짓말하는 내게 하나님께서 복을 주실까? 거짓말을 미워하시는 하나님께서 거짓을 배후에 숨기고 있는 나의 계획을 축복하실까? 거짓말하는 자를 싫어하시는 하나님께서 거짓말로 남을 조종하는 내 직업에 복을 주실까?"

눈앞에 있는 것만 보면 안 됩니다. 멀리 보아야 합니다. 가까이서 보면 몇 마디 거짓말하는 것이 돈을 모으는 수단이 될 수도 있습니다. 눈 딱 감고 거짓말을 하면 성공할 수 있고 남을 앞지를 수도 있습니다. 거짓말은 우리가 쉽게 선택할 수 있는 방법 가운데 하나입니다. 그러나 멀리 보십시오. 목전의 이익에 눈이 어두워 소탐대실하는 우를 범해서는 안 됩니다. 하나님께서 우리에게 원하시는 것은 세상적인 방법이나 죄의 유혹에 무너지는 나약한 모습이 아닙니다. 거짓말을 용납하지 않으시는 하나님께서 오늘의 성공이 내일의 실패가 되고, 오늘의 안전이 내일의 벼랑 끝이 되는 사례들을 반드시 보여주십니다. 왜냐하면 하나님께서 거짓에는 복을 주시지 않기 때문입니다.

거짓말로, 부정한 방법으로 재산을 모았다가 그 재산이 자녀를 영원히 일어서지 못하게 만드는 경우를 어디 한두 번 보았습니까? 하나님께서는 거짓말하는 자에게 복을 주시지 않습니다. 그러므로 우리는 고난을 받더라도 진실을 말해야 합니다.

이런 기가 막힌 세상에서 정직해야 하는 이유는 예수 그리스도를 구주로 고백한 우리가 진실해야 세상을 구원하고 변화시킬 수 있기 때문입니다. 우리는 그리스도의 복음과 생명의 진리를 전하기 위해 세상으로 보냄받은 주님의 증인들입니다. 복음을 전하고 진리를 전해야 하는 우리가 투명하지 못해 정직성을 의심받는다면 어느 누가 우리가 전하는 복음을 듣겠습니까? 누가 우리를 통해 구원을 받겠습니까? 누가 우리를 통해 예수님의 영광을 볼 수 있겠습니까? 우리가 정직하지 못한 삶을 산다면 하나님 나라는 요원할 것입니다.

이 세상을 구원하려고 하시는 하나님의 뜻을 마음에 두고 그것을 이루어드리기 위하여 한평생을 사는 사람이라면 예배를 드릴 때마다 이렇게 기도할 것입니다. "하늘에 계신 우리 아버지여 이름이 거룩히 여김을 받으시오며 나라가 임하시오며 뜻이 하늘에서 이루어진 것같이 땅에서도 이루어지이다 … (나라와 권세와 영광이 아버지께 영원히 있사옵나이다 아멘)"(마 6:9-10, 13). 그런데 이 비전과 이 목표를 이루어드려야 할 우리가 투명하지 못하고 정직하지 못해서야 어떻게 세상이 구원받을 수 있겠습니까? 세상으로 보냄받은 증인으로서의 삶을 충실히 살아갈 때 세상을 구원할 수 있습니다.

고난을 당해도 정직해야 합니다. 따돌림을 당해도 정직해야 합니다. 십자가를 져도 정직해야 합니다. 핍박을 받아도 정직해야 합니다. 가난해도 정직해야 합니다. 출세를 못해도 정직해야 합니다. 어떠한 경우에도 정직해야 합니다.

어느 분의 말입니다. "당신은 진실을 말하십니까? 항상 그렇게 하십니까? 만일 그렇게 하지 못한다면 오늘부터 시작하십시오. 내일까지 기다리지 마십시오. 오늘의 물결이 내일의 파도를 이루고 내년의 홍수를 이룹니다. 오늘부터 시작하십시오. 예수님처럼 되십시오. 예수님처럼 오직 진실만을 말하십시오."

우리 모두 이 말을 마음에 담아야 합니다. 바울은 에베소서에서 새사람을 입은 하나님의 자녀에게 교훈합니다. "그런즉 거짓을 버리고 각각 그 이웃과 더불어 참된 것을 말하라 이는 우리가 서로 지체가 됨이라"(엡 4:25). 우리는 진실해야 합니다. 정직해야 합니다.

그러나 우리 힘만으로는 정직하기가 어렵습니다. 다윗이 하나님 앞에 무릎 꿇고 하던 기도가 바로 우리의 기도가 되어야 합니다. "하나님이여 내 속에 정한 마음을 창조하시고 내 안에 정직한 영을 새롭게 하소서"(시 51:10). 은혜를 받아야 합니다. 성령의 감동을 입어야 합니다. 성령의 깨끗하심으로 내 마음을 깨끗이 씻어내야 합니다. 주님의 보혈로 우리의 심령을 새롭게 해야 합니다.

한국교회의 성도가 천만이라고 말합니다. 전 국민의 4분의 1이 소속된 큰 공동체요, 조직입니다. 예수님을 믿는 사람들만이라도 생명을 걸고 정직하겠다고 각오한다면 이 나라는 달라질 수 있습니다.

청와대에 있는 사람은 청와대에 있는 사람대로, 장관은 장관대로, 국회의원은 국회의원대로 그리스도인들이 정직만을 말하기로 결단한다면 이 나라는 바뀔 수 있습니다. 예수님을 믿는 많은 기업인들이 비록 기업이 망하더라도 정직하기를 각오한다면 이 나라는 새로워질 수 있습니다. 후손에게 정직하고 깨끗한 나라를 물려줄 수 있습니다. 이 땅에 하나님의 영광이 임하는 것을 우리 모두가 볼 수 있는 날이 올 것입니다. 정직, 오늘부터 시작합시다.

꼭! 이것만은
기억하자!

이 사회의 도덕적 기반이
완전히 무너져버렸다.
그 누구도 쉽게 사람을 믿지 않는
사회가 되었다.

예수님을 믿는 사람들도 예외가 아니다.
정직한 사람으로 거듭나야 한다.
하나님의 은혜로 새로워져야 한다.

그리스도인은 맹세가 필요 없는
투명한 인격을 갖추어야 한다.
세상이 거짓되면 거짓될수록
정직하게 살기란 힘들다.

우리의 힘만으로는 힘들다.
은혜를 받아야 한다.
성령의 감동을 받아야 한다.
우리는 고난을 당해도 정직해야 한다.
십자가를 져도 정직해야 한다.
정직, 오늘부터 시작하자.

18

악한 자를 대적하지 말라

마태복음 5장 38-42절

38 또 눈은 눈으로, 이는 이로 갚으라 하였다는 것을 너희가 들었으나 39 나는 너희에게 이르노니 악한 자를 대적하지 말라 누구든지 네 오른편 뺨을 치거든 왼편도 돌려대며 40 또 너를 고발하여 속옷을 가지고자 하는 자에게 겉옷까지도 가지게 하며 41 또 누구든지 너로 억지로 오 리를 가게 하거든 그 사람과 십 리를 동행하고 42 네게 구하는 자에게 주며 네게 꾸고자 하는 자에게 거절하지 말라

미국의 버킹햄 목사가 쓴 글을 읽은 적이 있습니다. 성도들이 자신의 설교를 들으면서 예사롭지 않은 반응을 보였던 때를 회상하는 내용이었습니다.

목회자가 설교를 하다 보면 이따금씩 성경 말씀으로 사회악을 비판하거나 공격할 때가 있습니다. 예를 들면, 우리나라의 경우 과거 군사독재 문제를, 또는 부정부패, 인권 유린 문제를 성경에 근거해 강하게 지적할 수 있습니다.

그 목사도 미국 사회에 만연한 사회악을 자주 언급했던 모양입니다. 그런데 그런 설교를 할 때마다 성도들의 표정이 예사롭지 않았습니다. 한번은 낙태를 수용하는 미국의 현실적 분위기와 낙태 찬성자들을 신랄하게 공격했다고 합니다. 낙태는 살인죄입니다. 예수님을 믿는 사람들이 낙태를 지지한다는 것은 하나님의 말씀에 정면으로 도전하는 것과 같습니다. 그러자 청중이 아멘을 연발하면서 화답하는데, 얼굴에 살기가 도는 것을 느꼈다고 합니다. 낙태를 찬성하는 사람들에 대한 분노가 가슴속에 가득한 것을 청중의 얼굴에서 그대로 읽을 수 있었다고 했습니다.

글을 읽으면서 그럴 수도 있겠다는 생각이 들었습니다. 그러면서도 한편으로 '과연 그런 감정과 표정이 예수님을 믿는 사람의 모습이라고 할 수 있을까?' 하는 생각도 했습니다. 아무리 악에 대해 이야기를 할지라도 거룩하고 순결한 하나님 자녀의 얼굴에 살기가 흐른다면 곤란하지 않겠습니까?

어떻게 반응할 것인가

만약 우리가 직장생활을 하는데 동료 가운데 한 사람이 대뜸 내 오른뺨을 때렸다고 합시다. 왼손잡이라면 오른뺨을 쉽게 때릴 수 있겠으나 다수인 오른손잡이는 상대방의 오른뺨을 때릴 때 손등으로 때려야지, 손바닥으로 때리기는 매우 어렵습니다. 유대에서 손등으로 남의 뺨을 치는 행위는 인격을 이중으로 모독하는 것이었습니다. 그러므로 오른뺨을 때렸다는 것은 한마디로 인격을 심하게 모독했다는 이야기입니다. 이런 상황이 닥쳤을 때 예수님을 믿는 우리는 어떤 반응을 보일 수 있을까요?

어떤 사람이 내 재산에 욕심을 품고 속옷까지 빼앗으려고 재판을 걸었다고 합시다. 유대에서 이런 일들이 실제로 얼마나 일어났는지는 잘 모르지만 어쨌든 한 집안을 뿌리째 뽑으려고 악심을 품은 사람이 있다고 합시다. 이런 경우 예수님을 믿는 사람은 어떻게 반응할 수 있을까요?

식민지에서는 종종 있는 일입니다. 군인이나 관리가 길 가는 사람 아무나 붙들고 이웃 동네까지 짐을 나르라고 하면 꼼짝없이 그렇게 해야 합니다. 어떤 사람이 이유도 없이 나를 강제로 끌어다가 5리 길을 함께 가자고 한다면 어떻게 하겠습니까? 구레네 시몬을 잘 알 겁니다. 예수님께서 모진 고문을 받아 기력이 다 소진되어 도저히 십자가 형틀을 지고 가실 수 없게 되었습니다. 로마 군인이 구레네 시몬을 부르더니 십자가를 대신 지고 가라고 명령합니다. 그러자 그는 죄도 없으면서 꼼짝없이 십자가 형틀을 지고 골고다까지 올라갔습니다. 만약 이런 일을 우리가 당했다면 어떤 반응을 보였겠습니까? 우리를 괴롭게 하는 사람을 어떤 마음으로 대하겠습니까?

일반적으로 교회에서 어떤 직분을 가지고 있든지 간에 이렇게 용납할 수 없을 만큼 억울한 일을 당하면 가슴에 증오의 불길이 타오를 것입니다. 거의 대부분은 복수하고 싶은 감정을 느낄 것입니다. "내가 한 대 맞았으면 너는 두 대 맞아야 한다"라는 식으로 대할 것이 틀림없습니다.

야곱에게는 디나라는 딸이 있었습니다. 세겜성에 들어가서 구경을 하다가 성폭행을 당했습니다. 참으로 억울한 일이지만 하나님의 백성이기 때문에 세상 사람들이 이런 일을 처리하는 방식과는 다른 길을 택해야 했습니다. 그런데 여동생이 성추행을 당했다는 사실을 안 오빠들은 자기네들끼리 모의를 한 후에 세겜성에 들어가 남자란 남자는 전부 다 칼로 찔러 죽였습니다. 이것이 인간의 본성입니다. 여동생이 성폭행을 당한 것에 대한 보복으로 그 성에 있는 모든 남자를 죽이는 것은, 보복 치고 너무나 잔인한 행위입니다.

　근본적으로 부패하고 악한 마귀의 심성을 지닌 인간은 이런 잔인한 보복을 당연하게 받아들입니다. 그 결과 피가 피를 부르고, 칼을 쓰는 자가 칼로 망하는, 피로 물들인 비극의 역사가 연속되어 나타나는 것을 볼 수 있습니다. 지금도 우리 사회 구석구석에서 그렇게 피의 보복을 일삼는 일들이 얼마나 많이 일어나고 있는지 열거할 수 없을 정도입니다.

이는 이로, 눈은 눈으로

　　　　　이런 인간 본연의 잔악성을 억제하고, 잘못한 사람에게 형평에 맞으면서 공정한 형벌을 가할 수 있도록 하나님께서는 율법 하나를 주셨습니다. 그것이 바로 '이는 이로, 눈은 눈으로'라는 법입니다. 사람들이 사회생활을 하다 보면 자그마한 다툼을 시작했다가 나중에는 큰 싸움으로까지 번지는 경우가 있습니다. 법보다 주먹이 가깝다는 말처럼 주먹질을 해서 이가 하나 빠졌다고 합시다. 하나님께서 이럴 때를 예상하시고 말씀하십니다. "이가 하나 빠졌으면 때린 사람의 이도 하나 빼라."

　그러나 하나님께서는 이 법을 개인적인 관계에서 사적으로 적용하지 못하게 했습니다. 개인적으로 적용하면 공정하게 시행할 수 없기 때문입니다. 반드시 재판관 앞에 가서 사실 관계를 충분히 확인한 다음에, 손해를 준 것만큼 가해자가 손해를 보도록 하거나 보상하도록 재판관이 판정을 내려야 합니다. 자신의 이가 하나 빠졌다고 무턱대고 가해자를 끌고 가서 그의 이를 빼도록 한 것은 아닙니다. 그렇게 해서는 안 된다는 것을 우리 모두는 잘 알고 있습니다.

눈에 넣어도 안 아픈 귀한 자식도 가끔 부모의 화를 돋울 때가 있습니다. 그러면 화가 나서 야단을 칩니다. 때로는 회초리로 때리기도 합니다. 그때 그 아이가 나를 화나게 한 만큼이나, 아이가 잘못한 만큼만 때립니까? 그렇지 않은 우리의 모습을 발견합니다. 자식이 잘못한 것 이상으로 체벌을 가할 때가 많습니다. 자식에게도 그렇게 하는데 남에게는 말해 무엇하겠습니까? 그렇기 때문에 하나님께서는 개인적으로 이 법을 적용할 수 없도록 만드셨습니다.

하나님의 자비

남에게 해를 끼친 악한 사람이라 해도, 하나님은 그를 보호하려고 하시기에 자비의 정신을 담아 우리에게 법을 주셨습니다. 자칫하면 누군가에게 피해를 끼친 것보다 훨씬 더 가혹한 벌을 받거나 지나치게 심한 고통을 당할 수 있습니다. 따라서 악한 자를 보호하기 위해 잘못한 것만큼만 벌을 받도록 하셨습니다.

그럼에도 예수님께서 활동하시던 당시 바리새인들은 이 율법 안에 있는 자비의 정신, 즉 하나님이 가르쳐주신 소중한 교훈은 전부 버리고 사람들이 원하는 방향으로 이 법을 해석했습니다. 그들은 "하나님께서 이는 이로 눈은 눈으로 갚으라고 하셨다. 그러므로 복수는 각자가 행사할 수 있는 본연의 의무다. 개개인에게 이 법을 적용해서, 누구든지 자기가 피해를 보면 피해를 본 것만큼 앙갚음을 할 수 있고, 보상을 요구할 수 있다"라고 가르쳤습니다. 하나님이 주신 법이라도 잘못 해석하면 얼마나 엉뚱한 것으로 바뀔 수 있는가를 여기서 새삼스럽게 볼 수 있습니다. 코에 걸면 코걸이요, 귀에 걸면 귀걸이입니다.

예수님은 이렇게 잘못 가르친 바리새인들을 나무라시고, 이 법에 담긴 근본정신과 취지를 다시 한번 일깨우고자 말씀하십니다. 악한 자를 대적하지 말라고 하십니다. 악한 자라고 해서 보복하려 들지 말라고 하십니다. 내게 피해를 입힌 자에게 개인적으로 앙갚음을 하려는 것은 하나님의 자녀다운 태도가 아니라고 가르치십니다.

물론 우리는 이 말씀을 들을 때 마음 한구석에 동의하고 싶지 않은 감정이 싹트는 것이 사실입니다. '너무 이상론이 아닌가? 비현실적이다. 예수님을 믿는 사람은 날마다 세상에서 당하기만 하라는 말인가?'라는 불만을 가질 수도 있습니다. 하지만 내가 피해를 보았을 때 보상을 요구하거나 상대방에게 어떤 형벌을 가하는 것을 당연하게 생각하고, 그것을 자연스럽게 받아들인다면 다음과 같은 중요한 질문이 뒤따라 제기됩니다. "예수님을 믿는 사람과 믿지 않는 사람이 뭐가 다른가?" 세상 모든 사람은 복수 심리를 가지고 있습니다. 앙갚음하고 싶어 하는 본성을 갖고 있습니다. 자기가 조금만 다치면 절대 참지 못합니다. 이것이 일반적인 성향입니다.

유명한 성경학자 윌리엄 바클레이가 이 본문을 주석하면서 이런 말을 했습니다. "예수님이 하신 이 말씀이야말로 기독교가 보여줄 수 있는 윤리의 가장 독특한 성격을 지니고 있다." 즉, 예수님을 믿는 사람들이 보여줄 수 있는 윤리의 독특함이 무엇인지 이 본문에 잘 드러난다는 것입니다. 따라서 악한 자를 대적하지 말라고 하신 주님의 말씀대로 살면 예수님을 믿는 사람다움을 보여주는 것이고, 그 말씀이 비현실적이라 생각하고 세상 사람들과 똑같이 반응한다면 예수님을 믿는 사람의 모습을 보여줄 수 없다는 이야기입니다. 하나님의 자녀는 세상 사람과 반드시 달라야 합니다. 절대로 같을 수 없고 같아서도 안 됩니다. 이 사실을 마음에 두고 예수님의 말씀에 귀를 기울여야 합니다. 내가 세상 앞에서 하나님의 자녀다움을 보여주기 위해서는, 내 감정이나 생각은 일단 접어두고, 이 말씀에 주목하여 귀담아들어야 한다는 사실을 인정해야 합니다.

어머니의 가출

세상에는 악한 자가 정말 많습니다. 날이 갈수록 더 늘어나고 그 악함의 정도 역시 과거와 다르게 극도로 흉포화되고 있습니다. 흔히 말하는 '악한 자'는 우리 눈에 안 보이는 곳이나 먼 곳에만 있습니까? 아닙니다. 생각보다 우리와 가까운 곳에 있을지도 모릅니다. 또한 그런 사람들은 보통 사람들보다 유별나지도 않습니다. 내가 낳은 자식 가운데서도 악한 자가 있을 수 있습니다. 남편이 부인에게 악한 자가 될 수 있습니다. 악한 자는 가까이 있습니다. 집 안에, 혹은 이웃에 있습니다.

워낙 충격적이어서 지금도 잊지 못하는 이야기가 있습니다. 지방에 사는 어떤 부인이 남편과 일찍 사별하고 아들 하나를 정성스럽게 키웠다고 합니다. 남편이 세상을 떠나면서 재산을 약간 남겨놓은 덕분에 어렵지 않게 아들을 서울로 보내서 대학 공부까지 마치게 했습니다.

아들은 후에 중학교에서 학생들을 가르치는 미모의 자매를 만나 결혼을 했습니다. 그리고 서울에서 가정을 꾸렸습니다. 그런데 아들과 며느리가 지방에 있는 어머니에게 자주 간청을 했습니다. "어머니, 혼자서 그렇게 고생하지 마시고, 그곳 살림을 다 정리해서 서울로 오시면 우리가 집을 조금 더 넓혀서 어머니를 편안하게 잘 모실게요. 어머니도 우리와 함께 사시면 좋으시잖아요. 그렇게 하세요."

처음 그 말을 들을 때는 어머니의 마음이 썩 내키지 않았습니다. 자식들 곁에 가서 마음고생을 하느니 차라리 혼자 있는 것이 편하다고 생각했습니다. 그러나 아들 내외가 하도 간청을 하자 마음을 바꾸고는 재산을 다 정리해서 서울로 올라왔습니다. 그리고 자기가 갖고 있던 돈을 전부 아들과 며느리에게 주었습니다.

그런데 기가 막히게도 며느리는 시어머니에게 냉장고 문을 열지 못하게 하고는 주는 대로만 먹으라 했습니다. 또 아침에 출근을 하면서는 어머니에게 1,000원짜리 한 장 들려주고 밖으로 내보냈습니다. 자기가 학교에서 돌아올 때까지 집에 머물지 말고 밖에 계시라면서 말입니다. 그러고는 문을 잠가버리고 출근했습니다.

어머니는 밖으로 쫓겨났습니다. 불과 이삼 년 전의 일이니 1,000원짜리 한 장의 가치가 어느 정도인지 다 알 것입니다. 1,000원을 가지고 어디를 가겠습니까? 무엇을 하겠습니까? 노인정에 가 있는 것도 하루 이틀이지 정말 남부끄러웠습니다. 이제 육십 세밖에 안 된 건강한 사람이니 사실 노인도 아니었습니다. 점심을 사 먹으려고 해도 1,000원으로는 라면밖에 먹을 것이 없었습니다.

그렇게 밖으로 밖으로 돌다가 '지금쯤 며느리가 직장에서 돌아왔겠지' 하고 집에 와보면 문은 여전히 잠겨 있었습니다. 그래서 문 밖 계단에 앉아 기다리고 또 기다렸습니다. 그러면 며느리가 돌아와서 그 꼴을 보고 막 야단을 쳤습니다. 늙은이가 그렇게 문 밖에 앉아 있는 것을 보면 이웃 사람들이 자기들을 욕하지 않겠느냐며 말입니다. 결국 1년을 못 버티고 어머니가 가출을 했습니다. 어렵사리 지하에 있는 조그마한 단칸방 하나를 구해서, 지금은 파출부 일을 하며 혼자 살고 있습니다. 그래도 지금이 더 마음 편하다고 합니다.

악한 자가 따로 있지 않습니다. 내 자식 가운데 악한 자가 나올 수 있고, 내 남편이 악한 자가 될 수 있습니다. 우리 주변에 악한 자가 너무나 많습니다. 하나님은 이런 악한 자들에게 둘러싸여 사는 우리를 향해서 "네가 하나님의 아들이냐? 그렇다면 악한 자를 대적하지 말라" 하고 말씀하십니다. 대적한다는 말은 복수한다, 앙갚음한다, 좋지 못한 감정을 가지고 대한다는 뜻입니다. "악한 자가 너의 오른뺨을 때렸느냐? 그렇다면 차라리 왼뺨도 치라고 돌려대라. 악한 자가 네 속옷을 탐내느냐? 차라리 겉옷까지 주어버려라. 악한 자가 너더러 오 리를 가자고 요구하느냐? 그렇다면 아예 십 리까지 가주어라. 그렇게 해서 악한 자를 악하게 대하지 말라."

차라리 모욕을 당하라

주의해야 할 점은 이 말씀을 글자 그대로 이해해서는 안 된다는 것입니다. 오른뺨을 맞았다고 해서 왼뺨을 돌려대면 안 됩니다. 왜냐하면 예수님께서 그렇게 하지 않으셨기 때문입니다. 예수님이 십자가를 앞두고 유대 법정에서 재판을 받으실 때였습니다. 사실은 그 재판 자체가 불법이었습니다. 재판 도중에 옆에 있던 군인 하나가 예수님의 뺨을 쳤습니다. 그럴 때 예수님은 반대편 뺨을 돌려대시지 않고 오히려 항의하셨습니다. 법정에서 혐의가 분명히 밝혀지기도 전에 피고에게 육체적인 고통을 가하는 것은 어느 나라 법에서도 용납할 수 없습니다. 그런데 하물며 하나님의 법이겠습니까? "예수께서 대답하시되 내가 말을 잘못하였으면 그 잘못한 것을 증언하라 바른말을 하였으면 네가 어찌하여 나를 치느냐"(요 18:23). 이처럼 주님은 분명하게 항의하셨습니다.

말씀을 오해하면 자칫 악한 자를 제지해서는 안 되고, 그들에게 벌을 가해서도 안 된다는 극단적인 해석을 할 수 있습니다. 위대한 문호 톨스토이가 그와 같은 해석을 했습니다. 그는 경찰도 만들어서는 안 되고, 군인도 필요 없고, 전쟁도 해서는 안 되고, 어떤 악도 상대해서는 안 된다는 이상론을 펴다가 결국 훗날 후회한 일이 있다고 합니다.

이 말씀은 공권력을 부정하는 것이 아닙니다. 하나님께서는 국가를 주셨고 공권력을 허락하셨습니다. 국가 공무원들의 손에 칼과 법을 쥐여주셔서 사람들의 악한 것을 견제하게 하고, 악인들이 사회로부터 일정한 거리를 유지하게 함으로써 함부로 사람들을 해치지 못하도록 하셨습니다. 그리고 악한 일을 행한 사람은 특별히 격리시켜서 그가 저지른 악에 해당하는 벌을 받도록 했습니다.

그러므로 이런 말씀을 읽을 때는 요점이 무엇인지 주의해서 살펴보아야 합니다. 하나님의 자녀 된 우리가 세상을 살다 보면, 개인적으로 악한 사람과 어떤 이해관계에 얽힐 수 있고, 그렇게 해서 손해를 보고 모욕을 당하고 고통을 당할 수도 있습니다. 왼뺨을 돌려대라는 뜻이 무엇입니까? 그처럼 모욕을 당하게 될 때 대적하지 말고, 또 너무 가슴앓이하지 말고 차라리 모욕을 당하라는 의미입니다. 우리는 하나님의 아들딸이기 때문에 하나님께서 망하지 않게 책임져주십니다.

또 어떤 사람 때문에 재산상 손해를 봤다면 그것으로 끝내라는 의미입니다. 그것을 배상받으려고 똑같이 악으로 대하지 말고, 차라리 그냥 손해를 보라는 말입니다. 우리의 복은 하늘로부터 임하는 것입니다. 우리가 움켜쥐고 놓지 않으려 한다고 해서 복이 남아 있는 것은 아닙니다.

이 말씀은 어떤 사람이 나의 인권을 침해하고 내 자유를 침해해서 하기 싫은 일을 강제로 시킬 때 이왕 그렇게 된 것 기쁜 마음으로 봉사해주라는 의미입니다. 누가 나를 이용해서 이득을 취하려고 할 때, 그 일을 막을 수 있으면 당연히 막아야겠지만 도무지 피할 수 없는 상황이라면, 차라리 기쁜 마음으로 그를 위해서 희생하라는 이야기입니다. 이것이 바로 주님이 하신 말씀의 핵심입니다.

고통보다 더 큰 고통

이 말씀이 얼마나 생명과 같은 진리인지 압니까? 우리는 일반적으로 내가 모욕을 당하면 당한 만큼 혹은 그 이상으로 마음껏 분풀이를 해주어야 속이 시원할 것 같습니다. 재산상 손해를 보았다면 악에 받쳐서 어떤 방법을 써서라도 손해 본 것을 배상받아야 평안하고 행복할 것 같습니다. 그런데 실제로 이 같은 일을 경험한 사람들의 말을 들으면 그렇지 않다고 합니다.

아우슈비츠 수용소는 나치가 죄 없는 유대인들을 끌어다가 6백만 명이나 가스실에서 잔인하게 죽인 인간 대학살의 현장입니다. 수년 간 자기 형제와 부모와 이웃이 가스실로 끌려가서 하루아침에 시체가 되어 나오는 모습을 바라보는 이들의 마음이 얼마나 참담했을까요? 천신만고 끝에 살아남은 유대인들의 마음에 어떤 감정이 쌓였을까요? 아마도 나치를 보면 죽이고 싶은 마음이 생겼을 것입니다. 밤낮으로 복수하고 싶은 생각에 이를 갈았을 것입니다. 그래서 그들이야말로 미움으로 똘똘 뭉친 '증오의 화신'들이었습니다. 그렇게 하지 않으면 도무지 견딜 수 없었기 때문입니다.

그런 식으로 나치를 증오하고 이를 갈았던 엘리 바이젤이라는 사람이 나중에 석방되어 책을 썼습니다. 책에서 그는 이런 말을 했습니다. "증오심이 존재하는 곳이라면 그 어디에서나 미워하는 사람이 미움을 받는 사람보다 더 고통을 당한다." 미움의 감정이 마음에 솟구칠 때 감정 그대로 미워하면 속이 시원할 것 같지만, 실제로 미움을 받는 사람보다 미워하는 사람이 더 비참해진다는 것입니다. 가슴속에 복수심을 불태우는 사람은 그 불길에 자기가 먼저 3도 화상을 입습니다. 자신의 경험으로 보아 악한 자를 대적해서 유익한 것이 절대 없다는 이야기입니다. 그러므로 예수님의 말씀이 옳다는 것입니다.

큰마음을 소유하라

예수님께서 우리에게 이런 교훈을 주시는 까닭은 우리를 사랑하시기 때문입니다. 우리를 너무나 사랑하기 때문에 악인에게서 보호하시려고 이 말씀을 주셨음을 꼭 믿어야 합니다. 그러므로 우리는 큰마음을 소유해야 합니다. 악한 사람이라도 포용할 수 있는 아주 큰마음 말입니다. 모욕을 당하고 손해를 보고 고통을 당해도, 상대방을 미워하지 않고 복수하고 싶어 하지 않는 큰마음 말입니다. 우리 모두 이런 마음이어야 합니다.

이 마음이 곧 예수님의 마음입니다. 우리도 예수님의 마음을 소유해야 합니다. 예수님을 따르길 원하고, 예수님처럼 되길 원하는 간절한 소망을 가지고 신앙생활을 한다면 예수님이 우리 마음을 차지하십니다. 예수님이 다스리는 천국이 마음에 있으면 악인을 포용할 수 있습니다. 예수님께서는 악한 자를 미워하거나 받은 대로 보복하지 않으셨습니다. 우리 중에 예수님만큼 멸시를 당한 사람이 있습니까? 예수님만큼 모욕을 당한 사람이 있습니까? 예수님만큼 공개적으로 침 뱉음을 당하고, 뺨을 맞은 사람이 있습니까? 예수님처럼 발가벗긴 채 십자가에 매달린 젊은이가 있습니까? 예수님은 죄가 없는 분이면서도 그와 같은 모욕과 고통을 당하셨지만 그분은 악한 자들을 저주하지도, 증오하지도 않으셨습니다. 오히려 십자가에서 죽어가시면서도 "아버지여, 저들의 죄를 용서해주옵소서. 저들이 자기가 무슨 짓을 하고 있는지도 모릅니다. 하나님, 용서해주옵소서"라고 기도하셨습니다(눅 23:34). 이것이 우리 주님의 마음입니다.

예수 그리스도를 믿는 하나님의 자녀는 이런 마음을 지녀야 합니다. 예수님께서는 악한 자들을 불쌍히 여기셨습니다. 남을 괴롭히고 남에게 피해를 입히는 사람을 보실 때마다 불쌍히 여기셨습니다. 그러므로 세리들이 예수님 곁으로 왔습니다. 죄인들이 예수님 곁으로 왔습니다. 예수님이 그들을 미워하고 정죄했다면 그들은 감히 가까이 오지 못했을 것입니다.

심리학자들의 말을 들어보면, 자기를 지키기 위해서 남을 해치고 도망가는 사람만큼 약한 자가 없다고 합니다. 약하기 때문에 자기를 지키려고 그렇게 한다고 합니다. 강한 자는 절대로 그렇게 하지 않습니다. 예수님은 이와 같은 약한 자들의 약점을 보시고 그들이 자기 가까이에 오도록 품으셨습니다. 이 것이 예수님의 마음입니다. 우리는 악한 자를 가장 약한 자로 보아야 합니다. 그럴 때 예수님의 마음을 가지고 그들을 볼 수 있습니다.

예수님은 악한 자들이 감동을 받아 마침내 하나님 앞에 회 개하고 돌아오도록 하셨습니다. 자기를 십자가에 못 박은 자들을 미워하지 않으시고 용서하시며, 오히려 품으신 것을 안 사람은 모두 주님 앞으로 돌아왔습니다. 베드로가 설교할 때 그 메시지를 듣고 하루에 3천 명의 장정들이 가슴을 치며 회개하고 돌아왔습니다. 그들이 누구입니까? 바로 며칠 전에 예수님을 십자가에 못 박으라고 소리치던 폭도들이었습니다. 그런 사람들이 어떻게 베드로의 설교를 듣고 가슴을 치고 돌아옵니까? 자신의 악을 악으로 갚지 아니하시는 예수님을 그들이 보았기 때문입니다. 그래서 그들이 다 예수님을 믿고 하나님 앞에 무릎을 꿇었습니다.

김익두는 죽었다

우리가 이런 마음을 가지면 우리를 통해 수많은 사람이 예수님을 만날 것입니다. 예수님처럼 악한 자를 미워하지 말고 보복하지 말아야 합니다. 나에게 해를 끼친 악한 자를 예수님이 하셨듯이 우리도 불쌍히 여겨야 합니다. 예수님처럼 그들에게도 구원의 손길이 미칠 수 있다는 희망을 가지고 그들의 마음을 감동시키길 원하십시오. 그러면 틀림없이 우리가 이깁니다.

한국교회의 초창기 역사를 읽어보면 걸출한 인물이 많았습니다. 김익두 목사라고 하면 누구나 다 아는 이름입니다. 사실 그는 목사가 되기 전에 '개망나니'라고 불리던 사람이었습니다. 싸움질을 일삼고 사람들을 괴롭혔기 때문입니다. 그래서 김익두만 보면 모두가 슬슬 피했습니다. 한번은 선교사가 그에게 전도지를 주었는데, 그는 받자마자 전도지에 코를 풀어서 바닥에 팽개치기도 했습니다.

그랬던 그가 예수님을 믿고 거듭나니 과거에 자기가 얼마나 몹쓸 사람이었는지 알게 되었습니다. 철저히 회개하며 "나의 옛사람은 예수님과 함께 십자가에 못 박았다"라고 고백한 다음, 자신의 옛사람이 죽었음을 사람들에게 공적으로 알리고자 부고장을 썼습니다. 그는 "옛날의 김익두는 죽었다"라고 써서 사방에다 뿌렸다고 합니다.

그것을 받아본 사람들은 씩 웃었습니다. 그의 과거 행적을 아는 사람들로서는 쉽게 믿기지 않았기 때문에 반신반의했습니다. 어떤 사람이 그게 사실인지 시험해보았습니다. 그는 추운 겨울날 물통에 물을 잔뜩 담아가지고 김익두가 지나가는 길에 서서 기다리고 있었습니다. 마침내 김익두가 성경책을 들고 걸어왔습니다. 그는 김익두가 가까이 오자 물통에 들어 있는 물을 통째로 뿌렸습니다. 김익두는 머리끝에서 발끝까지 흠뻑 젖었습니다. 그런데 김익두는 물에 빠진 생쥐 꼴이 되어서도 씩 웃으면서 그를 바라보더니 이렇게 말했하고 합니다. "자네 말이야. 내가 예수님을 믿고 옛사람이 죽은 것을 참으로 기뻐하게. 만약 그렇지 않았다면 오늘 자네는 요절이 났을 거야.” 평안한 얼굴로 그렇게 말하는 모습에 물을 뒤집어씌운 사람도 감동을 받아 예수님을 믿었습니다.

악을 대적하지 않는 자가 승자입니다. 이것이 하나님의 말씀이 보여주는 진리요, 위대한 믿음의 선배들이 보여준 진리요, 말씀대로 실천했을 때 분명히 확인할 수 있는 놀라운 진리입니다. “아무에게도 악을 악으로 갚지 말고 모든 사람 앞에서 선한 일을 도모하라”(롬 12:17), “악에게 지지 말고 선으로 악을 이기라”(롬 12:21), “악을 악으로, 욕을 욕으로 갚지 말고 도리어 복을 빌라 이를 위하여 너희가 부르심을 받았으니 이는 복을 이어받게 하려 하심이라”(벧전 3:9) 하고 성경은 말씀합니다.

우리가 세상에서 부름을 받은 하나님의 백성이 된 목적은 무엇입니까? 악인이 너무나 많은 이 세상에서 악을 악으로 갚지 않고, 악인을 위해 기도하는 모습을 세상 앞에 보여줌으로써, 모든 사람이 살아 계신 하나님을 향해 나아오게 하려고 부르신 것입니다.

주님의 마음으로

이 말씀을 준비하면서 처음에는 마음이 불편했습니다. ‘주님, 저도 이렇게 못 합니다. 당해보지는 않았지만, 오른뺨을 때리는 사람에게 왼뺨까지 돌려댈 자신이 없습니다. 내 속옷까지 빼앗아가려는 악질적인 사람에게 겉옷까지 내줄 만큼 관대하지 못합니다. 목사지만 저는 그렇게 하지 못할 것 같습니다. 목사도 못 지키는 것을 가지고 어떻게 성도들에게 이래라저래라 가르칠 수 있습니까? 저는 못하겠습니다. 여기만은 넘어갔으면 좋겠습니다.'

그러다가 제 생각이 근본적으로 잘못되었음을 발견했습니다. 하나님께서는 우리에게 능력 이상의 일을 시키시지 않습니다. 할 수 있으므로 그렇게 하라고 말씀하시는 것입니다. 하나님께서 우리에게 성령을 주셨습니다. 성령이 우리 마음에 거하신다는 것은 살아 계신 예수 그리스도가 우리 안에 계심을 의미합니다. 그러므로 우리는 예수님의 마음을 가지고 살아갑니다. 예수님이 다스리시는 하나님 나라를 마음에 간직한 채 세상을 향해서 나아가는 거룩한 백성이 되었습니다.

내가 내 마음을 가지고 이 말씀대로 살려고 하면 그러지 못합니다. 그러나 예수님의 마음을 내 안에 가지고 있으면 주님이 교훈하신 대로 악인을 대적하지 않을 수 있습니다. 오른뺨을 때리면 왼뺨도 돌려댈 수 있습니다. 속옷을 달라 하면 겉옷도 줄 수 있습니다. 오 리를 가자고 하면 십 리라도 기쁘게 같이 가줄 수 있다고 말씀하시는 것입니다.

그러므로 내 힘으로는 안 되지만 주님이 내 안에 계시고 나의 마음이 주님의 마음으로 바뀌면 얼마든지 할 수 있습니다. "내가 그리스도와 함께 십자가에 못 박혔나니 그런즉 이제는 내가 사는 것이 아니요 오직 내 안에 그리스도께서 사시는 것이라 이제 내가 육체 가운데 사는 것은 나를 사랑하사 나를 위하여 자기 자신을 버리신 하나님의 아들을 믿는 믿음 안에서 사는 것이라"(갈 2:20).

진정 주님을 사랑하고 주님을 따르는 제자가 되기를 원한다면, 우리 마음은 점점 죽고 예수님의 마음이 곧 우리의 마음이 되어야 합니다. 그러면 우리는 세상 모든 악인을 불쌍히 여길 수 있고, 그들이 회개하여 돌아올 수 있도록 그들에게 감동을 줄 수 있습니다. 그렇게 하면 우리도 삽니다.

우리가 이런 작은 예수가 되어 악한 자들을 상대할 수만 있다면 이 사회는 분명히 달라집니다. 이 흉악하고 살벌한 한국 사회에 분명한 변화가 일어날 수 있습니다. 이 더럽고 포악한 사회를 누가 치유할 수 있습니까? 예수님을 닮아가고자 하는 우리 모두가 이 일을 맡아야 합니다.

우리가 할 수 있습니다. 성령께서 우리가 할 수 있도록 은혜를 주실 것입니다. 그러므로 우리 마음에서 부정적인 생각을 쓸어버리고 "주님, 할 수 있습니다. 제가 작은 예수가 될 수 있습니다. 주님의 마음을 가지면 얼마든지 말씀대로 순종할 수 있습니다. 주여, 은혜를 주시옵소서" 하고 날마다 기도하십시오. 이렇게 기도하면서 우리 각자의 삶의 위치에서 살아간다면 우리를 통해서 이 사회에 놀라운 일들이 일어날 것입니다.

악한 자를 대적하지 말라.
개인적으로 앙갚음하는 것은
하나님 자녀다운 태도가 아니다.
악한 자를 제지하지 말라는 것이 아니다.
개인적으로 모욕을 당할 때
대적하지 말고 차라리 모욕을 당하라는 뜻이다.

누가 나를 이용해서 이익을 취하려고 할 때
막을 수 있으면 막아야 되겠지만
피할 수 없는 상황이라면
차라리 기쁜 마음으로 그를 위해 희생하라.

예수님이 그렇게 하신 것처럼
내게 해를 끼친 악한 자를 불쌍히 여기라.
작은 예수가 되어 악한 자들을 상대하라.
그러면 그들이 회개하고 돌아올 것이다.
세상이 변화될 것이다.

19

하나님처럼 사랑하기

마태복음 5장 43-48절

43 또 네 이웃을 사랑하고 네 원수를 미워하라 하였다는 것을 너희가 들었으나 44 나는 너희에게 이르노니 너희 원수를 사랑하며 너희를 박해하는 자를 위하여 기도하라 45 이같이 한즉 하늘에 계신 너희 아버지의 아들이 되리니 이는 하나님이 그 해를 악인과 선인에게 비추시며 비를 의로운 자와 불의한 자에게 내려주심이라 46 너희가 너희를 사랑하는 자를 사랑하면 무슨 상이 있으리요 세리도 이같이 아니하느냐 47 또 너희가 너희 형제에게만 문안하면 남보다 더하는 것이 무엇이냐 이방인들도 이같이 아니하느냐 48 그러므로 하늘에 계신 너희 아버지의 온전하심과 같이 너희도 온전하라

목회 초기, 나는 구원을 아주 단순하게 생각하고 '구원은 예수 믿고 천국 가는 것'이라는 틀 속에서 가르치며 설교했습니다. 그런데 시간이 흘러 성경을 더 깊이 보게 되고, 과거에는 이해가 되지 않았던 말씀이 눈에 들어오면서 구원이 그렇게 단순한 문제가 아님을 깨달았습니다.

하나님이 우리에게 주신 구원은 단순히 '믿고 천국 간다'는 공식만으로 다 설명이 되지 않는, 엄청난 차원을 지니고 있다는 사실이 성경을 보면 볼수록 더 분명하게 드러났습니다. 성경이 말씀하시는 구원은 우리가 하나님처럼 되는 것을 말합니다. 성경의 표현대로 하자면, 하나님의 형상으로 변하는 것입니다. 즉, 하나님처럼, 예수님처럼 되는 것입니다.

꼭 기억해야 할 것은, 하나님께서는 이 모든 것을 천국에 들어가서 실현될 현상으로 보시지 않는다는 점입니다. 이 세상을 살면서부터 하나님을 닮아가는 것 자체를 구원으로 보고 계십니다. 이런 깨달음은 각자에게 "하나님이 나를 이처럼 대단하게 보시는구나" 하는 굉장한 감격을 주었습니다. 나를 향해서 자신처럼 되라고 하시는 하나님의 심정을 생각하면 얼마나 기쁘고 감사한지 모릅니다. 반면에 제가 하나님의 기대치에 너무나 미흡하고 형편없는 존재라는 사실을 실감할 때면 얼마나 부담이 되는지 모릅니다.

부담스러운 메시지?

성경에서 이 말씀만큼 하나님이 우리를 향해 자기처럼 되라고 명료하게 말씀하시는 구절은 다시 찾기가 어렵습니다. 하나님께서 지금 우리에게 무엇을 말씀하시고, 무엇을 기대하시는지 바로 알 수 있습니다. 어떻게 보면 하나님께서는 우리가 이 세상에서도 완벽해지기를 요구하시는 것 같습니다.

그런데 우리가 어떻게 하나님처럼 원수를 사랑할 수 있습니까? 어떻게 하나님처럼 나를 핍박하는 자를 위해 기도할 수 있습니까? 막연히 악인을 사랑하라고 한다면 그럴 수도 있겠다는 생각이 들기도 합니다. 이라크의 독재자 사담 후세인 같은 사람을 위해서 기도할 수는 있습니다. 나에게 직접 피해를 입힌 자가 아니기 때문에 어쩌면 사랑한다는 말을 할 수 있을지도 모릅니다.

그러나 하나님은 '악인 중에서도 네 원수', 즉 '너를 핍박하는 자'를 사랑하라고 말씀합니다. 그 사람 때문에 직접 피해를 보았고 엄청난 원한이 가슴속에 쌓여 있는데도, 그 사람을 사랑하라고 말씀하십니다.

하나님은 그런 사랑을 하실 수 있습니다. 하지만 우리는 불가능합니다. 그럼에도 하나님이 우리에게 그런 사랑을 요구하시는 것은 우리가 하나님 닮기를 원하시기 때문입니다. "세상에서 너는 나처럼 되어야 한다. 비록 좁은 집에서 살고, 네 이름을 아는 사람도 별로 없는 무명의 존재일지 모르지만, 나는 너를 대단하게 생각한다. 너는 내 자녀이기 때문이다. 그러니 나를 닮아야 한다." 이것이 하나님의 뜻입니다.

이런 말씀 앞에서는 누구나 부담을 느낍니다. 예수님께서 활동하시던 당시 바리새인들도 마찬가지였던 것 같습니다. 구약성경에 보면 "네 이웃 사랑하기를 네 자신과 같이 사랑하라"(레 19:18)는 말씀이 나옵니다. 그들은 이 말씀이 주는 부담감을 감당하지 못해, 사람들이 납득하고 동의할 만한 수준으로 하나님의 말씀을 깎아내려서 가르쳤습니다.

이렇게 잘못 가르친 내용을 예수님이 인용하셨습니다. "또 네 이웃을 사랑하고 네 원수를 미워하라 하였다는 것을 너희가 들었으나"(마 5:43). 이 말씀을 자세히 살펴보면, 바리새인들은 중요한 문구 하나를 빼고 가르쳤음을 알 수 있습니다. "네 이웃 사랑하기를 네 자신과 같이 사랑하라"고 하셨는데 '네 자신과 같이'를 빠뜨린 채, 단순히 "네 이웃을 사랑하라"고만 가르쳤습니다. 비슷한 방식으로 "네 원수를 사랑하라"는 말도 "네 원수는 미워해도 괜찮다"는 말로 바꿔치기 해서 가르쳤습니다. 매우 인간적이고 현실적으로 받아들이기 쉽도록 말씀을 각색해놓았습니다.

그러나 예수님은 하나님의 말씀을 그렇게 더하고 빼는 것을 절대 용납할 수 없다고 말씀하십니다. 그리고 "네 이웃 사랑하기를 네 자신과 같이 사랑하라"는 말씀의 근본 취지와 목적이 어디 있는지 다시 한번 분명하게 가르쳐주십니다.

아가페: 노력하지 않으면
할 수 없는 사랑

"네 이웃 사랑하기를 네 자신과 같이 사랑하라"는 말씀은 무슨 뜻입니까? 하나님의 사랑은 그 넓이와, 높이와, 크기를 측량할 수 없습니다. 하나님께서 선한 사람과 악한 사람을 구태여 구분하시지 않는 것만 보아도 알 수 있습니다. 하나님은 선인도 사랑하시고 악인도 사랑하십니다.

성경은 하나님의 사랑을 재미있게 표현합니다. "하나님이 그 해를 악인과 선인에게 비추시며 비를 의로운 자와 불의한 자에게 내려주심이라"(마 5:45). 우리 마음으로는 아침에 떠오르는 태양이 북쪽에 있는 누구의 집은 비추지 않았으면 좋겠는데, 하나님께서는 그곳에도 따사로운 햇살을 비춰주십니다. 물론 하나님을 잘 믿고, 무릎 꿇어 기도하는 자녀의 가정에도 역시 따뜻한 햇살을 비춰주십니다.

우리 마음 같아서는 폭정(暴政)으로 백성을 못살게 괴롭히는 나라에는 몇 년이 지나도록 비 한 방울 내리지 않았으면 좋겠는데, 하나님은 때가 되면 그곳에도 비를 주십니다. 그리고 하나님을 잘 섬기는 백성이 사는 우리나라에도 비를 주십니다.

산상수훈 2 하늘 행복으로 살아가는 작은 예수

하나님의 사랑은 너무나 커서 악인과 선인을 구태여 구분하지 않으십니다.

반면에 "너희가 너희를 사랑하는 자를 사랑하면 무슨 상이 있으리요 세리도 이같이 아니하느냐"(마 5:46)라고 하십니다. 내가 낳은 자식, 내 부모, 내 형제자매는 자연스럽게 사랑할 수 있습니다. 그러나 이것은 본능적인 사랑이지 하나님의 사랑과는 거리가 멉니다. 악명 높은 세리도 할 수 있는 사랑입니다. 하나님을 모르는 이방인도 하는 사랑입니다. 노력하지 않아도 할 수 있는 사랑입니다. 하나님께서는 이처럼 누구나 다 할 수 있는 사랑을 명령하신 것이 아닙니다.

하나님은 아가페의 사랑을 명령하셨습니다. 아가페 사랑은 우리가 하나님과 원수가 되었을 때 우리를 사랑해주신 바로 그 사랑입니다. 로마서는 이렇게 말씀합니다. "우리가 아직 죄인되었을 때에 그리스도께서 우리를 위하여 죽으심으로 하나님께서 우리에 대한 자기의 사랑을 확증하셨느니라 그러면 이제 우리가 그의 피로 말미암아 의롭다 하심을 받았으니 더욱 그로 말미암아 진노하심에서 구원을 받을 것이니 곧 우리가 원수 되었을 때에 그의 아들의 죽으심으로 말미암아 하나님과 화목하게 되었은즉 화목하게 된 자로서는 더욱 그의 살아나심으로 말미암아 구원을 받을 것이니라"(롬 5:8-10). 그 사랑이 바로 아가페의 사랑입니다.

아가페는 누군가의 허물을 덮어주는 사랑이요, 죄인을 불쌍히 여기는 사랑이요, 자기를 희생하면서까지 행동으로 옮기는 사랑입니다. 아가페는 죄는 미워하지만 죄인은 사랑하는 사랑이요, 열 번 백 번 똑같은 죄를 범한 사람이라도 불쌍히 여기는 사랑입니다.

하나님은 이 사랑을 예수님이 달려 죽으신 십자가 위에서 보여주셨습니다. 누구든지 예수님을 자기의 구원자라고 고백하면서 믿음으로 십자가 앞에 나아가기만 하면, 거기서 원수까지도 사랑한 아가페의 사랑을 발견할 수 있습니다. 지금도 변함없이 우리에게 보내시는 사랑입니다. 하나님은 우리더러 그런 사랑을 하라고 말씀하십니다. 그 이유는 우리가 예수님을 믿고 하나님의 자녀가 되었기 때문입니다. 자식이 부모가 가르쳐주는 대로 배우지 않고, 제멋대로 행동하기를 바라는 부모는 아무도 없습니다. 할 수만 있으면 부모의 좋은 점을 본받아 훌륭한 사람이 되기를 바라며, 그렇게 해서 가문을 빛내길 바라는 것이 부모의 심정입니다.

예수님을 믿고 하나님의 자녀가 된 우리는 하루에 수십 번도 더 하나님을 향하여 "아버지, 아버지" 하고 부릅니다. 그렇기 때문에 하나님께서는 우리에게 "내가 아가페의 사랑을 너희에게 주었으니, 너희도 나를 닮으려면 나와 같이 해야 한다"라고 말씀하시는 것입니다.

"이같이 한즉 하늘에 계신 너희 아버지의 아들이 되리니"(마 5:45). 여기서 "아들이 되리니"라는 말은 "아버지처럼 되리니" 혹은 "아버지를 닮는 자가 되리니"로 바꿀 수 있습니다. 우리가 하나님처럼 사랑하면 하나님 아버지처럼 됩니다.

주님은 아버지처럼 된다는 말을 이렇게 거듭해서 말씀하십니다. "그러므로 하늘에 계신 너희 아버지의 온전하심과 같이 너희도 온전하라"(마 5:48). 하나님의 아들처럼 되는 것은 예수님처럼 되는 것이고, 예수님처럼 되는 것은 온전해지는 것입니다.

온전하다는 말의 헬라어는 '텔레이오스'(teleios)로, 명사형은 '텔로스'(telos)입니다. '텔로스'는 목표, 목적, 끝이라는 뜻을 가지고 있습니다. 그러므로 이를 다시 형용사형으로 바꾸면 '목적에 일치하는, 목표에 이르는'이라는 뜻이 됩니다.

그렇다면 하나님께서 우리에게 자기처럼 온전하라고 하신 말씀에는 어떤 의미가 있을까요? 하나님께서 우리를 처음 창조하실 때 가지고 계셨던 목적에 합당한 사람이 되는 것을 말합니다. 창세기에 "하나님이 자기 형상 곧 하나님의 형상대로 사람을 창조하시되 남자와 여자를 창조하시고"(창 1:27)라는 말씀이 나옵니다. 이 말씀의 목적은 우리가 하나님과 똑같이 닮은 존재가 되게 하는 것입니다. 그래서 주님은 남자와 여자를 만드셨습니다.

그런데 몹쓸 마귀가 와서 유혹하는 바람에 최초의 인류는 죄를 범하게 되었고, 하나님이 우리에게 갖추어주시려고 했던 형상은 거의 파괴되어버렸습니다. 오늘날 우리 인간의 모습을 보면 마귀의 형상이지 도저히 하나님의 형상이라고 할 수 없습니다. 아무리 교육을 많이 받아도 하나님의 형상보다 마귀의 형상을 더 닮아가는 듯합니다. 아무리 부유해도, 명예를 누려도, 가만히 보면 마귀의 형상입니다. 거짓말하는 꼴을 보십시오. 자기밖에 모르는 꼴을 보십시오. 마귀의 형상입니다. 하나님의 형상이 이처럼 사정없이 무너지고 파괴되었습니다.

이것을 보시고 너무나 안타까우신 하나님께서는 자신의 아들인 예수님을 세상에 보내시고, 그를 통해 자신이 어떤 분인가를 보여주셨습니다. 그리고 "너희가 나를 믿으면 하나님의 자녀가 되고, 하나님의 형상을 회복하는 온전한 사람이 될 수 있다"라고 말씀하셨습니다. 이것이 바로 구원입니다.

그러므로 우리가 예수님처럼, 하나님처럼 온전한 자가 되기 위해서는 하나님이 사랑하신 것같이 사랑해야 합니다. 세상에 살 때부터 이 사랑을 실천해야 합니다. 천국에 가면 원수가 없습니다. 우리를 핍박하는 자도 없습니다. 더 이상 하나님처럼 사랑할 대상이 없습니다.

신학교에 다닐 때, 우리가 온전하게 되고 영화롭게 되려면 천국에 가서야 비로소 가능하다는 식으로 잘못 배웠습니다. 반면 이 세상에 있을 동안에, 우리가 하나님을 닮아 하나님처럼 사는 것이 얼마나 중요한지는 깊이 배우지 못했습니다. 그러므로 핑계를 대기가 좋습니다. '마음은 원이로되 육신이 약하구나. 사람은 죄짓는 것이 전문이고 하나님은 용서해주시는 것이 전문 아닌가? 따라서 날마다 잘못을 회개하고 용서받으면 된다.' 이렇게 생각하고 천국에 들어갈 꿈만 꾸며 살아왔습니다. 이것이 신앙생활인 줄 알았고 또 그런 식으로 가르쳤습니다. 그 결과 오늘날 한국교회는 이 세상에서 하나님을 닮아가는 거룩한 존재라는 사실을 잊어버리고 세상 사람과 큰 차이가 없이 살고 있습니다.

구원은 세상에 있을 때부터 하나님처럼 되는 것입니다. 하나님이 원수를 사랑하셨기 때문에 우리도 원수를 사랑해야 합니다. 원수가 굶주리는 것을 보면 먹을 것을 가져다주어야 하고, 목마른 것을 보면 마실 물을 주어야 합니다. 그를 위해 기도해야 합니다. 그들을 미워하고 원수 갚겠다는 생각을 하면 안 됩니다. 마음이 동하기를 기다릴 것이 아니라, 명령에 순종하려는 의지를 가지고 움직여야 합니다. 원수를 자연스럽게 사랑할 사람은 아무도 없습니다. 그런 사랑을 기대하는 것은 어리석은 짓입니다. '하나님께서 하나님처럼 사랑하라고 하셨으니 나도 실천해야지. 내가 하나님의 아들이라면 적어도 하나님이 하시는 것을 흉내라도 내야지' 하며 의지적으로 순종하는 것이 원수에 대한 사랑입니다.

하나님은 일본도 사랑하신다

지난 10여 년 동안, 해마다 일본에서 열리는 컨벤션에 참석해왔습니다. 도쿄 인근의 하코네라고 하는 유명한 관광지에 호텔을 잡고, 300명에서 500명 정도의 인원이 참석해 집회를 갖습니다. 초교파적으로 모이기 때문에 굉장히 중요한 의미가 있는 집회입니다. 그런데 그 집회에 갈 때마다 느끼는 점은, 제 마음에서 자연스레 우러난 사랑을 가지고 참석하지 않는다는 것입니다. 즉, 일본 사람에 대한 감정이 아직도 제 안에 남아 있다는 이야기입니다. 우리나라가 36년 동안 일본의 식민지로 있으면서 얼마나 많이 착취를 당하고 피해를 입었습니까? 아직도 일제강점기의 잔재를 씻어내지 못하고, 정치, 경제, 문화, 정신세계 등 다방면에서 영향을 받는 것을 보면, 그들이 우리에게 준 상처가 얼마나 깊고 무서운 것인지 똑똑히 알 수 있습니다.

자주독립을 성취한 백성답지 못하게 아직도 우리에게는 식민지 근성이 남아 있습니다. 왜 교통법규를 어기면서 그것을 자랑삼아 이야기합니까? 왜 길을 가다가 함부로 침을 뱉고, 담배꽁초를 버리면서도 부끄러운 줄 모릅니까? 모두가 식민지 근성에서 비롯된 것입니다. 나라가 독립한 지 벌써 1세대가 지나고, 2세대가 지나가는 시점인데도, 식민지 근성을 이 땅에서 씻어내지 못하고 있습니다.

애국지사를 잔인하게 고문하고 죽인 사례가 한두 건이었습니까? 일본 천황이 신이 아니라고 반대하다가 소리 없이 죽은 성직자가 얼마나 많았습니까? 말로 다 할 수 없는 고통을 당한 사람이 얼마나 많았습니까? 그렇지만 그 나라는 아직도 자신들이 얼마나 야만적인 행위를 저질렀는지를 학생들에게 가르치지 않습니다. 유대인 6백만 명을 가스실에서 죽인 마귀와 같은 독일 사람들도 자신들의 죄를 회개하고 전 세계 앞에 용서를 구한 마당에, 일본은 아직도 자신들의 잘못을 시인하려고 들지 않습니다. 역사만큼은 진실하게 말해야 하는데도 진실을 은폐하고 왜곡하는 저 나라 백성에게 사랑이 가겠습니까?

그래서 컨벤션에 갈 때마다 마음이 무겁습니다. 본문과 같은 말씀을 보면서 '나는 왜 사랑하지 못할까?' 하는 가책을 받기 때문입니다. 아직도 "아리가또 고자이마스" 외에는 일본어를 배우지 않고 있습니다. 그 말도 예의상 꼭 필요하기 때문에 배웠을 뿐입니다. 지난 10여 년간 일본어를 공부했으면 제법 유창하게 할 수 있었을 텐데도 그렇게 하지 않은 것은 마음으로 사랑이 가지 않기 때문입니다.

일본에서 20년 가까이 사역하는 변재창 선교사의 말을 아직까지 기억합니다. 하나님의 부르심에 순종하여 선교사로 나가기로 결심했을 때 이런 기도를 했다고 합니다. "하나님, 제가 선교사로 가겠습니다. 그러나 꼭 한 가지만 들어주십시오. 어디를 보내셔도 좋은데 일본만은 빼주십시오." 그런데 하나님께서는 그를 일본으로 보내셨습니다. 하나님은 일본도 사랑하시기 때문입니다. 하나님은 그런 분이십니다. 일본을 위해서 저는 날마다 기도합니다. 특별히 일본 목회자들을 위해서 기도합니다. 그들에 대한 남다른 애정이 있습니다.

우리가 하나님의 자녀라고 하면서 하나님을 "아빠 아버지"라고 부르는데, 우리의 아버지 되신 하나님은 어떻게 사랑하셨는지 잘 알면서도 정작 우리 자신은 그 사랑을 본받으려고 하지 않는다면, 이는 엄청난 모순임을 인정해야 합니다.

위대한 모범

역사를 살펴보면 하나님처럼 원수를 사랑하라는 말씀을 신중하게 받아들이고 순종하신 분들이 더러 있습니다. 그 가운데서 한 사람만 꼽아보라고 한다면 저는 두말하지 않고 우리나라의 손양원 목사를 이야기합니다. 기독교 역사를 다 뒤져봐도, 세계 어디를 가도 이처럼 위대하고 감동적인 원수 사랑의 사례를 찾아볼 수 없습니다. 손양원 목사야말로 한국교회의 영광이요, 자랑이요, 면류관입니다. 그분을 소개하는 이유는 아무리 입으로 원수 사랑을 떠들어대도 그 실체가 무엇인가를 듣기 전에는 실제로 마음이 움직이지 않을 때가 많기 때문입니다.

그분의 딸 손동희 권사는《나의 아버지 손양원 목사》(아가페)라는 책을 출간했습니다. 그 일이 있던 당시 손 권사는 중학생이었는데, 그때 벌어진 일들을 정확하게 목격한 사람 가운데 생존자는 아마 이분밖에 없을 것입니다.

손양원 목사는 1902년 경남 함안에서 출생했습니다. 평양신학교를 졸업하고, 서른일곱 살에 전라도 여수에 있는 나병 환자들의 교회인 여수 애양원교회를 담임하기 시작했습니다. 한마디로 환자들을 위한 사역이었습니다. 1년 남짓 사역하고 있을 때 일본이 갑자기 신사참배를 강요했습니다. 천황을 신으로 인정하고 신사에 절하라며 억압했습니다. 성경에서 분명히 하나님 외에는 절하지 말라고 했는데, 목사의 양심상 어떻게 우상 앞에 고개를 숙입니까? 거부하다가 결국은 끌려가서 광복이 되던 해까지 5년 동안 옥고를 치렀습니다.

출옥한 후 다시 여수 애양원으로 돌아와 뜨거운 사랑으로 나병 환자들을 섬기면서 목회를 했습니다. 그런데 불과 3년이 채 안 되어 여순 반란 사건이 일어났습니다. 하루아침에 많은 중고등학생들과 청년들이 공산당원이 되었습니다. 그리고 평소에 예수 믿는 사람들을 아니꼽게 생각하던 고등학생 하나가 반란 사건이 일어나자마자, 손양원 목사의 큰아들 동인과 중학생 동신을 끌고 갔습니다. 구타를 하고 고문을 하면서 예수 믿지 않겠다고 하면 놓아주겠지만 예수 믿겠다고 하면 죽이겠다고 협박했습니다. 두 사람이 끝까지 예수님을 포기할 수 없다고 하자 끌고 가서 총살시켰습니다. 그렇게 손양원 목사의 두 아들이 순교했습니다. 1천여 명의 성도들과 함께 교회 마당에서 두 아들의 장례 예배를 드리는 자리였습니다. 그때 손 목사는 유명한 열 가지 감사를 이야기했습니다.

- 첫째, 나 같은 죄인의 혈통에서 순교의 자식들이 나오게 했으니 감사합니다.
- 둘째, 많은 성도 가운데 이런 귀한 보배 같은 아들들을 나에게 맡겨주셨음을 감사합니다.
- 셋째, 삼남 삼녀 중 가장 아름다운 두 아들을 바치게 되었으니 감사합니다.
- 넷째, 한 아들의 순교도 귀하다 하거늘 두 아들이 순교했으니 감사합니다.
- 다섯째, 예수 믿다가 병들어 죽는 것도 복이라 하거늘 하물며 전도하다가 순교를 당했으니 얼마나 감사한지요.
- 여섯째, 미국 유학을 가려고 준비하던 큰 아들, 미국보다 더 좋은 천국으로 갔으니 감사합니다.
- 일곱째, 나의 사랑하는 두 아들을 총살한 원수를 회개시켜 내 아들 삼고자 하는 사랑의 마음을 일으켜주시니 감사합니다.

· 여덟째, 두 아들이 순교함으로 무수한 천국의 아들들이 생겨
  날 것을 생각하니 감사합니다.

· 아홉째, 역경 중에서 이상 여덟 가지 진리와 하나님의 사랑을
  찾는 기쁜 마음, 여유 있는 믿음을 주시니 감사합니다.

· 열째, 나에게 분수에 넘칠 만큼 과분한 큰 복을 내려주신 것
  은 부모님이 새벽마다 부르짖던 수십 년간의 눈물로 된 기도
  의 결실이요, 나의 사랑하는 나환자 형제자매들이 기도해준
  성의의 열매로 알고 여러분 모두에게 감사합니다.

놀라운 사실은 그가 두 아들의 장례식 때 이미 원수를 용서
하고 양아들로 삼기로 마음먹었다는 것입니다.

원수가 아들이 되다

장례를 마쳤습니다. 그러고는 손양원
목사는 딸 동희를 불러 앉혀놓고 자신의 심정을 이야기했습니
다. 아무리 원수지만 두 아들을 죽인 청년을 꼭 양아들로 삼아
야겠다는 내용이었습니다. 자기가 일제강점기에 5년간이나 가
족을 고생시켜가며 감옥생활을 견딘 것도 우상을 숭배하지 말
라는 제 1, 2계명을 어기지 않으려 했기 때문인데, 이제 원수를
놓고도 하나님의 말씀대로 해야 된다고 하면서 딸을 설득시켰
습니다.

"동희야, 제1, 2계명이 하나님의 명령이라면 원수를 사랑하
라는 말씀도 똑같은 하나님의 명령이다. 그런데 어느 것은 순

종하면서 어느 것은 순종하지 않는다면 그보다 더 큰 모순이 어디 있겠니? 내가 원수를 사랑하라는 말씀에 순종하지 않는다면 과거 5년 동안 감옥에서 생활한 것이 모두 헛수고요, 너희들의 고난도 헛고생이 되고 만다. 나는 여기에서 넘어질 수 없다. 두 오빠는 천국에 갔으나 그들을 죽인 자는 지옥에 갈 것이 분명한데, 목사로서 그 사람이 지옥 가는 것을 어떻게 보고만 있으란 말이냐?"

그러나 중학교에 다니는 딸이 그것을 이해하겠습니까? 아버지 옷을 잡고서 반 미친 사람처럼 원수를 갚아야 한다고, 왜 예수님을 믿어도 그렇게 별나게 믿느냐고 통곡하며 아우성을 쳤습니다. 우는 딸을 달래면서 손 목사는 말했습니다.

"동희야, 성경 말씀을 자세히 보아라. 분명히 원수를 사랑하라고 하셨다. 용서만 가지고는 안 돼. 그 학생을 살려주는 것만으로도 부족해. 원수를 사랑하라고 하셨으니 사랑하기 위해 내 아들로 삼아야 해. 이 아비의 뜻을 따라주렴."

눈물로 간곡히 설득하자 딸 손동희 권사는 결국 아버지의 뜻을 따르기로 약속하고는, 범인이 처형당하기 직전에 형장으로 달려갔다고 합니다. 그리고 아버지의 마음을 눈물로 간절히 호소하며 전했습니다. 그랬더니 형 집행을 지휘하는 사람이 감동을 받아 범인을 형장에서 빼내 살려주었습니다. 이후 그 학생은 손 목사의 양아들이 되었고, 손 목사가 다니는 집회마다 따라다니면서 은혜를 받았습니다.

그런데 2년이 채 안 되어서 이번에는 한국전쟁이 터졌습니다. 공산당이 전라도까지 파죽지세로 휩쓸고 내려왔습니다. 손양원 목사가 잡혔습니다. 목사라고 하자 여지없이 끌어다가 과수원에서 총살에 처했는데, 손양원 목사는 전날 밤 함께 끌려온 자기 교회 집사에게 이런 말을 했다고 합니다. "지난밤에 내 아들 동인이, 동신이가 내 눈앞에 나타났어. 아마 하나님이 나를 부르시려나 봐."

결국 손양원 목사는 그다음 날 순교했습니다. 그가 양아들로 삼은 청년은 새사람이 되었고, 세상을 떠나기 얼마 전, 손동희 권사를 찾아와 다음과 같이 이야기했다고 합니다.

"동희야, 나는 곧 하나님 나라로 간다. 내가 죽어서 천당에 가면 네 두 오빠에게 무릎 꿇고 사죄하련다."

능력 주시는 자 안에서

이런 위대한 원수 사랑이 가능하다고 생각합니까? 거의 불가능에 가깝지 않습니까? 그러나 "나는 하나님의 아들이고 하나님처럼 되어야 할 존재이기 때문에, 하나님이 원수를 사랑하라고 하셨으면 그 말씀대로 살아야 한다"라는 사실을 신중하게 받아들이는 사람이라면, 인간의 본능이나 감정을 뛰어넘어 이런 사랑을 실제로 실천해갑니다.

만약 마음속에 "그래도 그것은 이상일 뿐이다. 독특한 사람이나 할 수 있는 일이지, 나 같은 사람은 도저히 할 수 없다. 내가 낳은 자식도 기분이 상하면 미워하는데, 원수 사랑이 어디 가능하겠는가?" 하는 음성이 들린다면, 그것은 성령의 음성이 아닙니다. 사탄의 음성입니다. 우리는 누구의 음성에 귀를 기울여야 합니까? "너는 하나님의 아들이다. 하나님은 네가 하나님을 닮은 온전한 자가 되기를 원하신다. 그러기 위해서는 하나님처럼 사랑해야 한다"라고 하시는 성령의 음성을 들어야 합니다. 자꾸만 마귀의 음성에 귀를 기울이면, 크게 잘못된 신앙생활을 할 수밖에 없습니다.

하나님께서는 우리가 자신을 닮은 거룩한 자녀가 되도록 기본적인 작업을 다 해주셨습니다. 예수님을 믿자마자 거듭나게 하셨습니다. 거듭난다는 것은 하나님을 닮을 수 있는 생명의 씨앗을 우리 안에 심으셨다는 의미입니다. 그 씨앗이 지금 우리 안에서 자라고 있습니다. 그래서 신앙생활이 깊어지면 깊어질수록 씨앗에서 잎이 나고 꽃이 피고 열매를 맺습니다. 죽은 씨앗이 아니라 생명의 씨앗이기 때문입니다. 이 씨앗이 자라면 자랄수록 우리는 하나님을 닮게 되어 있습니다.

또한 하나님께서는 우리가 하나님을 닮을 수 있도록 우리에게 성령을 주셨습니다. 성령을 통해서 예수 그리스도와 함께 십자가에 옛사람을 못 박게 하시고, 우리 안에 나 자신이 아니라 그리스도께서 사시도록 하셨습니다. 내 안에 내가 살고 있다면 하나님의 자녀가 되기 어렵지만, 예수님이 사시기 때문에 나도 예수님처럼 될 수 있습니다. 성경은 우리가 이미 자신의 정과 욕심을 십자가에 완전히 못 박았기 때문에, 육신의 소욕대로 살지 않고 성령의 소욕을 좇아 사는 거룩한 하나님의 자녀라고 했습니다.

우리는 할 수 있습니다. 만약 문제가 있다면, 우리가 하나님을 닮아가는 거룩한 자녀요, 온전한 자가 되는 거룩한 과정에 있다는 사실을 모르고 있거나, 그 사실을 알면서도 신중하게 받아들이지 않는다는 데 문제가 있습니다. 또한 성령 안에서 우리가 하나님의 자녀다워질 수 있다는 가능성을 믿지 않는데 문제가 있습니다. 얼마든지 할 수 있기에 하나님이 우리에게 명령하시는 것입니다. "내게 능력 주시는 자 안에서 내가 모든 것을 할 수 있느니라"(빌 4:13). 아멘.

하나님은 오늘도
우리를 빚으신다

누군가 나를 사랑하기 때문에 나도 그를 사랑하는 일은 누구나 할 수 있습니다. 내 자식이기 때문에, 내 형제라서 사랑하는 것은 누구나 할 수 있습니다. 그런데 우리 모두가 예수님을 믿는다고 하면서도 그런 본능적인 사랑, 끼리끼리의 사랑이라는 한계를 뛰어넘지 못하고 계속 그 수준에만 머무른다면, 이런 질문을 스스로에게 해보아야 합니다. 우리가 하나님의 자녀라고 하는 증거가 어디에서 나타날 수 있습니까? 도대체 예수 안 믿는 사람과 우리가 다른 점이 무엇입니까? 세리도, 도둑도, 하나님을 모르는 이방인도 다 하는 사랑을 하면서 그 이상의 발전을 하지 못한다면, 우리가 하나님의 아들이라는 것을 무엇으로 증명할 수 있습니까? 성경, 찬송을 들고 다니는 것으로 증명합니까? 그래서는 안 됩니다.

"나는 하나님의 아들이기 때문에 하나님처럼 사랑해야 하고, 예수님을 닮아가야 한다"라는 마음을 가지고, 날마다 은혜의 보좌 앞에 나아가 하나님처럼 사랑할 수 있도록 은혜를 달라고 기도하면 하나님께서 도와주십니다. 혹시 원수가 생기더라도 하나님의 마음을 주셔서 증오심을 갖지 않도록 믿음으로 구하면 불가능하게만 보이던 것이 가능해집니다.

손양원 목사만 이 말씀을 실천할 수 있는 것이 아닙니다. 우리도 할 수 있습니다. 이 믿음을 가지고 신앙생활을 한다면, 동토와 같이 얼어붙은 이 세상, 자기밖에 모르는 마귀의 화신들이 우글거리는 이 세상을 진정한 하나님의 사랑으로 녹일 수 있습니다. 병든 이 사회를 고칠 수 있습니다. 내 가정부터 작은 예수들이 사는 곳으로 바꿔놓을 수 있습니다. 우리 모두 이런 사람이 되어야 합니다. 그럴 때 하나님이 영광을 받으십니다.

하나님은 우리를 소유하시는 것으로 만족하지 않으십니다. 그분은 우리가 바뀌길 원하십니다. 우리를 창조하신 하나님은 오늘도 그리스도의 형상을 닮아가도록 우리 모두를 빚고 계십니다. 그분은 우리 모두가 예수님처럼 되기를 원하십니다. 이 목적을 이루실 때까지 하나님은 쉬지 않으실 것입니다.

이 사실을 꼭 명심하고 내가 누구인가를 한시도 잊지 말아야 합니다. 비록 가슴속에 증오가 일어나고 감정이 복받치는 순간이 있다 할지라도 "나는 하나님의 아들이야. 이래서는 안 돼" 하면서 자기를 추스르고 성령의 손에 붙들리기만 하면, 놀랍게도 나도 모르는 사이에 원수까지 사랑하게 됩니다.

우리 마음속에 원수는 고사하고 가족도 사랑하지 못해 여전히 원한이나 좋지 않은 감정들이 쌓여 있다면, 따스한 봄기운이 한겨울 동안 쌓인 눈을 녹이듯이 성령께서 모든 것을 녹

여주실 것입니다. 성령께서 우리 마음에 하나님의 사랑을 부어
주시고, 하나님의 마음을 심어주시면, 나중에는 원수를 보아도
원수처럼 보이지 않을 만큼 우리는 하나님을 닮은 사람으로 바
뀔 것입니다.

꼭! 이것만은
기억하자!

하나님처럼 원수를 사랑해야 한다.
하나님은 그런 사랑을 하실 수 있지만
우리는 불가능하다.
그럼에도 그런 사랑을 요구하시는 것은
자녀 된 우리가
하나님을 닮길 원하시기 때문이다.

노력하지 않아도 가능한 사랑은
누구나 할 수 있다.
하나님을 모르는 세상 사람들도 그렇게 한다.
예수님처럼, 하나님처럼 사랑해야 한다.

구원은 이 세상에 있을 때부터
하나님처럼 되는 것이다.
하나님의 마음을 품고
하나님처럼 사랑해야 한다.

하나님은 우리를 소유하시는 것으로만
만족하지 않으신다.
그분은 우리를 바꾸고 싶어 하신다.
하나님은 오늘도 우리를 빚고 계신다.

20

은밀히 찾아오는 하늘 행복

마태복음 6장 1-4절

1 사람에게 보이려고 그들 앞에서 너희 의를 행하지 않도록 주의하라 그리하지 아니하면 하늘에 계신 너희 아버지께 상을 받지 못하느니라 2 그러므로 구제할 때에 외식하는 자가 사람에게서 영광을 받으려고 회당과 거리에서 하는 것같이 너희 앞에 나팔을 불지 말라 진실로 너희에게 이르노니 그들은 자기 상을 이미 받았느니라 3 너는 구제할 때에 오른손이 하는 것을 왼손이 모르게 하여 4 네 구제함을 은밀하게 하라 은밀한 중에 보시는 너의 아버지께서 갚으시리라

중국 청나라 때 편찬된 책《소림광기》에 실린 이야기입니다. 어떤 사람이 침대를 새로 구입했는데, 집에서 혼자 보기에는 아까울 만큼 아름다웠습니다. 그래서 어떻게 자랑할까 궁리하던 끝에 좋은 생각이 떠올랐습니다. '만약 꾀병을 핑계로 누워 있으면 사람들이 병문안을 하러 와서 침대를 보겠구나!' 그의 바람대로 그가 아프다는 소식을 들은 이웃 사람들이 병문안을 왔습니다. 그러던 어느 날, 새로 산 속바지를 자랑하고 싶어 하던 사람이 그를 찾아왔습니다. 그는 방에 들어가자마자 한 발을 침대 위에 올려놓고는 겉옷 자락을 젖히면서 이렇게 인사했습니다. "아니, 어디가 아프셔서 그렇게 거동을 못하고 누워 계십니까?" 그랬더니 침대를 자랑하려고 꾀병을 앓던 사람이 한숨을 쉬면서 이렇게 말했답니다. "내가 앓는 병이나 댁이 앓는 병이나 똑같은 것 같습니다."

사람들마다 누군가에게 자신을 자랑하고 싶은 마음이 있습니다. 일반적으로 인물, 혈통, 지위, 경건 등에 대한 것인데, 특히 종교인들은 경건 부분에서 유혹을 받기가 쉽습니다. 하지만 사람들은 대부분 경건을 위장해 선하고 의롭게 보이려는 태도를 가장 경멸하곤 합니다.

예수님께서 이 땅에 계실 때 유대에서는 구제, 기도, 금식 이세 가지를 종교 생활에서 반드시 갖추어야 할 요소로 보았습니다. 구제, 기도, 금식은 그 자체로 나쁘거나 불필요한 것이 아닙니다. 오히려 하나님을 경건하게 믿고, 그분의 말씀대로 살고자 하는 사람이라면 이 세 가지를 가까이해야 합니다. 구제는 이웃과의 관계, 기도는 하나님과의 관계, 금식은 자신과의 관계에서 보여주는 경건 행위입니다. 이는 자신의 한계에 도전하는 철저한 훈련을 통해 얻을 수 있습니다.

당시 바리새인들과 서기관들은 적어도 이 부분에서만큼은 타의 추종을 불허할 정도로 철저했습니다. 그래서인지 소위 경건 행위에 능숙한 바리새인들과 서기관들은 은근히 자기 자랑을 하기에 바빴습니다. 그들은 자신의 경건을 하나님께 인정받고, 사람에게는 자랑하고 싶어 할 만큼 저급한 수준이었습니다. 그래서 예수님은 구제를 시작으로, 좋지 못한 동기의 경건 행위를 책망하셨습니다.

구제는 행동하는 경건이다

야고보서 1장 27절은 경건을 이렇게 정의합니다. "하나님 아버지 앞에서 정결하고 더러움이 없는 경건은 곧 고아와 과부를 그 환난 중에 돌보고 또 자기를 지켜

세속에 물들지 아니하는 그것이니라." 곧 가난한 자, 병든 자, 고통당하는 자들을 외면하지 않고 돌봐주며, 자신의 소유를 나누는 것이 구제입니다. 하나님은 이러한 구제를 정결하고 더러움이 없는 경건이라고 말씀하십니다. 성경책을 읽고 예배만 잘 드리거나, 날마다 엎드려 기도만 하는 것이 경건은 아닙니다. 참된 경건은 환난 중에 있는 자들을 돌아보는 구제에 있다고 말씀하십니다. 그만큼 구제가 중요합니다.

주변을 둘러보면 정말 눈물겹게 하루하루를 살아가는 사람들이 너무 많습니다. 더욱 가슴 아픈 것은 넉넉하게 사는 지역일수록 가난한 사람들이 많다는 사실입니다. 겉으로 보기에는 부촌 같은데 지하나 반지하, 후미진 곳에 세 들어 사는 영세민이 얼마나 많은지 모릅니다.

삼십 대 부인이 있습니다. 그녀는 과부였습니다. 남편이 동생의 칼에 찔려 죽었기 때문입니다. 결국 여섯 살, 여덟 살 두 딸을 데리고 서울로 이사 와 봉천동 달동네에 사람 둘 정도 기거할 수 있는 작은 방 하나를 얻었습니다. 하지만 그녀가 부양해야 할 가족은 두 딸 외에도 이십 대, 삼십 대 남동생들이 있었습니다. 셋이 살기에도 비좁은 집이었지만 동생들까지 같이 살게 되었습니다. 남동생들은 병원에서도 고칠 수 없는 희귀병에 걸려 발바닥 각질이 자꾸 벗겨졌습니다. 당연히 발바닥이 아파서 활동도 할 수 없고, 날마다 집에만 있어야 하는 형편이었습니다. 좁은 방에서 몸이 불편한 남동생 둘까지 다섯 식구가 살았습니다. 생활비는 부인이 새벽부터 봉제 공장에 나가 열심히 일해서 번 돈 80만 원이 전부입니다.

우리 주변에 이러한 가정은 물론이고, 더 극한 고통을 받는 가정도 많습니다. 이들을 늘 마음에 두고 기도하며 필요할 때 도와주는 것이 바로 구제입니다.

테레사 수녀가 인도에서 죽어가는 자들과 가난한 자들을 위해 하루 종일 동분서주하는 모습을 보고, 일부에서는 이런 비판의 말을 던졌습니다. "가난한 자들에게 날마다 물고기를 잡아주면 더 게을러지고 말 거야. 낚싯대를 쥐여주어야지, 그들의 입에 물고기를 넣어주는 것은 바람직하지 않아." 사람들의 말에 테레사 수녀는 조용히 대답했습니다. "내가 돌봐주는 자들은 일어설 힘이 없는 사람들입니다. 병이 들어 자기 스스로 숟가락조차 들지 못하는 사람들입니다. 정신병을 앓는 사람들도 있습니다. 그들에게는 낚싯대를 들려줄 수 없습니다. 입에다 물고기를 넣어주어야 합니다. 그들이 감사하게도 자기 힘으로 일어서게 되면, 당신들에게 보낼 것이니 그때 낚싯대를 들려주십시오."

우리 주변에는 낚싯대를 가져다주어도 들고 일어설 힘조차 없는 사람이 너무나 많습니다. 이들에게 필요한 것은 실질적인 도움과 기도입니다. 이것이 바로 구제입니다.

가난한 자를 생각하시는 하나님

구약에 나타나는 하나님의 모습은 너무나 엄위하시고 공의로운 분이어서, 그 앞에 떨며 무릎 꿇게 되는 하나님으로 생각하기 쉽습니다. 그러나 배후에는 사랑과 자비가 많으셔서, 이스라엘 백성에게 늘 가난한 자들을 배려하도록 교훈하십니다.

신명기 15장에는 특별히 이들을 생각하시는 하나님의 심정이 그대로 담겨 있습니다. 11절은 땅에 가난한 자가 계속해서 끊이지 않을 것이라고 전제하며 이렇게 권면합니다. "땅에는 언제든지 가난한 자가 그치지 아니하겠으므로 내가 네게 명령하여 이르노니 너는 반드시 네 땅 안에 네 형제 중 곤란한 자와 궁핍한 자에게 네 손을 펼지니라." 반드시 가난한 자들을 돌보고 구제하라는 말씀입니다. 이들을 향한 하나님의 마음을 읽을 수 있습니다. 심지어 "과부와 고아는 내 것"이라고까지 말씀하고 계십니다.

하나님은 이들의 형편을 아시고 면제년이라는 특별한 제도를 만드셨습니다. 가난한 자는 세상에 살 동안 저축할 것조차 없는 경우가 대부분입니다. 혹시 가족 가운데 누가 아프기라도 하면, 이웃에서 어렵사리 빚을 내 치료해야 합니다. 그런데 설상가상으로 가뭄이 들어 1년 내내 일거리가 없는 경우도 있습니다. 오늘날로 말하면 실직을 당한 것입니다. 그러면 또다시 간청하여 빚으로 식구들을 먹여 살려야 합니다. 이런저런 이유로 가난한 자들이 빚을 지게 되면, 갚을 능력이 안 되니 빚만 쌓여갑니다. 그렇게 한 5, 6년 지나면 결국에는 채권자에게 아들, 딸에 이어 아내와 자신조차도 종으로 팔리는 몹시 딱한 상황이 되고 맙니다.

면제년은 이렇게 빚을 진 사람을 액수에 관계없이 7년째가 되면 전부 탕감해주는 것을 말합니다. 이처럼 하나님께서는 가난한 자가 살 수 있는 장치를 만드셨습니다. 하지만 시간이 지날수록 이스라엘 백성은 이 제도를 행하지 않았고, 그 결과 하나님의 자비에서 제외되고 말았습니다.

신명기 15장 10절에서 하나님은 이렇게 약속하십니다. "너는 반드시 그에게 줄 것이요, 줄 때에는 아끼는 마음을 품지 말 것이니라 이로 말미암아 네 하나님 여호와께서 네가 하는 모든 일과 네 손이 닿는 모든 일에 네게 복을 주시리라."

반면 신약의 하나님은, 천상의 영광스런 보좌를 버리고 인간의 눈높이로 내려오신 아들 예수님을 생각하게 됩니다. 그분은 가난한 자의 모습으로 세상에 오셔서 그들에게 먼저 복음을 전하셨습니다. 일평생 가난한 자, 병든 자, 세상에서 따돌림을 당하는 자의 편에 서셨습니다. 이처럼 신약의 하나님은 사랑과 자비가 풍성하신 모습을 우리에게 보여주십니다.

은밀한 중에 구제하라

세계 곳곳에 세워진 모든 교회는 예수님의 몸입니다. 교회는 세상 사람들 앞에서 작은 예수의 모습을 보여주어야 합니다. 교회에 출석하는 성도라면 마땅히 가난한 자요, 가난한 자의 편에 서 있는 자요, 사랑을 실천하는 자의 모습을 지녀야 합니다. 따라서 구제는 대단히 중요한 의미를 갖습니다.

하지만 그처럼 중요함에도 구제는 자칫 외식하기 쉬운 함정을 가지고 있습니다. 예수님은 외식을 '사람들 앞에서 나팔을 분다'는 말로 비유하셨습니다. 어떤 사람은 구제나 헌금을 하면서 인정받고 싶은 마음에 나팔을 붑니다. 자기가 한 일을 목사나 교회 지도자들이 대수롭지 않게 여기면 불평하고 돌아다닙니다. 심지어 부자들은 TV나 신문에 자기 이름이 공개될 때만 앞장서기도 합니다.

사실 구제는 세상 사람들이 인정하는 최고의 선입니다. 그래서 구제를 즐겨 하는 자는 성자로 여겨지기도 합니다. 그러므로 은연중에 사람들의 존경과 찬사를 받기 위해 구제를 하기도 합니다. 주님은 엄히 말씀하십니다. "사람에게 보이려고 그들 앞에서 너희 의를 행하지 않도록 주의하라 그리하지 아니하면 하늘에 계신 너희 아버지께 상을 받지 못하느니라"(마 6:1).

우리 마음에 조금이라도 외식하는 근성이 남아 있다면, 성령께서 우리의 심령을 고쳐주시길 기도해야 합니다. 외식은 불결한 경건이요, 하나님께서 얼굴을 돌리시는 경건입니다.

은밀히 찾아오는 하늘 행복

주님은 외식하면 하나님이 주시는 상을 잃어버린다고 말씀합니다. 곧 구제하는 자마다 상을 주는 것이 아니고, 하나님의 마음에 들도록 구제하는 자에게만 상을 주신다는 것입니다. 마태복음 6장 4절에서 말씀하십니다. "네 구제함을 은밀하게 하라 은밀한 중에 보시는 너의 아버지께서 갚으시리라." 즉, 하나님께서는 은밀한 구제를 마음에 기억하셨다가 나중에 상으로 갚아주신다는 말씀입니다. 하나님께서 알아주신다니 이 얼마나 행복한 일입니까!

두 명의 며느리를 둔 시아버지가 있습니다. 큰며느리는 아들이 잘 벌어서 넉넉하게 사는데, 둘째며느리는 아들의 벌이가 신통지 않아서 늘 가난합니다. 아버지는 작은아들 가정의 어려운 생활 때문에 늘 마음이 아픕니다. 그런데 큰며느리가 남모르게 동서를 돕습니다. 때로는 위로해주고, 음식을 나누며, 아이들 학비까지 보태는 등 필요하면 돈도 아끼지 않습니다. 이 사실을 시아버지가 알게 되었지만 모른 체했습니다. 다만 큰며느리의 아름다운 모습을 마음에 담고 있었습니다.

어느 날 아무도 없는 자리에서 큰며느리를 부릅니다.

"여기 한번 앉아보렴. 네가 하는 일을 내가 다 알고 있단다. 네게 너무 고맙구나. 우리 집에 너 같은 며느리가 와서 얼마나 행복한지 모른다. 예수님을 믿는 사람이라면 그래야지. 네 마음 씀씀이가 너무 고마워서 내가 조금씩 준비해둔 게 있는데, 오늘 그것을 너한테 주려고 한다."

시아버지가 호주머니에서 봉투 하나를 꺼내 며느리에게 줍니다. 며느리는 자기가 말하지도 않은 사실을 시아버지가 알고 계셔서 얼마나 놀랐는지 모릅니다. 게다가 자기에게만 봉투 하나를 주셨는데 집에 돌아와 열어보니 1천만 원짜리 수표 두 장이 들어 있었습니다. 며느리는 돈의 액수를 떠나서, 가슴을 울리는 감동에 빠져들었습니다.

은밀히 보시는 하나님께서 은밀히 구제하는 자에게 베푸시는 상이 바로 이런 것입니다. 그 상을 받으면 정말 행복할 것입니다. 무슨 상인지는 정확히 몰라도 분명한 것은 틀림없이 상이 있다는 것입니다. 만약 하나님께서 상을 주시지 않는다면, 공평하신 하나님이 아닙니다.

준비된 상이 분명히 있습니다. 그 상을 하나님께서 주시겠다고 하십니다. 상을 받고자 하는 자는 구제할 때에 오른손이 한 것을 왼손이 모르게 해야 한다고 말씀하십니다. 오직 은밀히 보시는 하나님만 아시도록, 심지어 자기도 모르게 구제하라고 하십니다.

예수님을 믿는 사람에게 구제만큼 어려운 것도 없습니다. 조금만 도와주어도 자랑하고 싶은 충동이 생기는데 이것을 참기가 너무 어렵습니다. 그러나 하나님께서는 은밀한 중에 구제하라고 강조하십니다.

구제의 두 가지 원칙

왼손이 모르도록 구제하는 것, 여기에는 두 가지 의미가 암시되어 있습니다. 첫째는, 구제의 동기가 깨끗해야 한다는 의미입니다. 누구를 위한 구제인지 생각해야 합니다. 하나님을 위해서입니까? 가난한 자를 위해서입니까? 아니면 나를 위해서입니까? 하나님께서 기뻐하실 것이기에 나 또한 기쁘게 한다면, 그것은 아름답고 순수하며 깨끗한 동기를 지닌 구제입니다. 하지만 은근히 자기 의와 선행을 자랑한다면, 하나님께서 그 구제를 인정하지 않으실 것입니다. '내가 구제를 많이 하면 사람들이 인정해주겠지. 교회에 이런 소문이 나면 권사나 장로를 시켜줄지도 몰라.' 이러한 구제는 벌써 동기가 오염되어 있습니다.

둘째는, 구제를 하고 난 후 그 사실을 잊어버려야 한다는 의미입니다. 내가 누구에게 얼마를 주었다고 기록해둘 필요가 없습니다. 예수님의 유명한 비유가 있습니다. 예수님이 재림하실 때에 온 인류를 자기 앞에 불러모으고, 천사들에게 명하여 양과 염소를 갈라놓습니다. 오른쪽에는 양들, 곧 하나님을 잘 섬긴 거룩한 성도를 모읍니다. 반대로 왼쪽에는 염소들, 곧 하나님을 모르는 세상 사람들과 예수님을 제대로 믿지 않았던 사람들을 모읍니다.

예수님이 왼쪽에 있는 염소들을 향해 말씀하십니다. "너희들은 가난한 자를 보고도 못 본 체했다. 감옥에 갇혀서 고생하는 자를 한 번도 찾아간 적이 없다. 병든 자를 보아도 남의 일처럼 생각했다." 그러자 염소들이 한목소리로 말했습니다. "예수님! 저희가 언제 그랬습니까? 00년 0월 0일, 형무소에 찾아간 것을 모르십니까?" 예수님은 단호하게 모른다고 대답하십니다. 그것은 잘못된 구제이기 때문입니다. 조그만 것까지 다 기억하고 하나님 앞에 인정받으려 했기 때문입니다.

이번에는 오른쪽에 있는 양들을 향해 말씀하십니다. "너희들은 가난한 자, 감옥에 갇힌 자, 병든 자들을 부지런히 찾아 돌보며 많은 희생을 했구나. 00년 0월 0일, 형무소에 찾아간 것을 내가 잘 기억한다." 양들이 깜짝 놀랐습니다. "예수님, 우리가 언제 형무소에 갔다 왔습니까? 그런 적 없습니다." 이들은 아무것도 기억하지 못하고 있습니다. 하지만 예수님은 다 알고 계셨습니다. 이러한 구제는 왼손이 모르는 구제요, 참된 구제입니다. 나는 철저하게 잊어버리고, 기억은 우리 예수님만 하시면 됩니다. 그럴 때 하나님께서 영광을 받으십니다.

구제는 마음에서 시작한다

우리가 작은 예수로서 이 세상에서 빛과 소금이 되려면, 구제를 등한히 해서는 안 됩니다. 드려진 헌금의 상당한 분량이 가난한 사람들을 돕는 데 쓰입니다.

예수님을 믿지 않던 형제가 은행에서 실직을 당해 이혼 후 자살하려는 계획을 세웠다가 하나님을 영접하고 교회에 나왔습니다. 그 형제를 돕고자 성탄절 때 교회에서 구제금을 전달했습니다. 지금까지 한 번도 이러한 사랑을 받아보지 못한지라 너무나 감격했습니다. "나 같은 사람을 인정해주는 분들이 있구나. 나는 외롭지 않다. 그래도 나는 사람대접을 받고 있구나"하며 새 힘을 얻었습니다. 지금은 취직도 하고, 신앙생활도 열심히 하고 있습니다. 이처럼 아름다운 일이 주변에서 얼마나 많이 일어나는지 모릅니다.

하나님은 가끔 우리에게 가난한 자, 병든 자, 실직자를 보낼 때가 있습니다. 전에는 무심코 지나갔던 미문에 앉은 앉은뱅이에게 시선이 머물게 되는 때가 있습니다. 이들을 외면해서는 안 됩니다. 예수님은 이러한 자들의 옷을 입고 우리 앞에 나타나시기 때문입니다. 부자라고 해서 구제하는 것이 아닙니다. "내가 돈 좀 모으면 구제하지"라고 말하지만 실제로 돈을 벌고 나서 실천하는 사람은 거의 없습니다.

수년 전, 〈시카고 트리뷴〉(Chicago Tribune)에서 시행한 여론조사입니다. 1년 수입이 1만 달러면, 한 달 수입이 1천 달러도 안 되는 빈민층입니다. 그런데 이러한 저소득층 사람들이 1년 동안 구제금으로 자기 수입의 4.3퍼센트를 낸다고 합니다. 가난한 형편에서도 이웃을 위해 430달러를 쓴다는 것입니다. 그런데 1년 수입이 5만 달러 이상인 고소득층의 경우, 자기 수입의 1.3퍼센트밖에 내지 않는다고 합니다. 1만 달러 미만의 사람들이 내는 구제 비율대로 한다면, 적어도 2천 2백 달러는 내야 하는데 고작 600달러에 그치는 것입니다. 이렇게 보면 돈을 좀 더 많이 벌면 구제하겠다는 말은 거짓말에 불과합니다.

지난 번 일본을 방문하면서 '루미네'라는 상호 앞을 지날 일이 있었습니다. '루미네'는 백화점 체인으로, 경영주는 미모의 여배우 출신이라고 합니다. 그런데 30억 엔, 우리나라 돈으로 300억 원을 들여서 고급 저택을 짓다가 60대 초반 나이에 세상을 떠났습니다. 그 이야기를 듣고 '300억 원을 하나님께서 기뻐하시는 일에 썼더라면 얼마나 좋았을까?'라는 생각을 했습니다. 돈을 가졌다는 사람들 가운데는 그 가치를 모르고 쓰는 사람들이 있습니다.

우리 가운데 부유한 분들이 있을지 모르지만, 돈을 쌓아서 어디에 사용할 생각인지 묻고 싶습니다. 하나님께서 가장 기뻐하실 거룩한 일에 쓰면 얼마나 좋을지 생각해봅시다. 만약 나에게 1만 원이 있다면 그중 1천 원을 이웃에게 나눠 주면 됩니다. 구제는 돈에서 시작되는 것이 아니라 마음에서 시작합니다. 마음이 문제입니다.

산상수훈 2 하늘 행복으로 살아가는 작은 예수

하나님을 기쁘시게 하고자 가난하고 병든 자들을 마음에 가까이 두고 나누며 살면 선물을 얻게 됩니다. 탐욕으로부터 자유로울 수 있고, 놀라운 기쁨을 얻으며, 사랑의 샘이 생깁니다. 하지만 꽉 움켜쥐고만 있으면 염려와 고민과 갈등밖에 없습니다.

요즘 사람들이 돈이 없어서 병들고 고통을 받습니까? 아닙니다. 많은 문제가 마음에 진정한 평화와 기쁨이 없기 때문에 발생합니다. 헨리 나우웬은 교회도 조직이기 때문에 부패할 수 있으며 가난한 자들에게 초점을 맞출 때 이를 막을 수 있다고 했습니다. 교회가 도움이 필요한 사람들에게 사랑과 관심의 손을 내밀 때, 교회는 늘 새로워질 수 있습니다.

그러므로 가난한 자들은 교회가 떠맡아야 할 부담이 아니라, 복의 통로입니다. 가난한 자들이 있어 교회가 교회다워질 뿐만 아니라, 하나님으로부터 오는 복까지 누릴 수 있기 때문입니다.

가난한 자들을 마음에 두고 얼마나 기도합니까? 고통을 당하는 자들에게 물질을 나누는 데 얼마나 정성을 쏟습니까? 하나님께서 은밀히 아시는 구제를 얼마나 하고 있습니까? 예수님의 제자로서 그분처럼 가난한 자와 더불어 살고 있습니까? 과연 여러분을 위하여 가난한 자들이 얼마나 하나님 앞에 감사하며 기도하고 있다고 생각합니까?

이 말씀대로 실천할 수 있도록 노력합시다. 나도 회복되고 가난한 이웃들도 하나님을 찬양하도록 만듭시다. 주님이 오시는 그날, 은밀히 보고 계시는 하나님께서 우리에게 특별한 위로와 상을 베푸실 것입니다.

마음속에 추호라도
외식하는 근성이 남아 있다면
성령께서 고쳐주시길 기도하라.
구제의 동기는 항상 깨끗해야 한다.
은근히 자기 의와 선행을 자랑한다면
하나님은 그 구제를 인정하지 않으신다.

외식하면 하나님의 상을 잃어버린다.
구제하고 난 후에는 잊어버려라.
누구에게 얼마를 주었는지
기록할 필요가 없다.
철저하게 잊어버려라.
예수님만 기억하시면 된다.

은밀히 구제하면,
은밀히 보시는 주님이 갚으신다.

21

골방에서 기다리시는 하나님

마태복음 6장 5-8절

5 또 너희는 기도할 때에 외식하는 자와 같이 하지 말라 그들은 사람에게 보이려고 회당과 큰 거리 어귀에 서서 기도하기를 좋아하느니라 내가 진실로 너희에게 이르노니 그들은 자기 상을 이미 받았느니라 6 너는 기도할 때에 네 골방에 들어가 문을 닫고 은밀한 중에 계신 네 아버지께 기도하라 은밀한 중에 보시는 네 아버지께서 갚으시리라 7 또 기도할 때에 이방인과 같이 중언부언하지 말라 그들은 말을 많이 하여야 들으실 줄 생각하느니라 8 그러므로 그들을 본받지 말라 구하기 전에 너희에게 있어야 할 것을 하나님 너희 아버지께서 아시느니라

가끔 이런 질문을 합니다. "신앙생활을 하면서 특별히 어렵다고 느끼는 부분이 있다면 무엇입니까?" 그러면 놀랍게도 많은 성도가 '기도'라고 대답합니다. "기도가 제일 힘들어요. 어떻게 기도하는지 잘 모르겠어요. 1분만 기도하고 나면 할 말이 없어요. 목사님, 기도를 꼭 해야 됩니까?" 인간의 본성상 위급할 때는 자연스럽게 하나님을 찾지만, 하나님 앞에 기도하기란 쉽지 않습니다. 어렵다고 말하는 것이 어떤 면에서는 솔직한 표현인 것 같습니다.

우리는 오감을 가진 육체를 입고 땅에서 사는 아주 미약한 존재로 시공의 세계에 갇혀 있습니다. 따라서 영이신 하나님 앞에 기도하는 일은 생각보다 단순하지 않습니다. 사실 우리는 보아야 알 수 있고, 직접 들어야 깨달을 수 있고, 손으로 만져야 느낄 수 있습니다. 하지만 하나님은 보이지도, 만져지지도 않으며 그분의 음성은 들리지 않습니다. 눈을 뜨고 있지만 아무것도 보이는 것이 없습니다. 손을 휘둘러도 잡히는 것이 없습니다. 귀를 기울여도 들리는 음성이 없습니다. 하나님 앞에 기도한다는 것은 결코 쉽지 않습니다. 그래서 우리는 잘못된 기도를 빈번히 합니다.

잘못된 기도

예수님 당시 유대 사람들이 그랬습니다. 그들은 기도를 하기는 하는데, 바른 기도를 하지 못했습니다. 본문은 유대 사람들이 기도를 잘못하고 있음을 지적하시고, 무엇이 참된 기도인지 가르쳐주시는 내용입니다.

예수님은 유대인들의 기도에서 크게 두 가지 잘못을 지적하셨습니다. 첫째, 유대인들은 하나님께 기도한다고 하면서 실상은 사람에게 기도합니다. 어떻게 사람에게 기도하느냐고 물을지 모르지만 그것은 어렵지 않습니다. 마태복음 6장 5절에서 주님은 "또 너희는 기도할 때에 외식하는 자와 같이 하지 말라 그들은 사람에게 보이려고 회당과 큰 거리 어귀에 서서 기도하기를 좋아하느니라"라고 말씀하십니다. 결국 그들은 사람에게 보이려고 기도했다는 이야기입니다.

유대교 지도자들은 오래전부터 기도의 중요성을 알았습니다. 그래서 기도를 철저히 가르치고, 기도를 잘하기 위해 열심히 궁리했습니다. 그러다 그만 이상한 방향으로 흘러갔습니다. 기도를 세트(set)화하기 시작했습니다. 기도 내용, 형식, 시간까지 마치 제품을 생산하듯 규격화한 것입니다. 좀 더 종교적인 용어를 사용하면 의식화(儀式化)했다는 말입니다. 가장 대표적인 기도가 소위 '쉐마'(Shema)인데, 신명기 6장 4절에 있는 구절을 그대로 반복하는 것입니다. "이스라엘아 들으라 우리 하나님 여호와는 오직 유일한 여호와이시니." 말씀을 하나의 기도문으로 규격화해서 계속 외우도록 했습니다.

뿐만 아니라 슬픈 일, 기쁜 일, 그리고 여행 등과 같은 중요한 일상사마다 각각 해당하는 기도문을 만들었습니다. 심지어 식사 전, 식사 후, 취침 시간, 아침에 하는 기도 등 주제를 나누어서 복잡하게 가르쳤습니다. 여기서 그치지 않고 시간까지 규격화하여 우리나라 시간으로 9시, 12시, 3시를 기도 시간으로 정했습니다. 이런 기도 문화가 만연했는데, 예수님이 보시기에 이는 참된 기도가 아니었습니다.

사람을 의식하는 기도

유대 사람들이 이런 기도에 익숙해지면서 자기도 모르게 외식에 빠져들었는데, 그것은 지극히 당연한 결과였습니다. 한번 상상해보십시오. 사람들이 많이 다니는 예루살렘 거리입니다. 어느덧 12시가 되었습니다. 기도 시간입니다. 잠시 발걸음을 멈추고 흔히 유대 사람들이 하듯이 두 손을 들고 머리를 숙인 채 하나님 앞에 기도합니다. 보통 사람들은 한 1, 2분 정도 '쉐마'를 외운 후 다시 일상생활을 계속합니다. 하지만 그 가운데 경건하다고 소문난 바리새인들이나 서기관들은 일부러 손을 높이 들고 오랫동안 시간을 끕니다. 계속 같은 기도를 반복하면서 말입니다. 그러면 지나가는 사람들이 수군거립니다. "아! 저 바리새인은 기도를 참 많이 하는구나. 정말 경건한 분이다. 존경스러워!"

이때 외식하는 그들은 기도한다고 하면서 한쪽 귀로는 그 소리를 다 듣고 있습니다. 상당히 많은 사람이 자기를 존경하는 시선으로 바라보고 있음을 우쭐해합니다. 그래서 더 시간을 끌며 손을 들고 있습니다. 이렇게 사람들의 칭찬에 길들여지면서, 어떤 서기관들이나 바리새인들은 일부러 사람이 많이 다니는 시장 바닥이나 회당 거리, 큰 도시 모퉁이에 서 있다가 시간이 되면 기도했습니다.

예수님이 그들의 마음을 정확히 꿰뚫어 보시고 "그들은 사람에게 보이려고 회당과 큰 거리 어귀에 서서 기도하기를 좋아하느니라"(마 6:5) 말씀하셨습니다. 사람들의 존경 어린 반응을 즐긴다는 것입니다.

다시 말하지만 기도는 하나님께 드리는 것입니다. 사람 앞에서 사람을 의식하며 드리는 기도는 이미 기도가 아닙니다. 이것은 비단 남의 이야기만이 아닙니다. 우리도 얼마든지 그럴 수 있습니다. 왜 사람들 앞에서 기도할 때는 유달리 길게 기도합니까? 사람들을 의식해서입니다.

교포 사회에 가면 가끔 이런 장면을 목격합니다. 미국 사람과 한국 사람이 같이 드나드는 식당에서 무리 지어 식사를 하는데, "누가 기도 좀 합시다" 하면 한 사람이 벌떡 일어나 큰 소리로 기도합니다. 그곳이 예배당도 아닌데 말입니다. 주변 사람들이 쳐다봅니다. 자칫하면 얼마든지 과시하는 기도가 될 수 있습니다. "한국 사람들은 믿음이 좋다. 미국 사람들은 식사

산상수훈 2 하늘 행복으로 살아가는 작은 예수

할 때 기도를 잘 하지 않지만, 우리는 이렇게 기도로 하나님께 감사한 뒤에 식사한다." 이런 점을 은근히 과시하는 것입니다. 게다가 그런 기도는 또 길게 합니다. 하지만 이는 근본이 잘못된 기도입니다.

예배 시간에 대표 기도를 할 때도 마찬가지입니다. 집에서는 5분을 넘기지 못하면서 강대상에만 서면, 아브라함부터 시작해서 모세, 선지자들을 거쳐 요한계시록에 기록된 예수님의 재림까지 죽 훑는 장로님들이 가끔 있습니다. 어떤 교회는 특정 장로님이 기도를 하러 강대상에 서면 벌써 한숨부터 나온답니다. "아, 한참 걸리겠구나."

왜 그런 기도를 합니까? 사람을 의식하기 때문입니다. 사람들 앞에서 자신을 경건하게 보이거나, 기도를 많이 하는 것처럼 보이려는 것입니다. 그런데 의외로 이러한 기도를 하는 사람이 주변에 많습니다. 우리 모두가 사람을 의식하는 기도를 조심해야 합니다.

하나님께 중언부언하는 기도

둘째, 예수님께서 지적하신 유대인들의 잘못된 기도는 중언부언하는 기도입니다. "또 기도할 때에 이방인과 같이 중언부언하지 말라 그들은 말을 많이 하여야 들으실 줄 생각하느니라"(마 6:7). 중언부언이란 헬라어로 '밧톨로게오'(battologeo)라고 하는데 이것은 의미 없는 말을 반복하거나 의미 있는 말이라도 생각 없이 반복하는 것을 뜻합니다.

만약 유대 사람들이 규격화된 기도나 반복하면서 하나님을 설득할 수 있을 거라 생각했다면, 그 기도는 중언부언의 기도입니다. 누구든지 이런 기도의 함정에 빠질 수 있습니다. 기도할 때 똑같은 말을 계속 반복하거나 시간을 오래 끕니까? 하나님을 설득시킬 수 있다고 생각합니까? 아닙니다. 주님이 보실 때 그것은 기도가 아닙니다.

반복 자체가 나쁘다는 말이 아닙니다. 예수님도 겟세마네 동산에서 긴 시간을 반복적으로 기도했습니다. 성경에는 세 차례 반복한 것으로 나오지만, 상황을 미루어볼 때 세 번으로 한정하는 것은 무리입니다. 예수님은 엎드려서 하나님 앞에 힘을 다해 기도했습니다. "아버지여 내 뜻대로 마옵시고 아버지의 뜻대로 하옵소서."

과연 이 말씀 한마디만 하셨겠습니까? 그분은 기도를 열 번, 스무 번 반복하셨습니다. 그분의 이마에 피가 섞인 땀이 흘러내렸습니다. 온 힘으로 자신의 전인격을 고스란히 담아 하나님 앞에 드린 기도였습니다. 이러한 기도는 아무리 반복해도 중언부언이 아닙니다.

오늘날 한국교회를 보면 중언부언하는 기도가 많습니다. 중간에 막힘없이 아무 말이나 계속 이어가야 기도를 잘한다고 생각합니다. 기도를 유창하게 한다는 분들을 보면, 단어 하나에 형용사를 무려 열 개, 심지어는 스무 개까지 덧붙입니다. "자비로우시고, 은혜로우시며, 사랑이 한이 없으신 하나님" 그런 다음 "언제든지 진실하시고, 온 땅에 충만하시고" 이렇게 한참을 덧붙입니다.

하나님이 그렇게 해야 들으신다고 생각합니까? 하지만 그런 생각은 하나님의 인격을 모독하는 것과 같습니다. 단 한마디를 해도 왜 내가 이 말을 하는지 알고 기도해야 합니다.

하나님은 우리를 골방으로 초대하신다

예수님은 참된 기도에 대해 중요한 두 가지 교훈을 주셨습니다. 귀를 기울이십시오. 우리의 기도가 다시금 힘을 얻고, 하나님의 은혜로 충만하며, 그분께 영광이 되려면 꼭 기억해야 합니다.

첫째로, 하나님은 우리를 골방에서 만나길 원하십니다. "너는 기도할 때에 네 골방에 들어가 문을 닫고 은밀한 중에 계신 네 아버지께 기도하라 은밀한 중에 보시는 네 아버지께서 갚으시리라"(마 6:6). 즉, 응답해주시겠다는 말씀입니다. 여기에서 골방이란, 글자 그대로 아무런 방해 없이 단둘이 만날 수 있는 공간을 말합니다. 사방이 벽으로 둘러싸인 작은 공간이나 밀실만을 가리키는 것이 아닙니다. 영이신 하나님과 마음껏 교제할 수 있는 환경이라면, 어디든지 골방이 될 수 있습니다. 예수님은 번잡한 곳을 피해 산이나 들판에서 기도하셨습니다. 바로 그곳이 예수님이 선택한 골방이었습니다.

하나님은 왜 골방을 좋아하실까요? 하필이면 왜 골방에서 기다리고 계실까요? 여기에 기도의 심오한 차원이 담겨 있습니다. 우리는 하루 동안 많은 사람을 만나 교제하면서, 그때마다 교제하는 방법, 내용, 질을 달리합니다. 가령 유명인사를 만나 교제하려면 어느 정도의 절차를 거쳐야 합니다. 가까운 친구라도 교제하는 내용은 달라질 수 있습니다. 그러면 우리가 자주 만나는 사람들 가운데 "나하고 아무도 없는 조용한 데 가서 이야기 좀 하자"라고 말할 때 기꺼이 따라나서는 사람이 얼마나 됩니까? 아니면 아무나 붙들고 "나하고 조용한 데 가서 둘이서 이야기합시다"라고 말하면 어떤 반응을 보이겠습니까? '혹시 이 친구가 이상한 생각을 하는 건 아닌가?' 하고 의심받을 확률이 높습니다.

따라서 아무나 골방에 초대할 수는 없습니다. 아마 가장 자연스러운 경우는 사랑에 빠진 연인들입니다. 그들은 시키지 않아도 사람 없는 데만 찾아다닙니다. 단둘이 앉아 서로의 마음을 열고 사랑을 나누기 원해서입니다. 특별히 사이가 좋은 잉꼬부부는 틈만 나면 둘만의 시간을 갖고 싶어 합니다. 가끔 보면 함께 파티를 하다가도, 어느 순간 살그머니 빠져나가는 부부들을 봅니다. 이것이 자연스러운 행동입니다.

그러나 별로 애정이 없는 부부는 둘이 함께 골방에 가는 것을 좋아하지 않습니다. 남편이 어쩌다 "여보, 나하고 조용한 데 가서 우리 둘이서만 이야기 좀 합시다"라고 말합니다. 그러면 아내는 "무슨 비밀 이야기가 있다고 조용한 데를 가자고 그래요? 그냥 여기서 해요!"라며 핀잔을 줄지 모릅니다. 그러므로 골방에서의 만남은 어느 정도 충분한 조건이 갖추어져야만 가능합니다.

하나님은 우리를 골방에서 만나고 싶
어 하십니다. 왜냐하면 골방에서는 영이신 하나님께 우리의 마
음을 온전히 집중할 수 있기 때문입니다. 사람들의 출입이 많
고 복잡해서 우리의 생각이 분산되기 쉬운 곳은 그분께 마음을
드리기가 어렵습니다. 하나님은 우리가 기도할 때 온전히 마음
을 바치는 사람이 되기를 원하십니다.

하나님은 우리를 무척이나 사랑하십니다. 그분만큼 우리를
사랑하시는 분이 어디 있습니까? 그 뜨거운 사랑을 어디에서
우리에게 부어주시겠습니까? 하나님은 다름 아닌 골방에서 자
신의 사랑을 표현하고 싶어 하십니다. 그래서 하나님은 골방을
좋아하십니다.

기도가 무엇입니까? 하나님의 자녀인 우리와 사랑의 대화를
나누기 위한 그분의 방법입니다. 기도는 우리가 만든 방법이
아닙니다. 하나님께서 만들어주신 너무나 소중한 은혜의 통로
입니다. 우리가 골방에서 '하늘에 계신 아버지'라고 부르면 하
나님은 벌써 와 계십니다. 스바냐 선지자의 고백처럼 우리 중
에 거하셔서 구원을 베푸시는 하나님으로 영광을 드러내십니
다. "너의 하나님 여호와가 너의 가운데에 계시니 그는 구원을
베푸실 전능자이시라 그가 너로 말미암아 기쁨을 이기지 못하
시며 너를 잠잠히 사랑하시며 너로 말미암아 즐거이 부르며 기
뻐하시리라 하리라"(습 3:17).

하나님은 우리를 보시면서 잠잠히 마음으로 진정 사랑하십
니다. 우리를 보는 것만으로도 기쁨을 이기지 못하시고 즐거워

하시는 하나님이 골방에서 우리를 만나주시는 것입니다. 그분을 만나는 것이 바로 기도입니다.

골방 기도의 능력

매일 사람만 상대하며 인생을 산다고 가정해봅시다. 답답하고 숨이 막혀 못 삽니다. 마음에 상처만 받을 뿐 더 이상 견디지 못합니다. 우리는 인간보다 더 위대한 존재를 자주 만나야 합니다. 천지 만물을 창조하신 하나님을 자주 올려다보아야 합니다. 거짓과 불신과 부패가 갈수록 더해가는 이 세상에서 진정 나를 사랑하는 하나님 아버지를 자주 만나야 합니다. 그분과 단둘이 만나 풍성한 사랑을 마음에 채울 때, 비로소 눈물을 씻고 세상에 나갈 수 있습니다.

만약 사람만 보고 살면 결국에는 그들과 조금도 다름이 없는 세속인이 되고 맙니다. 우리는 하나님을 보아야 합니다. 그분을 만나야 합니다. 그분을 통해 놀라운 사랑을 맛보아야 합니다. 그래야 그때 얻는 능력을 가지고 세상을 하나님의 자녀답게 살아갈 수 있습니다.

자신만의 골방에 자주 드나드는 사람들을 주목해보면 뭔가 다른 데가 있습니다. 비록 삶은 힘들고 어깨에 지워진 십자가는 무거워 보이지만, 얼굴에는 잔잔한 기쁨이 흐릅니다. 전능하신 하나님, 자비로우신 하나님, 우리를 잠잠히 사랑하시는 하나님, 바로 그분을 만나기 때문입니다. 그래서 웃을 수 없는 환경에서도 그 사람만은 웃을 수 있습니다.

어느 목사님이 비행기 안에서 겪은 이야기 한 토막입니다. 그날 기상이 좋지 않아 비행기는 계속 흔들리고 사람들은 잔뜩 긴장해 있었습니다. 마침 안전벨트를 매라는 안내 방송이 나왔습니다. 그런데 그 순간 뒷좌석에서 계속 웃는 소리가 들려왔습니다. 이상해서 뒤를 돌아봤더니 어떤 사람이 헤드폰을 끼고 있더랍니다. 그는 코미디 프로그램 방송을 듣고 있었습니다. 그래서 다른 사람은 아무도 안 웃는데 자기 혼자 웃었던 것입니다. 모든 사람이 긴장하고 있는데도 자기 혼자만 즐거워하는 광경을 보고 목사님이 깨달았답니다. "저 사람하고 나하고 다른 점이 있다면 저 사람은 듣고 있고 나는 듣지 못한다는 것이다." 여기에 큰 진리가 있습니다.

오늘날 모든 사람이 긴장하고 있습니다. "우리나라 경제가 어려워진다. 미국 경제도 지금 밑바닥으로 내닫고 있다. 지진으로 수십만 명이 죽어가고 있다. 한국도 절대 지진 안전지대가 아니다. 앞으로 2015년이 되면 전 세계 인구의 반이 물 부족 사태로 고통당할 것이다. 나중에는 복제인간이 만들어져 생명윤리가 심각하게 파괴될지도 모른다." 들리는 말마다 가슴을 답답하게 만듭니다.

그렇다고 할지라도 나 혼자 웃습니다. 평안 가운데 찬송합니다. 그 이유는 바로 골방에서 하나님을 만나는 기쁨이 있기 때문입니다. 그곳에서 하나님의 말씀을 펴놓고 그분의 음성을 듣는 즐거움이 있기 때문입니다. 온 세상이 소돔과 고모라처럼 죄악에 덮여도 실망할 이유가 없습니다.

내 앞에 있는 문제가 산더미처럼 높아 보여도 하나님보다는 크지 않습니다. 하나님을 만나고 나면 문제가 작아 보입니다. 내게 능력 주시는 자 안에서 내가 모든 것을 할 수 있다(빌 4:13)고 한다면, 왜 낙담합니까? 그러므로 골방에 들어갈 때는 마귀 얼굴을 하고 들어가던 사람이 나올 때는 천사의 얼굴로 변했다는 말이 있습니다. 절대 과장이 아닙니다.

직접 하나님께 나아가라

찬송가 〈내 기도하는 그 시간〉의 노랫말을 지은 월포드(Walford) 목사 이야기입니다. 그는 시각장애인입니다. 그는 "내 기도하는 그 시간 그때가 가장 지겹다"라고 말하지 않았습니다. 비록 시각장애인으로서 세상을 볼 수 없지만 기도하는 시간이 가장 즐겁다고 말합니다.

> 내 기도하는 그 시간 그때가 가장 즐겁다
> 이 세상 근심 걱정에 얽매인 나를 부르사
> 내 진정 소원 주 앞에 낱낱이 바로 아뢰어
> 큰 불행 당해 슬플 때 나 위로받게 하시네

골방을 정해 그곳에서 하나님을 만나고 하나님을 통해서 놀라운 사랑을 체험하는 사람은 이 말이 절대 과장이나 거짓이 아님을 압니다.

우리가 인생을 살면서 남녀가 사랑에 빠져 연애할 때만큼 행복한 시기가 있습니까? 연애만큼은 다른 사람한테 부탁하지 않습니다. 진정 사랑하는 사람과 주고받는 기쁨을 왜 다른 사람이 대신하도록 하겠습니까? 마찬가지로 골방에서 직접 하나님을 만나면 그분의 사랑을 흠뻑 느낄 수 있는데, 왜 남이 대신하도록 하겠습니까? 직접 하나님 앞에 서게 되면 그분의 성실과 자비, 능력으로 인해 흥분과 행복을 감출 수 없는데, 왜 남에게 부탁합니까? 가끔 "저를 위해 기도해주십시오" 하고 자기는 기도를 안 하는 사람이 있습니다. 참으로 어리석은 사람입니다. 기도를 통해 얻는 행복과 기쁨은 누구에게도 빼앗길 수 없기 때문입니다.

하나님은 기도하는 자에게 주신다

이어서 예수님께서는 기도에 대해 중요한 교훈을 말씀하셨습니다. 하나님은 다 아시면서도 우리가 하나님 앞에서 기도하기를 원하신다는 것입니다. "그러므로 그들을 본받지 말라 구하기 전에 너희에게 있어야 할 것을 하나님 너희 아버지께서 아시느니라"(마 6:8). 기도는 하나님이 잘 모르기 때문에 내 편에서 무언가를 알려주는 수단이 아닙니다. 즉, 내가 말을 계속해서 하나님께 무언가를 기억시키고 설득시키는 방편이 아닙니다.

시편 139편 4절은 "여호와여 내 혀의 말을 알지 못하시는 것이 하나도 없으시니이다"라고 말씀합니다. 전지하신 하나님은 멀리서도 우리의 생각을 다 헤아리고 계십니다. 내 마음에 있는 슬픔과 상처, 내가 말하고 싶어 하는 것, 내가 필요로 하는 것, 이 모두를 굳이 말하지 않아도 하나님은 다 알고 계십니다. 그러므로 똑같은 말을 자주 반복할 필요가 없습니다.

"너는 하나님 앞에서 함부로 입을 열지 말며 급한 마음으로 말을 내지 말라 하나님은 하늘에 계시고 너는 땅에 있음이니라 그런즉 마땅히 말을 적게 할 것이라"(전 5:2). 아예 말을 하지 말거나, 말을 반복하지 말라는 의미가 아닙니다. 한마디를 해도 전심을 담아서 하나님 앞에 드리라는 의미입니다.

그러므로 기도는 내가 말을 많이 해서 원하는 것을 받아내는 수단이 아닙니다. 오히려 하나님께서 내게 주고자 하는 것을 주시는 수단입니다. 하나님은 하늘에 있는 선한 것을 다 우리에게 안겨주기를 원하십니다. "어떻게 해야 이 좋은 것을 주어서 제대로 누리도록 할까?" 이것이 하나님의 고민입니다. 왜냐하면 아무거나 마구 주면 안 되기 때문입니다. 어린 자녀에게 아무거나 주지 않는 것과 같습니다.

요즘 삶의 형편이 좀 나아졌다고 해서 자녀 손에 돈을 마구 쥐어주었더니, 그 결과가 무엇입니까? 대형교회 어느 목사 아들까지 마약 사범으로 구속되었습니다. 많은 자녀가 미국에 유학 가서 갱단의 일원이 되고 마약 중독자가 되지 않았습니까? 밤마다 춤이나 추는 방탕한 그들을 도대체 어디에 쓰겠습니까? 왜 그런 결과가 벌어졌습니까? 함부로 주었기 때문입니다. 그들에게는 돈 100만 원의 가치가 천 원만도 못합니다.

하나님도 마찬가지입니다. 우리 생각에는 하나님께서 알아서 챙겨주시기를 원하지만, 하나님은 우리를 사랑하기 때문에 그렇게 하지 않으십니다. "내가 주고 싶은 것을 어떻게 주면 좋을까?" 그래서 하나님은 마침내 우리가 기도하면 하나님의 선물을 주시기로 하셨습니다. 하나님은 우리의 필요를 다 아시면서 기도하라고 명하십니다. "하나님, 알면서 왜 그러십니까?" 하고 물으면 "잔소리 말고 기도해"라고 말씀하십니다. 다시 한번 "하나님, 내 형편 다 알고 계시지 않습니까? 내가 몇 번이나 기도해야 합니까?" 하고 되물으면 "잔소리 말고 계속 기도해"라고 말씀하실 뿐입니다.

말씀대로 계속 골방에서 기도하면 어떤 일이 일어나는지 압니까? 비록 내가 원하는 것이 손에 잡히지 않고 환경이 바뀌지 않는다 할지라도 먼저 나 자신이 변합니다. 하나님의 놀라운 인자하심과 긍휼하심에 나도 모르게 바뀌는 것입니다. 하나님의 사랑을 체험한 뒤로는, "다오, 다오" 하면서 욕심부렸던 모습이 저절로 사라집니다. 그토록 무겁게 느껴지던 십자가가 하루아침에 가볍게 여겨집니다. 불평이 가득하던 입에서 나도 모르게 찬송이 흘러나옵니다. 내가 변하는 것입니다. 그래서 결국은 예수님처럼 "아버지여, 내 뜻대로 마시옵고 아버지의 뜻대로 하옵소서"라고 기도하기에 이릅니다. 그러면 하나님께서 "오냐, 알았다. 내 뜻대로 하겠다"라고 말씀하십니다. 그럼에도 우리는 기분이 좋습니다.

그러므로 기도를 통해 우선 나 자신이 변화되어야 합니다. 내가 변화되면 주변의 평범한 것들이 비범한 것으로 바뀝니다. 짧은 외마디 기도가 놀라운 위력을 나타내는 일들을 가끔씩 체험합니다.

하나님은 골방에서 우리를 기다리십니다. 하나님은 다 아시면서 우리에게 기도하라고 하십니다. 이 두 가지 사실에 담긴 기도의 중요한 본질을 기억하고, 우리는 골방을 자주 찾아야 합니다. 그래야만 기도의 사람이 될 수 있습니다.

우리 모두는 너무나 바쁜 세상을 살고 있습니다. 10년 전과 비교해볼 때, 우리의 생활 템포는 배나 빨라진 기분입니다. 기도할 시간이 점점 없어진다는 말입니다. 또한 우리의 생각과 시간을 빼앗을 만한 재미있는 것들이 주변에 즐비합니다. 마귀는 이런 것들을 최대한 이용해서 시간을 좀먹어갑니다. 골방에 들어간 지가 언제인지 모를 정도로 한 주간을 그냥 보내버립니다. 너무도 불행한 이야기입니다. 진짜 바빠서 그럴까요? 아닙니다. 골방 기도는 바빠서 못하는 법이 없습니다.

어느 기록을 보니 서구인들은 70~80년의 생애를 살 동안 신호등 앞에서 기다리는 데 6개월, 광고를 보고 우편물을 열어보는 데 8개월, 분실물을 찾아다니는 데 1년 6개월, 줄 서서 기다리는 데 5년의 시간을 쓴다고 합니다. 약간 과장된 통계 같지만 의미 있는 이야기입니다.

우리는 줄 서서 기다리는 그 시간에 얼마든지 골방에 갔다 올 수 있습니다. 내 마음을 집중해서 "하나님, 아버지!"를 부르며, 내 영혼이 그분의 거룩한 존전을 바라보면 됩니다. 신호등 앞에서 불과 1, 2분의 짧은 시간이지만 얼마든지 골방에 갔다 올 수 있습니다. 그 시간 그 자리가 나에게는 골방이 될 수 있습니다. 물론 주의를 기울이지 않으면 아무런 소득 없이 흘려 보낼 수 있는 시간이지만, '하나님을 꼭 만나야 돼. 골방에서 하나님을 만나 은혜를 받아야 돼'라는 마음가짐만 있다면, 아무리 바빠도 기도할 수 있습니다.

골방 기도는 우리의 영혼을 소생시키는 은혜의 샘입니다. 불가능을 가능케 하는 기적의 현장입니다. 우리의 공허함을 하나님의 충만함으로 채우고, 우리의 연약함을 하나님의 능력으로 대신하며, 우리의 필요를 하나님의 성실하심으로 공급받는 복의 통로입니다.

우리의 모든 삶이 골방에 계시는 하나님께 주파수를 맞추고, 골방에서 임하는 하나님의 놀라운 은혜와 능력을 힘입어 세상을 살아가야 합니다. 그러면 우리 모두 얼마든지 승리할 수 있습니다. 어떤 문제도 극복할 수 있습니다. 어떤 슬픔도 이겨낼 수 있습니다. 세상에 빠지지 않고 하나님의 자녀답게, 천상을 나는 거룩한 주의 백성의 모습을 보여줄 수 있습니다. 하나님은 골방에서 우리를 기다리십니다.

기도는 하나님께 드리는 것이다.
사람 앞에서 사람을 의식하며 드리는 기도는
이미 기도가 아니다.

자신을 경건한 사람이나,
기도를 많이 하는 사람처럼 보이려는 의도는
철저히 버려라.

의미 없는 말을 반복하거나
의미 있는 말이라도 생각 없이 반복하지 말라.

반복 자체가 나쁜 것은 아니다.
예수님도 겟세마네 동산에서
긴 시간 동안 같은 기도를 반복하셨다.
온 힘으로 자신의 전인격을 담아 기도하셨다.

이런 기도는 아무리 반복해도
중언부언이 아니다.
중간에 아무런 막힘이 없이
아무 말이나 계속 이어가야
기도를 잘하는 것이라는 생각을 버려라.

하나님은 골방에서 우리를 기다리신다.
아무런 방해 없이 단둘이 만나기를 원하신다.

22

이렇게 기도하라 I

마태복음 6장 9-10절

9 그러므로 너희는 이렇게 기도하라 하늘에 계신 우리 아버지여 이름이 거룩히 여김을
받으시오며 10 나라가 임하시오며 뜻이 하늘에서 이루어진 것같이 땅에서도 이루어지
이다

"기도를 모르거나 혹은 기도를 가볍게 여기는 사람이 건강한 신앙생활을 할 수 있는가?"

이 질문에 대한 대답은 어떤 경우든지 "불가능하다"입니다. 기도의 거장 바운즈(E. M. Bounds)는 "신앙생활에서 기도를 대신할 만한 것도 없고, 기도에 버금갈 만한 것도 없다"라고 했습니다. 옳은 말입니다. 기도 없는 신앙생활은 박동이 멈춘 심장과 같습니다. 그러므로 예수님을 믿으면 누구든지 기도해야 합니다. 바르고 뜨겁게 열정을 가지고 기도해야 합니다. 이것이 신앙생활의 진면모입니다.

기도의 교과서, 주기도문

예수님께서 "너희는 이렇게 기도하라"는 말씀으로 시작하시면서 주기도문을 가르쳐주셨습니다. 기도에는 법칙이 있어서 자기 좋을 대로 하면 안 된다는 말씀입니다. 그러므로 우리는 그 법칙을 항상 마음에 두고 기도하는 사람이 되어야 합니다.

대부분은 주기도문을 외우는 기도로 생각합니다. 주후 2세기 때의 교회에서는 성도들에게 하루 세 번씩 꼭 주기도문을 외우도록 가르쳤다고 합니다. 물론 너무나 좋고 소중하기에 백번, 천 번이라도 외우고 반복해야 합니다.

사랑의교회가 세워지고 나서 약 1, 2년 후부터 예배 시간마다 〈주기도문송〉을 불렀습니다. 개인적으로 주기도문 내용을 마음에 담고 기도하는 것을 좋아하기 때문이기도 하지만, 이 찬양을 부를 때마다 가슴이 뜨거워지기 때문에 20년 넘게 한 주일도 빼놓지 않고 불러왔습니다. 그때마다 내 영혼이 찬양의 날개를 달고 하나님 앞으로 훨훨 날아 올라가는 것 같은 감동을 모든 성도와 함께 느끼는 은혜를 누리고 있습니다. 성령이 우리 마음에 주도적으로 은혜를 주십니다. 그 은혜로 인한 흥분과 감격이 너무 커서, 언제부터인가 저도 모르게 손을 번쩍 들고 부르는 버릇이 생겼습니다. 교회에 새로 오신 새가족 가운데 이 찬양을 부르며 깊은 감동을 받았다고 간증하는 분들이 많습니다.

이와 같이 은혜와 감동의 통로 역할을 하는 주기도문을 외우고 반복할 때 꼭 기억해야 할 것이 있습니다. 주기도문은 외우라고 주신 것이기보다는, 기도의 지침과 골격을 가르치시려고 주신 것라는 사실입니다. 그러므로 주기도문을 기도의 교과서로 삼고, 원칙을 잘 파악해야 합니다. 또한 이 교과서를 중심으로 짧은 기도, 긴 기도, 개인기도, 중보기도 등 다양한 기도를 날마다 하나님께 드릴 수 있어야 합니다.

기도의 대원칙

주기도문을 자세히 살펴보면, 기도가 쉽지 않아서 잘못된 기도를 할 확률이 높다는 생각이 듭니다. 어떤 사람은 어린아이가 배고파 보채듯이 기도하고, 또 어떤 사람은 불이 나서 119로 전화하듯이 기도합니다. 이런 식의 기도는 믿지 않는 사람들이 급하면 하늘을 향해 손을 비비고 머리를 조아리며 무턱대고 구하는 것과 다름없습니다. 물론 믿음이 약할 때는 하나님도 이렇게 유아적인 기도를 어느 정도 용납하시는 것 같습니다.

그러나 주님은 지금 자신을 따르고, 자신을 위해 생명까지 바치기를 소원하는 제자들에게 기도를 가르치고 계십니다. 따라서 제자들의 수준에 이르는 기도를 하려면 주기도문을 아주 진지하게 검토해야 합니다.

보통 우리는 기도할 때 처음부터 마음에 있는 것을 쏟아놓기 바쁩니다. "살아계신 하나님 아버지" 하고 부르고는 브레이크가 파열된 자동차처럼 하고 싶은 이야기를 한 번 멈추지도 않고 다 쏟아냅니다. 그러나 예수님은 기도에 순서가 있다고 말씀하십니다. "하늘에 계신 우리 아버지여, 이름이 거룩히 여김을 받으시며, 주의 나라가 임하시며, 주의 뜻이 땅에서 이루어지이다."

자신에게 아무리 다급한 기도가 있어도 먼저 하나님을 위한 기도, 하나님께 집중하는 기도, 하나님을 떠올리는 기도부터 하라는 말씀입니다. 이렇게 주님이 가르쳐주시는 대로 기도할 때, 비로소 우리는 "아버지여 내 뜻대로 마시옵고 아버지의 뜻대로 하옵소서"라고 기도하신 예수님을 닮아가는 제자가 될 수 있습니다.

그다음에 나오는 기도를 보십시오. "오늘 우리에게 일용할 양식을 주시옵고." 우리가 보기에 그다지 만족스러운 기도는 아닙니다. 우리 가운데 일용할 양식으로 만족할 사람이 얼마나 되겠습니까? 일용할 양식이란 단 하루만 먹고 마시기에 충분한 양식입니다. 마치 이스라엘 백성이 광야에서 아침에 거둔 만나로 하루를 생활한 것처럼 말입니다. 다음 날 아침에는 새로운 만나를 거두어야 합니다. 이것이 일용할 양식입니다.

하지만 대부분은 "오! 하나님 아버지, 제가 하는 일에 복을 주옵소서. 하늘의 복도 주시고, 땅의 복도 주시고, 떡 반죽에 복이 넘치게 해주옵소서. 이것도 주시고, 저것도 주소서"라고 마구잡이식으로 구합니다. 예수님이 가르쳐주신 기도에 비추어본다면 한참 잘못된 기도입니다. 욕심으로 가득 찬 기도입니다.

주기도문이 우리에게 주는 교훈은 굉장히 무섭습니다. 내가 하나님 앞에 용서받기 위해, 나에게 잘못을 범한 다른 사람의 죄를 먼저 용서하라고 가르치고 있습니다. "우리가 우리에게 죄지은 자를 내가 먼저 용서하오니 나의 죄를 용서해주옵소서." 곧 "네가 용서받기 원하면 먼저 용서해라"라는 말씀입니다. 하지만 우리는 이 원칙대로 잘 따르지 못합니다.

"하나님, 요즘에는 자동차를 타고 다니기가 무섭습니다. 음주 운전자들이 얼마나 많습니까? 심지어 마약 때문에 환각 증세를 일으키면서도 운전대를 잡는 사람이 너무 많습니다. 꼭 지켜주셔야 되겠습니다." "주님, 젊은 나이에 병들어 죽는 사람이 가끔 있는데, 제발 병 없이 건강하게 살도록 해주십시오." 우리는 이렇게 육신의 건강과 안전을 위한 기도를 항상 앞세웁니다. 그러나 예수님은 영혼의 건강과 안전을 위해서 기도하라고 하십니다. "시험에 들게 하지 마시옵고 다만 악에서 구하시옵소서." 이것이 주기도문의 전체 흐름입니다.

이처럼 기도하기가 쉽지 않다는 것과 잘못하면 빗나간 기도를 하기 쉽다는 사실을 주기도문을 통해 배울 수 있습니다. 따라서 우리는 주기도문을 외우고 사랑하는 것으로 끝나면 안 됩니다. 의미 없이 반복하는 것으로 기도했다고 생각하면 안 됩니다. 주기도문에서 기도의 원칙을 배워야 합니다.

'아빠 아버지'로 부르는 특권

주기도문을 통해 예수님은 기도를 하나님 아버지께 드리는 것이라고 가르치셨습니다. "하늘에 계신 우리 아버지여." 어느 학자의 견해에 따르면 예수님께서 세상에 오셔서 활동하실 때까지, 유대에서는 아무도 하나님을 개인적으로 아버지라고 부른 사람이 없었다고 합니다. 전래된 모든 문서를 다 살피고 연구해도, 그런 사례가 없습니다. 이것은 신성모독죄에 해당하기 때문에 상상도 못할 일입니다. 그런데 예수님이 세상에 오시자마자 하나님을 항상 아버지라고 부르셨습니다. "내가 아버지 안에 거하고 아버지께서 내 안에 계심을 믿으라"(요 14:11). 요한복음을 보면 예수님이 하나님을 아버지라 부르신 횟수가 120번이 넘습니다.

예수님께서 하나님을 부르실 때 사용하신 '아버지'는 격식을 갖추어 부르는 호칭과는 다릅니다. '아버님'이 아닙니다. 아버지가 너무 좋아서 어린아이들이 친근하게 부르는 '아빠'와 같은 것입니다. 주님께서는 기도할 때마다 마치 어린아이처럼 하나님을 아버지라고 부르며 기도하셨습니다. 그리고 이제 "너희도 그렇게 기도하라"고 말씀하십니다.

성경은 "영접하는 자 곧 그 이름을 믿는 자들에게는 하나님의 자녀가 되는 권세를 주셨으니"(요 1:12)라고 말씀합니다. 우리는 예수님을 통해 하나님을 아버지라고 마음대로 부를 수 있는 권세를 얻었습니다. "너희가 아들이므로 하나님이 그 아들의 영을 우리 마음 가운데 보내사 아빠 아버지라 부르게 하셨느니라"(갈 4:6)라고 말씀하십니다. 즉, 성령께서 하나님을 아버지라 부르게 하신다는 것입니다. 그러므로 예수님께서 "너희도 기도할 때에 나처럼 하나님을 아빠 아버지라 불러라"라고 말씀하시는 것입니다.

만일 하나님께서 우리 눈에 보이도록 임재하신다면, 감히 얼굴을 들지 못한 채 그 앞에 다 엎드러지고 말 것입니다. 구약성경을 보십시오. 하나님께서 인간이나 천사의 모양으로 나타나기만 해도 다 바닥에 엎드리지 않습니까? 옷으로 얼굴을 가리고 일어나지도 못합니다. 어떤 사람은 완전히 죽은 자처럼 됩니다.

하나님은 악인이나 더러운 자가 가까이할 수 없는 거룩하신 분입니다. 하늘의 스랍들과 천사들도 얼굴을 가리지 않고는 감히 그 앞에 설 수 없을 만큼 영광스러운 분이십니다. 바로 그 하나님을 벌레 같고 흙 같은 존재에 불과한 우리가 감히 아버지라고 부를 수 있습니까? "아빠, 아빠" 하고 부를 수 있습니까? 불가능한 일입니다.

그럼에도 하나님은 예수님으로 인해 그렇게 부르라고 말씀하십니다. 얼마나 큰 권세요, 영광입니까? 그래서 어떤 사람은 주기도문 첫머리에 나오는 이 구절을 기도의 황금 문이라고 말했습니다. "하늘에 계신 우리 아버지"라고 부를 때 벌써 우리는 기도의 황금 문으로 들어가는 것입니다. 하나님의 은혜의 보좌 앞으로 당당히 나아가서 "아버지" 하고 부르면, 하나님께서 "오냐" 하고 대답하십니다.

하나님을 아버지로 부르는 이유

우리에게 하나님을 아버지라고 부르게 하신 데에는 몇 가지 의미가 들어 있습니다. 먼저, 하나님은 우리에게 좋은 것만 주시는 분이라는 의미가 있습니다. "너희 중에 누가 아들이 떡을 달라 하는데 돌을 주며 생선을 달라 하는데 뱀을 줄 사람이 있겠느냐"(마 7:9-10). 상식적으로 생각해도 있을 수 없는 일입니다. 그래서 이 말씀을 대할 때마다 마음이 평안해지고 기쁨이 넘칩니다.

마태복음 7장 11절에서 "너희가 악한 자라도 좋은 것으로 자식에게 줄 줄 알거든 하물며 하늘에 계신 너희 아버지께서 구하는 자에게 좋은 것으로 주시지 않겠느냐"라고 말씀하십니다. 이제 하나님을 왜 아버지로 부르라고 하시는지 확실히 알았을 것입니다. 아버지는 항상 좋은 것을 주시기 때문입니다.

몇 년째 기도를 해도 응답받지 못하는 경우가 많습니다. 그럴 때마다, 하나님은 좋은 것만 주시기 때문에, 응답하시지 않는 것도 좋은 응답 가운데 하나라고 생각합니다. 지금은 주지 않는 것이 좋기 때문에 안 주시는 것이라고 믿습니다. 그러므로 우리가 기도할 때 "하나님 아버지"라고 부르면, 받는 것이 없어도 마음이 편안해집니다. 하나님께서 반드시 좋은 것을 주신다고 믿기 때문입니다.

다음으로 기도하는 자는 어린아이의 심정을 가져야 한다는 의미가 들어 있습니다. 어린아이는 의심하지 않습니다. 가식이 없고, 순수하며, 사람을 신뢰합니다. 아빠에게 무언가를 요구하는 어린아이의 마음은 단순합니다. 그래서 아빠가 그저 빙긋이 웃기만 해도 주는 줄 알고 좋아서 펄쩍펄쩍 뜁니다. 기도할 때 이처럼 어린아이의 마음을 가져야 합니다.

예수님이 겟세마네 동산에서 기도하시는 모습을 보십시오. "아버지여, 내 뜻대로 마옵소서. 그런데 저는 십자가를 지고 싶지 않습니다. 할 수 있으면 피해가도록 해주십시오. 그렇지만 꼭 져야 한다면 지겠습니다. 아버지의 뜻대로 하옵소서." 이것이 어린아이의 기도입니다. 예수님은 어린아이와 같이 통곡하면서 기도하셨습니다.

하나님의 이름을 위한 기도

주기도문에서 두 번째로 생각할 부분은 하나님의 이름, 하나님의 나라, 하나님의 뜻을 앞세워 기도하라는 것입니다. "하늘에 계신 우리 아버지여 이름이 거룩히 여김을 받으시오며"(마 6:9). 이 말은 하나님만이 영광과 존귀와 거룩함을 홀로 받으시기를 원한다는 뜻입니다. 하나님의 이름은 절대로 모욕당하거나 무시당해서는 안 됩니다. 모든 존귀와 찬양과 경배가 그 거룩하신 이름 위에 올려져야 합니다.

세상을 보십시오. 여기저기에서 하나님의 이름을 짓밟고 멸시하는 악한 사람이 정말 많습니다. 그들을 볼 때마다 가슴이 답답해지고 찢어질 것 같습니다. 그 순간 이런 기도가 마음에서 우러나와야 합니다. "하나님, 주의 이름이 높임을 받고 거룩히 여김을 받으시기 원합니다. 하다못해 저를 통해서라도 하나님의 이름이 존귀하게 여김을 받으소서." 이것만큼 소중한 기도는 없습니다.

인도에 리히터 규모 7.9나 되는 강진이 일어나 수십만 명의 사상자와 최고 55억 달러의 재산 피해를 냈습니다. 인도 구자라트주가 지진의 진원지입니다. 바로 얼마 전, 그곳에서 사역하시는 조지 목사가 한국의 어느 목사에게 보낸 편지가 공개되었습니다. 편지에 의하면, 그곳 구자라트주는 인도에서 최초로 기독교를 포함한 타종교로의 개종 금지법을 통과시킨 곳이라고 합니다. 전면적으로 종교의 자유를 억압한 것입니다. 만약 기독교로 개종하면 축출이나 처형, 재산 몰수 등의 처벌을 피할 수 없습니다. 게다가 작년 한 해 동안 주민들이 교회 500여

곳을 파괴했고, 지진 발생 2주 전에는 교회를 약탈하고, 강단에 힌두교 우상을 세웠던 지역이라고 합니다.

이 일이 있은 후 통계를 산출하기 힘들 정도의, 역사상 가장 크고 참담한 지진이 발생했습니다. 조지 목사는 이 사건을 다음과 같이 해석했습니다. "이번 사건은 하나님은 그분의 이름을 대적하고 거역하는 자에게 진노하신다는 것과 주님의 재림이 임박했다는 것을 보여주는 경고입니다."

그렇다면 우리는 그런 상황을 보면서 어떤 기도를 드리겠습니까? "아버지여, 그곳에 사는 사람들이 예수 그리스도를 믿고, 두 손 들고 하나님의 거룩한 이름을 찬송하도록 해주시옵소서!" 이런 기도가 우리의 가슴에서 폭포수처럼 흘러야 합니다.

소망 없는 세상이 주는 교훈

주기도문의 주제는 하나님 나라입니다. 예수님은 세상에 오셔서 "하나님 나라가 가까웠느니라"라고 말씀하셨습니다. 예수 그리스도를 주로 고백하는 백성이 이 땅에 가득하기를 소망하면서 십자가에서 죽으시고 부활하셨습니다. 부활 후 40일 동안 제자들과 나누셨던 주제도 하나님 나라에 관한 것이었습니다. 이것은 예수님의 평생 비전이자, 기도 제목이었습니다. 그러므로 하나님 나라와 그의 뜻을 위해서 먼저 기도하라고 말씀하십니다.

세상은 우리와 후손들이 살 터전이기에 세상 나라가 잘되기를 소망해야 합니다. 공의가 바로 서고, 빈부격차가 최소화되며, 세계 평화가 정착되기를 기도해야 합니다. 그러나 이것보다 더 중요한 기도는 하나님의 나라가 이 땅에 임하여 주의 뜻이 온전하게 이루어지는 것입니다. 그 결과 나라와 권세와 영광이 하나님께 돌아가도록 하는 것입니다.

세상 사람들이 하나님을 미워하고 거역할수록 더 기도해야 합니다. 우리의 현실은 너무나 암담합니다. 거짓과 음란은 빠른 속도로 퍼져가고, 악한 자는 점점 득세하여 선한 자가 설 곳이 없습니다. 질병과 죽음의 공포는 여전히 우리를 위협하고 있습니다.

끔찍하게도 인터넷 자살 사이트가 십 대들에게 마지막 탈출구로 자살을 선택하도록 유혹하고 있습니다. 사이트 게시판에 들어가보니 다음과 같은 내용이 올라와 있었습니다. "세상은 살 의미가 없다. 살아봐야 뻔하다. 죽음만이 우리의 탈출구다. 우리 함께 죽자." 청소년들이 희망을 찾지 못하고, 죽음을 대안으로 선택하는 세상에는 아무런 소망이 없습니다.

IT 산업, 유전공학 등 인간 문명은 지속적으로 발전할 것입니다. 달나라 여행은 물론 화성까지 왕복하는 본격적인 우주 시대가 열릴 것입니다. 평균 수명이 120세로 연장될지 모릅니다. 그러나 우리는 문명이 발전할수록 인간성은 타락하고, 영적으로는 어두워져 더 이상 생명의 빛을 보지 못하는 죽음의 시대가 오리라는 것을 기억해야 합니다. 이것이 세상입니다.

〈내셔널지오그래픽〉(*National Geographic*) 2월호 한국어판에 다음과 같은 기사가 실려 있었습니다. "지구온난화 현상으로 해수면이 높아지면서 인류는 위기를 맞고 있다." 이런 종류의 이야기는 예전부터 들어왔기 때문에 사람들에게 그다지 큰 경각심을 불러일으키지 못했습니다. 그래서 뒤따라 나온 기사는 사태의 심각성을 다음과 같이 전하고 있습니다. 지난 백 년 동안 해수면이 15센티미터 높아졌는데, 이것은 그때를 기점으로 과거 2,000년 동안의 해수면 높이 증가율의 열 배와 맞먹는 수치라는 것입니다. 해수면 상승으로 인해 홍수, 침식, 식수 오염, 농지 유실, 생태계 파괴, 인구 유동 현상 등 익히 경고한 바 있는 일들이 실제로 일어날 것이라고 언급했습니다. 그리고 앞으로 15년 내에 전 세계 인구의 반 이상이 물 부족으로 고통당하리라고 예측했습니다. 뿐만 아니라 미국이 지금의 해안선을 유지하기 위해 방파제를 쌓는다면, 최소 2,500억 달러 이상의 예산이 필요하다고도 적었습니다. 이 말은 환경 파괴로 인한 지구온난화 현상이 한 나라의 경제는 물론 전 인류를 돌이킬 수 없는 재앙으로 몰아갈 수 있다는 의미입니다.

하나님의 나라를 위한 기도

예수님은 이미 지구와 역사의 종말을 예언하셨습니다. "너희들은 기도할 때 대안이 될 수 없는 세상 나라를 앞세워 기도하지 말고, 하나님 나라가 이 땅에 임하기를 기도하라." 베드로 사도의 말처럼 주의 날이 임하기를 간절히 사모하라는 말입니다. 세상 나라는 소망이 없습니다. 그러므로 하나님 나라가 임하도록 기도해야 합니다. 이 땅의 모든 심령들이 상처와 고통을 치유받고, 영원토록 주를 찬양하는 영광스런 그날이 속히 오도록 기도해야 합니다. 나의 절박한 기도를 옆으로 제쳐놓고 "주의 나라가 임하기를 원합니다"라고 기도해야 합니다. 병에 걸려도, 부도로 직장을 잃어도, 심지어 세상을 떠나면서도 이 기도를 해야 합니다. 왜냐하면 이 기도만이 우리가 숨을 쉴 수 있게 하고, 소망을 갖게 하기 때문입니다. 무엇보다 하나님이 기뻐하시는 기도이기 때문입니다.

얼마 전 30대 후반의 한 자매가 세상을 떠났습니다. 유방암으로 고생하다가 세 자녀를 남겨두고 주님의 부르심을 받았습니다. 그 자매의 남편은 지난 10년 동안 제 설교를 돕는 비서로 섬겨왔습니다. 그래서 제가 특별히 마음에 두고 지금까지 기도해왔는데 하나님께서 결국 데려가셨습니다. 그 자매가 세상을 떠나기 직전에 저에게 편지를 보냈는데, 다음과 같은 내용이 있었습니다.

"사랑하는 목사님께. 수술 후 1년 반 만에 재발한 것을 알았을 때, 하나님께서는 이것이 저 자신과 가정의 회복은 물론 좋은 일이 될 것이라는 성령의 음성을 들려주셨습니다. 어떻게 하면 저를 구원하신 주를 위해 이 생명을 바쳐 섬기며, 주를 더욱 사랑할 수 있을까요? 목사님, 이제 제 힘으로 버틸 수 없는 한계에 도달했습니다. 제가 너무 고통스러워 믿음이 약해지지 않도록 기도해주십시오. 기쁨을 빼앗기지 않도록 기도해주십시오. 그리고 예수 그리스도의 승리가 선포되며 하나님만이 영광을 받으시도록 기도해주십시오."

죽음을 목전에 두고 아무것도 먹을 수 없고 숨도 제대로 쉴 수 없는, 너무나 고통스러운 상황 속에서 어떻게 이런 이야기를 할 수 있단 말입니까? 이 기도에는 "하나님의 이름이 높임을 받으시며, 나라가 임하시며, 주의 뜻이 이루어져 나라와 권세와 영광이 아버지께 돌아가기를 원합니다"라고 하는 주기도문의 정신과 원칙이 살아 있습니다. 자신의 죽음까지도 하나님 나라가 임하고 하나님의 뜻이 이 땅에 성취되는 데 쓰임받기를 원한다는 놀라운 고백입니다.

죽어가는 자도 이렇게 기도하는데, 하물며 건강하게 살아 있는 우리가 날마다 자기를 위한 기도, 세상 것을 위한 기도만 해서야 되겠습니까? 우리 가슴속에는 하나님의 이름, 하나님의 나라, 하나님의 뜻을 위한 기도가 끓어올라야 합니다.

그의 나라와 그의 의를 구하라

헨리 비처(Henry Beecher)라는 미국의 유명한 설교자가 이런 말을 했습니다. "나는 기도할 때 포도주가 병마개를 밀어내듯이 기도한다."

술을 병에 담아 마개로 꽉 막아놓으면, 나중에 발효가 되어 가스가 병마개를 밀어내는 것을 본 적이 있습니까? 바로 이런 식으로 기도를 한다는 말입니다. 하나님의 이름이 거룩히 여김을 받고, 주님의 나라와 그 뜻이 이루어지기를 원하는 열정으로 가득 차면, 마침내 기도가 터져나옵니다. 기도를 먼저 하지 않으면 못 견디는 사람이 됩니다.

직장인들은 이렇게 기도해야 합니다. "하나님, 오늘도 평소와 똑같은 직장생활이지만 이를 통해 주님의 이름이 높임을 받으소서."

가정주부들은 이렇게 기도해야 합니다. "때로는 지루하고 답답하기도 하지만, 어린 자녀를 잘 키워서 이 아이들을 통해 주의 나라가 이 땅에 임하게 하옵소서."

사업가들은 이렇게 기도해야 합니다. "하나님, 왜 부도가 나고 사업이 실패합니까? 무슨 뜻이 있습니까? 그러나 이 일을 통해서 하나님은 거룩히 여김을 받으실 것이고 주의 나라가 이 땅에 임할 줄을 믿습니다. 그 일을 위해 나의 실패도 사용해주옵소서."

이렇게 기도하며 하나님 앞에 나아가야 합니다. 날마다 하나님께 집중하고, 하나님을 우선에 두며, 하나님을 위해 기도하기를 소망하면, 우리가 걱정하는 모든 문제는 하나님께서 책임져주신다고 약속하셨습니다.

"너희는 먼저 그의 나라와 그의 의를 구하라 그리하면 이 모든 것을 너희에게 더하시리라"(마 6:33). 곧 "너는 내 걱정을 해라. 그러면 나는 네 걱정을 하겠다"라는 뜻입니다. "저는 제 걱정할 테니 하나님은 하나님 걱정하세요"보다는 "하나님, 제가 부족하지만 하나님 걱정을 하겠습니다. 하나님은 제 걱정을 해주세요" 하는 자세로 사는 것이 행복하고 즐거운 삶입니다. 이렇게 사는 것이 하늘 행복으로 사는 삶입니다.

꼭! 이것만은
기억하자!

아무리 급한 기도가 있어도
하나님을 위한 기도,
하나님께 집중하는 기도,
하나님을 먼저 떠올리는 기도를 먼저 하라.

하나님은 우리에게 좋은 것만 주시는
아버지임을 기억하라.
그러므로 어린아이의 심정으로 기도하라.
의심하지 말고
가식 없이 순수하고
신뢰하는 마음으로 기도하라.

무엇보다 하나님 나라와 그분의 뜻을 위해
먼저 기도하라.
날마다 하나님께 집중하고,
하나님을 우선에 두며,
하나님을 위해 기도하기를 소망한다면
우리가 걱정하는 모든 문제는
하나님께서 책임져주신다.

23

이렇게 기도하라 II

마태복음 6장 11-15절

11 오늘 우리에게 일용할 양식을 주시옵고 12 우리가 우리에게 죄지은 자를 사하여준 것같이 우리 죄를 사하여 주시옵고 13 우리를 시험에 들게 하지 마시옵고 다만 악에서 구하시옵소서 (나라와 권세와 영광이 아버지께 영원히 있사옵나이다 아멘) 14 너희가 사람의 잘못을 용서하면 너희 하늘 아버지께서도 너희 잘못을 용서하시려니와 15 너희가 사람의 잘못을 용서하지 아니하면 너희 아버지께서도 너희 잘못을 용서하지 아니하시리라

동유럽 루마니아에는 '살아 있는 순교자'라고 불리는 위대한 분이 있습니다. 바로 저술가이자 신학교 교수인 리처드 범브란트(Richard Wurmbrand) 박사입니다. 그는 나치가 루마니아를 침공하여 유대인을 학살할 때 가족을 잃었습니다. 그 후 루마니아가 공산화되자 지하조직을 만들어 복음을 전하는 일에 힘썼습니다. 결국 1948년에 체포되어 15년 동안 감옥에서 고통스러운 세월을 보냅니다. 석방된 후, 노쇠한 몸에도 서방에 공산권 선교회를 만들어 활동을 계속했습니다.

그가 투옥된 지 처음 3년간은 지하 감옥 중에서도 독방에 갇혀 있었습니다. 따라서 생각을 나눌 만한 말벗도, 읽을 수 있는 책도, 무언가 기록할 필기도구도 없었습니다. 심지어 지저귀는 새소리, 작은 풀 한 포기, 따스한 햇볕조차 구경할 수 없었습니다. 날마다 더러운 감자껍질로 만든 수프와 1주일에 한 번씩 주는 빵 한 조각으로 혹독한 굶주림을 견뎌내야 했습니다. 게다가 끌려가서 고문당하기가 일쑤였습니다.

뿐만 아니라 나치는 범브란트의 정신과 영적 세계를 마비시키기 위해 마약이 든 수프를 먹였습니다. 그 결과 정신계가 제 기능을 발휘하지 못하게 되고 기억상실증에 걸렸습니다. 애독했던 성경 내용도 잊어버리기 시작했습니다. 신학자로서 수많은 책을 읽고 연구했지만 그 지식도 사라지고 말았습니다. 14개 국어에 능통할 정도로 탁월한 언어학자였지만 이제 모국어인 루마니아만 조금 기억할 뿐입니다.

어느 날 밤, 그는 조용히 눈을 감고 주기도문으로 기도하고자 엎드렸습니다. "하늘에 계신 우리 아버지여 이름이 거룩히 여김을 받으시오며 나라가 …" 하고는 다음 말을 이을 수 없었습니다. "하나님의 아들이 이 기도를 가르쳐주시려고 이 땅에 오셨는데, 내가 그분의 기도를 잊어버리다니 …"라는 생각에 너무나 슬펐습니다. 다시 마음을 가다듬고 머리를 숙였습니다. "하늘에 계신 우리 아버지여, 내가 주님의 기도문을 다 잊어버렸지만 하나님은 제 마음을 아시죠? 예수님 사랑합니다. 예수님 사랑합니다. 아멘."

이러한 정신적 암흑 상태와의 싸움은 2년간 계속되었습니다. 그러던 어느 날 갑자기 마약 투여가 중단되고, 음식의 질도 나아졌습니다. 몇 달 뒤에는 기억력도 회복되어, 그토록 그리던 주기도문이 샘솟듯 머릿속에 떠올랐습니다. 다시금 주기도문의 한 마디 한 마디에 하나님을 향한 열정과 사랑과 믿음을 담아 기도할 수 있게 되었습니다. 메말랐던 영혼이 놀랍게 회복되는 기적 같은 복이 그에게 찾아왔습니다. 후에 범브란트는 주기도문이야말로 혹독한 감옥생활에서 승리할 수 있었던 비결이라고 말했습니다.

사탄이 성도에게서 마지막으로 빼앗고 싶은 기도가 있다면 바로 주기도문입니다. 왜냐하면 우리에게 정말 중요한 이 기도를 사탄은 매우 싫어하기 때문입니다. 세상이 얼마나 정신없이 돌아가는지 아침에 조금만 늦잠을 자도 기도할 틈을 얻지 못하고 급히 직장이나 학교로 달려 나가야 하는 것이 우리의 현실입니다. 하지만 운전석에 앉아서라도 잠시 머리를 숙이고 "하늘에 계신 우리 아버지여" 하면서 정성스럽게 이 기도를 시작해보십시오. 적어도 그날은 기도 없이 시작했다는 부끄러운 자책에서 벗어날 수 있습니다.

그렇다고 아침마다 주기도문만 외우면서 하루를 시작하라는 말이 아닙니다. 그만큼 주기도문이 중요하다는 것을 강조하기 위함입니다. 주기도문 안에 들어 있는 정신, 원칙 그리고 주님이 요구하시는 귀한 진리들을 마음에 담고 기도해보십시오. 그러면 기도 내용이 더욱 풍성해지고, 세상에서 넉넉히 살아갈 힘도 얻을 것입니다.

욕심을 비우고 기도하라

예수님은 주기도문을 통해서 기도의 중요한 원칙들을 가르치셨습니다. 먼저 하나님의 이름과 나라 그리고 그분의 뜻이 이루어지도록 기도하라고 하셨습니다. 다음으로 우리 자신을 위한 세 가지 기도를 알려주셨습니다. 마태복음 6장 11-13절의 내용입니다. "오늘 우리에게 일용할 양식을 주시옵고 우리가 우리에게 죄지은 자를 사하여준 것같이 우리 죄를 사하여 주시옵고 우리를 시험에 들게 하지 마시옵고 다만 악에서 구하시옵소서 나라와 권세와 영광이 아버지께 영원히 있사옵나이다 아멘."

성경학자 윌리엄 바클레이(William Barclay)는 이 세 가지 기도를 삼위일체 하나님과 연관시켜서 해석했습니다. '일용할 양식에 대한 기도'는 천지 만물을 창조하시고 생명을 공급하시는 성부 하나님께, '죄 용서에 대한 기도'는 십자가의 죽음과 부활로 구원을 베푸시는 성자 하나님께, '시험과 악으로부터 보호하심에 대한 기도'는 세상 끝 날까지 보호와 동행을 약속하신 성령 하나님께 드리는 기도로 보았습니다. 이러한 해석은 주기도문을 이해하는 데 좋은 통찰을 줍니다.

이제 우리 자신을 위한 기도에서 세 가지 중요한 기도 원칙과 정신을 살펴봅시다. 첫째, 하나님께서 기뻐하시는 기도는 욕심을 비운 기도여야 합니다. '일용할 양식을 주시옵고'라는 말은 하루를 살 수 있는 분량의 양식을 의미합니다. 신약성경의 다른 사본에는 '내일의 양식을 주시옵고'라고 되어 있는데 사실상 같은 의미입니다. 유대에서는 하루의 시작을 저녁에서 출발하기 때문에, 내일의 양식을 구하는 기도가 자연스럽습니다. 하지만 해가 떠오르는 그 시간부터 하루를 시작하는 우리로서는 "오늘 우리에게 일용할 양식을 주시옵고"라는 표현이 더 적절합니다.

성경에 일용할 양식을 보여주는 좋은 예가 있습니다. 이스라엘 백성이 광야에서 40여 년간을 방황하면서도 목숨을 부지할 수 있었던 것은, 날마다 하늘에서 내리는 만나 때문이었습니다. 하나님께서 만나를 처음 주실 때 "그 때에 여호와께서 모세에게 이르시되 보라 내가 너희를 위하여 하늘에서 양식을 비같이 내리리니 백성이 나가서 일용할 것을 날마다 거둘 것이라 이같이 하여 그들이 내 율법을 준행하나 아니하나 내가 시험하리라"(출 16:4)라고 하셨습니다.

사람들이 그 말을 듣고 양식을 거두러 나갔습니다. 하지만 하루 먹을 양만 거두라고 하신 하나님의 말씀을 잊고 온 가족이 두세 부대씩 욕심껏 거두었습니다. 그러면서 '남은 것은 내일 먹어야지'라고 생각했습니다. 하지만 다음 날이 되자 썩어 버렸습니다. 비로소 사람들은 매일 나가 하루 먹을 양만 거두고 돌아왔습니다. 이것이 일용할 양식입니다.

공중의 새를 보십시오. 먹고 마시는 것을 하나님께 의지하고, 날마다 양식을 찾아다닙니다. 일용할 양식은 이처럼 날마다 사는 양식이요, 날마다 필요한 생명이요, 날마다 필요한 건강입니다.

"하나님, 오늘 우리가 살기 위해 필요한 것들을 주시옵소서."

얼마나 욕심 없고 소박한, 어린아이와 같은 기도입니까? 이 기도에는 욕심이 자리 잡을 곳이 없습니다. '더 가지고 싶다', '더 쌓아놓고 싶다', '더 저축해놓고 살고 싶다', '남보다 더 화려하게 살고 싶다'와 같은 생각이 끼어들 수 없습니다. 바로 이

기도를 하나님께서 원하시는 것입니다.

50년 전만 해도 서구 선진국에서는 한 사람에게 최소 70가지 생필품이 필요했다고 합니다. 그러나 반세기가 지난 오늘날에는 삶의 질이 향상되면서 적어도 그보다 열 배 이상이나 되는 생필품이 필요하다고 합니다. 한 사람당 700가지를 갖추어야 한다는 말입니다. 사람들은 이 필요를 채우려고 욕심을 냈는데, 어렵사리 얻은 뒤에는 되레 감사를 잃어갔습니다. 삶은 윤택해졌을지 몰라도 행복감은 떨어지고 말았습니다.

결국 하나님을 의지하지 않고 자기밖에 모르는 영적 부도 위기에 처했습니다. 부끄럽게도 예수님을 믿는 사람마저 같은 대열에 끼어 있습니다. 그들이 하나님께 구하는 기도를 들어보면 탐욕으로 오염되어 있음을 금세 알아차릴 수 있습니다.

이런 의미에서 "오늘날 일용할 양식을 주옵소서"라는 기도만큼 인기 없는 기도도 없습니다. 우리 중에 이 기도로 만족할 사람은 별로 없습니다. 하루를 살아가기에 필요한 양만으로 만족할 수 있는 사람은 극히 적거나 아마도 없을 것입니다. 할 수만 있으면 하나님께 좀 더 얻기를 바라는 것이 거의 모든 사람의 마음입니다.

재물은 구두와 같다고 한 교부 클레멘트(Clement)의 말을 생각해봅니다. 구두는 크거나 화려하다고 무작정 좋은 것이 아닙니다. 자기 발 크기와 재정 상태, 취향에 맞아야 합니다. 재물도 마찬가지입니다. 많이 축적했다거나 원하는 것을 얻었다고 좋은 것은 아닙니다. 자신이 관리할 수 있을 만한 적정 수준이어야 합니다.

주기도문이 가르치는 교훈은 "욕심을 버려라. 하나님은 욕심이 담겨 있는 기도를 원치 않으신다"입니다. 우리가 날마다 사는 데 필요한 생명, 건강, 먹고 마시는 것, 자유와 평화, 이것들은 엄밀히 말하면 날마다 얻어야 하는 것들입니다.

우리에게 내일은 없습니다. 하나님께서 주시기 전까지는 아무도 내일을 보장하지 못합니다. 오늘만이 내 날이요, 내 것입니다. 그러므로 내일이 내 날이 아니라고 하는 사람에게 무슨 욕심이 있을 수 있습니까? 오늘 하나님이 주시는 은혜 안에서 행복할 수 있다고 생각하는 사람에게 달리 무슨 기도가 필요하겠습니까? "하나님, 오늘 일용할 양식을 주시옵소서." 이 기도 하나만으로도 만족할 수 있습니다.

하나님은 일용할 양식을 반드시 주십니다. 지금까지도 하나님의 돌보심 가운데 하루하루를 살았습니다. 비록 내 사정이 어려워진다 하더라도 내일을 걱정하지 마십시오. 어린아이와 같은 마음으로 욕심을 버리고 일용할 양식을 구하는 자녀를 하나님께서는 결코 버리지 않습니다. 저 공중의 새를 책임지듯이 우리를 책임져주십니다.

이해인 수녀의 시 〈가난한 새의 기도〉를 소개합니다.

꼭 필요한 만큼만 먹고
필요한 만큼만 둥지를 틀며
욕심을 부리지 않는 새처럼

당신의 하늘을 날게 해주십시오

가진 것 없어도
맑고 밝은 웃음으로
기쁨의 깃을 치며
오늘을 살게 해주십시오

예측할 수 없는 위험을 무릅쓰고
먼 길을 떠나는 철새의 당당함으로
텅 빈 하늘을 나는
고독과 자유를 맛보게 해주십시오

오직 사랑 하나로
눈물 속에도 기쁨이 넘쳐 날
서원의 날에
햇살로 넘쳐오는 축복

나의 선택은
가난을 위한 가난이 아니라
사랑을 위한 가난이기에
모든 것 버리고도 넉넉할 수 있음이니

내 삶의 하늘에 떠다니는
흰구름의 평화여

날마다 새가 되어

새로이 떠나려는 내게

더 이상

무게가 주는 슬픔은 없습니다

새에게 물어보십시오. 탐욕과 염려가 있는지 말입니다. 짐이 있으면 새는 무거워서 날지 못합니다. "오늘날 우리에게 일용할 양식을 주옵소서"라고 기도하는 사람은 하늘을 나는 데 방해되는 무거운 짐이 없습니다. 가볍게 기쁨으로 날 수 있습니다. 무게가 주는 슬픔이 없습니다. 이런 은혜가 주님께서 가르치신 기도를 드릴 때마다 우리 가슴속에 넘쳐나야 합니다.

불쌍히 여기는 마음으로 기도하라

주님은 주기도문을 통해 불쌍히 여기는 마음으로 기도하라고 하십니다. "우리가 우리에게 죄지은 자를 사하여 준 것같이 우리 죄를 사하여 주옵시고." 하나님께서는 우리를 너무나 불쌍히 여기셔서, "나는 더 이상 네 잘못을 들추고 싶지 않다. 무조건 다 용서해주마"라고 말씀하십니다. 예수님의 이름을 부르며 두 손 들고 나오기만 하면, 그분의 피로 모든 죄를 깨끗이 씻어주십니다.

그리고 우리에게 요구하십니다. "내가 너를 불쌍히 여겼으니 너도 네게 잘못한 사람에게 이런 긍휼을 베풀어라. 그를 불쌍히 여겨라. 행여나 네 형제가 네게 잘못을 범한다 할지라도 불쌍히 여기고 무조건 용서해주어라." 그래서 주님이 이 기도를 주기도문 속에 담아두셨다고 생각합니다.

주기도문을 말씀하신 후, 왜 다음 말씀을 덧붙이셨는지 생각해보십시오. "너희가 사람의 잘못을 용서하면 너희 하늘 아버지께서도 너희 잘못을 용서하시려니와 너희가 사람의 잘못을 용서하지 아니하면 너희 아버지께서도 너희 잘못을 용서하지 아니하시리라"(마 6:14-15). 용서가 그만큼 중요합니다.

초대교회 위대한 교부 크리소스톰(J. Chrysostom)은 그가 목회하던 교회에서 주일마다 주기도문을 함께 고백했다고 합니다. 그런데 "우리가 우리에게 죄지은 자를 사하여준 것같이 우리 죄를 사하여 주시옵고"라는 구절에서는 잠시 침묵했다고 합니다. 왜냐하면 '하나님은 나의 모든 죄를 용서하셨는데, 나는 왜 형제의 죄를 용서하지 못할까?' 하고 마음의 가책을 느꼈기 때문입니다. 오늘날 우리에게는 이러한 양심마저도 없어 보입니다. 용서하는 삶과는 상관없이 대범하게 주기도문을 끝까지 외우니 말입니다. 참으로 통탄스러운 이야기입니다.

주님께서는 그런 기도를 원치 않으십니다. 우리가 이미 예수님을 믿고 용서받았다 하더라도 완전한 자가 아니므로 날마다 하나님께 용서를 받아야 합니다. 얼마든지 생각으로, 감정으로, 입으로 죄를 지을 수 있기 때문입니다.

그러니 내가 용서받기 전에 남을 먼저 용서하십시오. 오늘도 하나님께서는 "네가 용서해야 내가 용서한다"라고 주기도문을 통해 말씀하십니다.

부끄러운 이미지 메이킹(Image Making)

어느 기독교 잡지에서 불신자들을 대상으로 예수님을 믿는 사람들을 어떻게 보는지 여론조사를 했다고 합니다. 조사 결과에 의하면, 응답자 가운데 31퍼센트가 "예수 믿는 사람은 이기적이다"라고 응답했으며, 30퍼센트는 "예수 믿는 사람은 비인격자들이다" 그리고 17퍼센트는 "예수 믿는 사람은 위선적이다"라고 대답했다고 합니다. 거의 80퍼센트가 예수 믿는 사람을 부정적으로 생각했고, 단지 17퍼센트만이 긍정적으로 응답했습니다.

세상 사람들이 그리스도인들을 이처럼 부정적인 모습으로 인식하는 이유는 무엇일까요? 사람들은 그리스도인은 물론이고 그들이 전하는 복음까지도 신뢰하지 않습니다. 한번 그들에게 전하는 복음을 생각해보십시오. "하나님은 우리 죄를 용서해주십니다. 예수님을 믿기만 하십시오. 그러면 구원을 얻을 수 있습니다." 이렇게 용서받은 기쁨을 간증합니다.

그런데 세상 사람들은 여기에서 그리스도인에 대해 커다란 모순을 느낍니다. 정작 가족이나 친구의 죄는 용서하지 않으면서, 자신의 죄는 하나님께 용서받았다고 좋아하니 어처구니없는 것입니다. 상황이 이러하니 세상 사람들이 손가락질은 당연한 것인지도 모릅니다.

"우리가 우리에게 죄지은 자를 사하여준 것같이"에서 '용서하다'라는 말은 '잊어버린다'는 뜻입니다. 마태복음 4장에 보면, 예수님이 갈릴리 바다를 지나가시다가 요한과 야고보를 만나 "너희는 나를 따르라"고 명령하셨습니다. 그러자 그물을 깁고 있던 두 형제는 함께 일하던 아버지도, 배도 버리고 예수님을 따랐다고 나옵니다. 이때 '버린다'는 말은 헬라어로 '용서한다'는 말과 같은 단어를 사용했습니다. 그러므로 용서는 버리는 것이요, 잊어버리는 것입니다.

완전한 용서

찰스 스펄전(C. H. Spurgeon)이 남긴 말을 기억하고 있습니다. 어느 날 키우는 개가 미쳤습니다. 광견병에 걸린 것입니다. 미친개는 아무나 물려고 하는데 일단 물리면 바이러스 감염으로 사람이 죽기까지 합니다. 스펄전 목사는 말하기를, 미친개는 죽여서 머리, 몸, 꼬리가 보이지 않도록 땅속 깊이 묻어야 한답니다. 그렇습니다. 아무도 꼬리만 밖으로 나오도록 묻지 않습니다.

마찬가지로 형제의 죄를 용서할 때, 꼬리만 남겨놓고 쳐다볼 때마다 생각하면 안 됩니다. 겉으로는 아무 일 없는 듯 웃고 있지만 속으로는 잘못한 것을 헤아리고 있다면, 상대방의 잘못을 잊지 못하는 것입니다. 아직 용서하지 않은 것입니다. 하나님은 이런 사람의 기도를 싫어하십니다. 조금도 남기지 말고 다 용서하고, 용서한 죄는 기억도 하지 마십시오.

하나님은 우리 죄를 다 용서하셨을 뿐만 아니라 잊어버리셨습니다. 전능하신 하나님께 '잊는다'는 것이 가능한 일입니까? 그럼에도 하나님께서는 한 번 용서하시면 그 죄에 관해서는 등 뒤로 던지듯이, 깊은 바다에 던지듯이 잊어버린다고 말씀하셨습니다. 그러므로 우리가 하나님 아버지 앞에 당당하게 나아가는 것입니다.

이렇게 하나님께서는 우리의 모든 죄를 용서해주시는데, 정작 우리는 우리에게 죄지은 자를 용서하지 않습니다. 불쌍히 여기지 않습니다. 이런 사람의 기도를 하나님께서 기뻐하실 리가 없습니다. 이 사실을 마음 깊이 담고 있어야 합니다.

영혼의 거룩을 위해 기도하라

끝으로 영혼의 거룩을 중시하는 기도를 해야 합니다. 세상에는 너무나 많은 시험이 있습니다. 예수님도 세상에서 시험을 당하셨고, 우리 역시 마찬가지입니다. 시험을 당하면 보통 두 가지 반응으로 나뉩니다. 곧 대적하여 이기거나 굴복하여 악에 빠지는 것입니다. 전자의 경우는 신앙이 더욱 강해지고, 영적으로는 더 높은 경지에 올라갑니다.

"다만 악에서 구하시옵소서"에서 '악'은 정관사가 붙은 '그 악'입니다. 이것을 가리켜 루터는 '사탄'으로, 어거스틴은 '시험에 빠져 범하는 죄'로 해석을 했습니다. 그러나 어느 해석이든지 상관없이 악에 빠진 결과, 사탄에게 매여 죄를 범하고 영혼이 더러워집니다. 그러므로 하나님께서는 "너희 영혼을 거룩히 지키라"고 말씀하십니다. 성결치 못한 영혼으로 기도하는 것을 원치 않으시기 때문입니다.

요즘 인터넷에 접속해보면 젊은이들의 영혼을 더럽히는 유해 사이트가 정말 많습니다. 음란 사이트에 한번 들어가서, "더

럽구나. 닫자"하고 끝낼 수 있습니까? 또 보고 싶고, 더 보고 싶은 유혹의 덫에 걸리고 맙니다. 그 외에도 폭력 사이트, 자살 사이트, 저주 사이트, 굿하는 사이트, 점치는 사이트 등 다양합니다. 이런 불건전한 사이트가 한국만 해도 20만 개에 이른다고 합니다.

이런 오염된 세상에서 우리 자신을 지켜야 합니다. "하나님, 시험에 들게 하지 마시옵고 다만 악에서 구하시옵소서." 이 말은 "주여, 세상이 너무나 악합니다. 잘못하면 내 영혼이 더러워질 수밖에 없습니다"라는 고백입니다. 뿐만 아니라 "이 더러운 시험과 악을 이길 만한 힘이 나에게 없습니다"라고 솔직하게 시인하는 것입니다. 한 걸음 더 나아가 "나에게 은혜를 주사 이 시험을 이길 수 있도록 성령과 말씀이 충만하게 해주시옵소서"라는 기도입니다. 이렇게 내 영혼의 거룩함을 염려하며 기도하는 자를 하나님께서는 사랑하십니다.

"사람이 감당할 시험밖에는 너희가 당한 것이 없나니 오직 하나님은 미쁘사 너희가 감당하지 못할 시험 당함을 허락하지 아니하시고 시험 당할 즈음에 또한 피할 길을 내사 너희로 능히 감당하게 하시느니라"(고전 10:13).

내 영혼을 더럽히지 않겠다는 강한 의지를 갖고 기도하면, 하나님께서 반드시 은혜를 주십니다. 아무리 지뢰밭처럼 시험이 많은 세상이라도 하나님의 자녀는 하나님께서 지켜주십니다. 악한 자가 와서 만지지 못하게 하십니다. 인터넷 앞에서도 지켜주십니다. 이 기도를 하나님께 드리면 우리의 영혼을 하나님께서 돌보아주십니다. 이 사실을 꼭 믿으십시오.

주기도문을 통해 몇 가지 기도의 원리와 원칙을 배웠습니다. 먼저 하나님의 나라와 하나님의 이름을 위해 열정을 쏟아 기도하십시오.

"하나님이여, 오늘 하루 직장생활도 하나님의 이름을 위해서 살기를 원합니다. 하나님의 나라가 임하는데 쓰임받는 직장생활이 되기를 원합니다." 이런 열정을 가지고 하나님을 앞세우며 기도하면 우리의 마음을 받아주십니다.

욕심을 버리고 일용할 양식을 날마다 구하는 기도자가 되십시오. 우리가 하나님 앞에 용서를 받았다면 우리에게 잘못한 사람도 용서해야 합니다. 먼저 용서해주고 나중에 용서받기를 원하는 사람이 되어야 합니다. 이것이 남을 불쌍히 여기는 자세입니다. 또한 아무리 유창한 기도를 많이 해도 내 영혼에 죄를 품고 있으면, 하나님께서는 그 기도를 듣지 않으십니다. 그러므로 영혼의 거룩을 위해서 곧, 시험에 들지 않고 악에서 건져달라고 기도하십시오. 그러면 반드시 은혜를 주신다고 약속하셨습니다.

이와 같이 주기도문에 담겨 있는 중요한 기도의 원리를 마음에 새기고 여기에 자신의 기도를 더하면서 날마다 기도하기를 힘쓰십시오. 그러면 하나님께서 우리를 모든 면에서 행복한 사람으로 만들어주십니다.

꼭! 이것만은
기억하자!

욕심을 비우고 일용할 양식을 위해 기도하라.
하나님은 욕심이 들어 있는 기도를
원치 않으신다.

우리에게 내일은 없다.
하나님께서 주시기 전까지는
아무도 내일을 보장하지 못한다.
어린아이의 마음처럼 욕심을 버리고
오늘을 위해 기도하라.

불쌍히 여기는 마음으로 기도하라.
용서받기 전에 남을 먼저 용서하라.
조금도 남기지 말고 용서한 뒤
용서한 죄는 기억하지 말라.

하나님은 우리의 죄를
용서하실 뿐만 아니라 잊어버리셨다.
영혼의 거룩을 위해 기도하라.
아무리 유창하게 기도한다 해도
영혼에 죄를 품고 있으면
하나님께서 그 기도를 듣지 않으신다.

그러므로 시험에 들지 말게 하시고
악에서 건져달라고 기도하라.

24

금식기도는 필요하다

마태복음 6장 16-18절

16 금식할 때에 너희는 외식하는 자들과 같이 슬픈 기색을 보이지 말라 그들은 금식하는 것을 사람에게 보이려고 얼굴을 흉하게 하느니라 내가 진실로 너희에게 이르노니 그들은 자기 상을 이미 받았느니라 17 너는 금식할 때에 머리에 기름을 바르고 얼굴을 씻으라 18 이는 금식하는 자로 사람에게 보이지 않고 오직 은밀한 중에 계신 네 아버지께 보이게 하려 함이라 은밀한 중에 보시는 네 아버지께서 갚으시리라

금식과 기도가 항상 같은 것을 의미하지는 않습니다. 금식하면서 기도하지 않을 수도 있고, 기도하면서 금식하지 않을 수도 있습니다. 그러나 기독교에서 말하는 금식은 항상 기도를 전제합니다. 이런 의미에서 금식기도와 같은 합성어를 사용하는 편이 더 자연스럽습니다.

어느 미국 학자가 지난 20세기 중반부터 시작된 한국교회의 폭발적인 성장에 관해 연구했습니다. 그는 성장 이유 가운데 하나로 금식기도를 꼽았습니다. 한국교회 태동기인 백여 년 전부터 지금에 이르기까지 4만여 교회가 세워졌다고 한다면, 해마다 평균 3, 4백 개의 교회가 세워졌다는 말입니다. 1970년대부터 시작해서 30년 이상 이어진 부흥의 역사를 보면 역시 금식기도의 비중을 과소평가할 수 없습니다.

최자실 금식 기도원이 생기자, 세계 교회는 금식기도가 마치 한국교회의 전유물 같은 인상을 받았습니다. 그 후 잇따라 세워진 크고 작은 금식 기도원들을 모두 합하면 전국에 50개가 넘는 것으로 추정됩니다.

게다가 어떤 자료에 의하면 전국적으로 2만 명에 달하는 사람들이 40일 금식기도에 동참했다고 합니다. 이 같은 기도로 그나마 한국교회가 지탱하며 갱신될 수 있었습니다. 그러나 이로 인한 부작용도 적지 않았습니다. 신학교에서 함께 공부하던 목사들 중에는 40일 금식기도를 하다가 하나님의 부름을 받은 분도 계십니다. 또 제가 아는 목사님 한 분은 금식 때문에 몸이 상해서 10년이 넘도록 강단에 서지 못하고 투병 생활을 해야만 했습니다.

그럴지라도 금식기도의 일부 역효과만 보고 이를 부정해서는 안 됩니다. 금식기도가 한국교회 부흥의 주된 요인 가운데 하나라고 한다면, 한국교회 갱신의 열쇠도 여기에 있지 않나 생각합니다. 교회 본연의 자세를 잃고 무기력증에 빠진 교회가 다시 한번 금식기도에 주목해야 할 때입니다.

변질된 금식기도

원래 하나님께서는 이스라엘 백성에게 1년에 하루만 금식하도록 명하셨습니다. 그날이 바로 대속죄일로 이스라엘의 모든 죄를 대제사장이 짊어지고 1년에 한 차례씩 지성소로 들어가는 날입니다.

레위기 16장 31절에 "스스로 괴롭게 할지니", 곧 금식하라는 말씀이 나옵니다. 그 외에 하나님께서 금식을 명하신 적이 없습니다. 그런데 예수님 당시 바리새인들과 서기관들은 금식을 경건의 척도로 삼고 한 주일에 이틀씩, 곧 월요일과 목요일을 금식하며 보냈습니다. 자신들의 의를 사람들에게는 과시하고, 하나님께는 공로를 얻기 위한 수단으로 이용한 것입니다. 그 결과 '하나님을 향한 금식'이라는 본래 의미를 잃고 '외식하는 금식'이 되었습니다.

당시 월요일과 목요일은 예루살렘의 장날이었습니다. 따라서 주변 여러 촌락 사람들이 이곳으로 몰려왔습니다. 바리새인들은 이때를 틈타 자신들의 금식 현장을 노출시키고자 애썼습니다. 얼굴에 슬픈 기색을 하고 그것도 모자라 좀 더 창백하게 보이고자 횟가루를 발랐다는 말도 있습니다.

2천 년이 훨씬 지난 지금도 자기 자랑으로 금식하는 사람들을 종종 볼 수 있습니다. 어떤 교역자들은 40일 금식기도 횟수를 대단한 것인 양 경력에 포함시켜 전시 효과를 노리기도 합니다. 참 안타까운 이야기입니다. 이런 분들이 강단에 서면 본인이 예수님이 된 것처럼 사람들을 위압하고 영적인 폭력을 휘두릅니다. 마치 신령한 영권과 영감을 한 몸에 다 받은 것처럼 착각해 남을 정죄하기까지 합니다. 금식에는 이런 약점들이 있습니다.

특별한 은혜의 산실

예수님은 잘못된 금식기도를 경계하셨습니다. 할 필요도 없고 해서도 안 된다고 하셨습니다. "그들은 자기 상을 이미 받았느니라"(마 6:16). 이 말씀은 아무 효력이 없는 금식을 했다는 뜻입니다. 예수님이 말씀하시는 참된 금식은 오직 하나님만 아시도록 하는 금식입니다. "너는 금식할 때에 머리에 기름을 바르고 얼굴을 씻으라"(마 6:17). 우리가 바르게 금식기도를 하면 하나님께서 큰 은혜를 주시겠노라 약속하셨습니다. "은밀한 중에 보시는 너의 아버지께서 갚으시리라"(마 6:4). 기필코 상을 주시겠다는 말씀입니다.

성경이나 기독교 역사 그리고 주변 위대한 신앙인들을 보면 알 수 있듯이, 금식기도는 커다란 은혜의 보고나 다름없었습니다. 예수님은 40일 동안 금식한 후 사탄의 시험을 이기셨습니다. 안디옥교회 지도자들은 금식하며 기도한 결과 바울과 바나바를 선교사로 파송했습니다. 그러한 역사적인 결단이 있었기에 전 세계가 복음을 듣게 되는 새로운 장이 열렸습니다. 니느웨성의 왕과 백성, 심지어 짐승까지 금식하면서 하나님 앞에 회개한 결과 40일 앞으로 다가온 하나님의 진노에서 구원받는 기적이 일어났습니다.

민족 복음화의 비전을 가슴에 안고 40여 년 동안 불타는 심정으로 젊은이들에게 복음을 전한 김준곤 목사를 알 것입니다. C.C.C.를 결성해 이 땅에 그리스도의 계절이 오도록 혼신의 힘을 다한 분입니다. 그분은 지난 40년 동안 매일 아침을 금식했다고 합니다. 뿐만 아니라 크고 작은 사건이 있을 때마다 3일, 7일, 10일, 20일씩 금식했습니다. 이를 통해 새 힘을 얻고 기도 응답의 체험이 있었다고 고백했습니다.

그러므로 바르게만 금식하면 하나님께서 주시는 상급이 있습니다. 금식기도를 반드시 해야 하는 것은 아닙니다. 그렇다고 절대 하지 말아야 하는 것도 아닙니다. 성경은 어느 한 편을 강요하지 않습니다. 그럼에도 예수님의 말씀을 가만히 마음에 담고 묵상을 해보면 금식을 권장하는 뉘앙스가 느껴집니다. 예수님은 금식하지 말라고 하시지 않으셨습니다. 오히려 16절과 17절에서 "금식할 때에"라고 긍정적으로 말문을 여십니다. 금식하고 싶으면 하되 바르게 하라는 말씀입니다.

금식이란 어떠한 영적인 목적을 달성하기 위해서 먹지 않고 심지어 마시지도 않는 것을 말합니다. 유대인들은 다음과 같은 믿음을 가지고 금식했습니다. "마음대로 먹고 마시면서 하나님을 부르는 사람과 자신의 욕구를 절제하고 사생결단하면서 하나님을 부르는 사람은 그 진지함부터 다르다. 따라서 분명히 금식하는 사람의 기도를 하나님께서 더 귀담아들으실 것이다." 내가 식음을 전폐하고 기도하면 이것이 하나님의 특별한 관심을 불러일으키리라는 믿음입니다.

성경 어디에도 이런 내용을 지지하는 구절은 없으나, 금식을 해서라도 더 진지하고 거짓 없이 회개하고자 하는 것을 나쁘다고 말할 수는 없습니다. 사실 하나님 앞에 죄를 범하고 용서를 구하는 사람이 먹을 거 다 먹으면서 때우기 식의 회개를 한다면 그것은 진정한 회개라고 말하기 어렵습니다. 진실하게 통회자복하는 사람이라면 먹는 것도 삼가면서 눈물로 회개할 것입니다. 하나님께서 바로 그런 사람의 중심을 인정할 것이기에 금식기도를 멀리할 이유가 없습니다.

이스라엘 백성은 국가적 위기 앞에서 금식하며 기도했습니다. 이럴 때 금식하며 부르짖으면 하나님께서 그 위기를 극복하게 해주신다는 믿음이 있었습니다. 잘못된 것은 아니라고 생각합니다. 우리 가운데에서도 종종 금식기도가 필요한 분들이 있을 것입니다. 현실적으로 절박한 문제를 안고 밤낮없이 씨름하는 자, 영적으로 답답함을 느끼는 자, 더 큰 은혜를 사모하는 갈급함이 있는 자. 이런 사람들이 마주한 상황은 충분히 금식기도의 이유가 됩니다. 현실적으로 절박한 문제는 개인적인 위기, 가정의 위기, 국가적인 위기에 이르기까지 광범위하고 다양하게 나타납니다. 이럴 때 금식기도는 대단히 중요한 선택이라고 생각합니다.

예수님은 이와 같은 절박한 상황을 '신랑을 빼앗기는 날'이라고 표현하셨습니다. 어떤 사람이 예수님에게 와서 이렇게 트집을 잡았습니다. "세례 요한의 제자들도 금식하고 바리새인들도 금식하는데 왜 예수님의 제자들은 금식을 안 하고 자꾸 먹기만 합니까?" 그러자 예수님께서는 이렇게 대답하셨습니다. "잔칫집에서 신랑과 함께 있을 때 금식하는 사람이 천하에 어디 있느냐? 그러나 언젠가 신랑을 빼앗기는 날이 올 것이다. 그때는 금식할 것이다."

신랑과 신부가 결혼식을 올리는데, 갑자기 적군이 와서 동네를 쑥대밭으로 만들어놓고는 신랑까지 끌고 갔다고 합시다. 이런 상황에서 신랑을 잃어버린 신부에게 음식을 권하면 먹겠습니까? 하늘이 무너지는 절망감을 안고 하루, 이틀, 사흘 식음을 전폐한 채로 통곡할 것입니다. 바로 그런 날에 금식하리라는 말씀입니다.

금식할 때를 법으로 정해놓지는 않았습니다. 율법 조항처럼 강제성을 띠지도 않습니다. 다만 신랑을 빼앗기는 것과 같은 절망적인 날이 오면 누구나 자연스럽게 선택할 수 있는 기도 방법이라고 말씀하십니다.

신부가 신랑을 빼앗기는 날은 우리에게 어떤 날이겠습니까? 아무도 모르게 하나님의 자녀로서 용납할 수 없는 범죄에 빠졌습니까? 그렇다면 금식하면서 하나님께 매달릴 때 건져주십니다. 부부간에 심각한 문제로 갈등하면서 이혼을 생각하며 마지못해 살고 있습니까? 두 사람 모두 금식을 결단하고 하나님 앞에 나와서 기도해야 합니다.

부모의 통제를 벗어나 위험 수위에 놓인 자녀를 볼 때마다 가슴에 절망감이 몰려옵니까? 금식할 수 있는 좋은 계기가 마련되었음을 알아야 합니다.

살길이 막막하고 생활고가 점점 고통스럽게 다가옵니까? 만물을 창조하시고 온 세상을 소유하신 하나님 앞에 식음을 전폐하고 달려갈 필요가 있습니다. "하나님이 부자이신데 나는 왜 이 모양 이 꼴로 사는 겁니까? 좀 도와주세요." 충분히 그런 기도를 드릴 수 있습니다. 어떤 모양이든지 위기를 만나 절박한 상황에 처했다면 금식기도는 우리가 선택할 수 있는 좋은 기도의 방법입니다.

다윗왕이 한창 전성기를 맞아서 눈앞에 부러운 것이 하나도 없을 때였습니다. 사람은 정상에 있을 때 잘못될 가능성이 많습니다. 다윗 역시도 이렇듯 형통하던 시기에 남의 아내를 취하는 죄를 범했습니다. 게다가 그 남편이 마음에 걸리자 최전방으로 보내어 싸우다가 죽게 만들었습니다. 그렇게 간음죄에 이어 살인죄까지 범하고 말았습니다. 그는 왕이기에 앞서 하나님께 특별한 은총을 입은 사람이었기에 이렇게 행동해서는 안 되었습니다.

이윽고 그 불륜의 관계에서 아들이 한 명 태어났습니다. 하나님은 선지자를 보내서서 그의 죗값으로 아들을 치겠다고 말씀하셨습니다. 그런데 정말로 아이가 아프기 시작했습니다. 고열이 나서 울어대고, 잠을 못 이룬 채 나중에는 숨을 헐떡거리기까지 했습니다. 옆에서 이 모습을 지켜보는 아버지 다윗의 가슴은 찢어지듯 아팠을 것입니다. "죄는 내가 범했는데 왜 죄 없는 어린아이를 이렇게 치십니까? 저를 치십시오." 아이는 점점 더 아파만 가는데 하나님은 아무런 응답도 없으셨습니다.

이런 상황에서 먹고 마시는 것은 아무런 의미가 없습니다. 다윗은 방으로 들어가 문을 걸어 잠그고, 땅바닥에 엎드려 대성통곡하면서, 아이를 살려달라고 기도했습니다. 그러나 아이의 상태는 그대로였습니다. 다윗은 한 주를 꼬박 금식하면서 하나님께 매달렸습니다. 우리 생각에는 다윗을 봐서라도 하나님께서 아이를 살려주실 만도 한데 일주일 만에 그만 데려가셨습니다. 이처럼 금식기도가 하나님의 응답을 100퍼센트 보장하지는 않습니다. 그러나 응답을 주시지 않았을 때는 그에 못 지않은 놀라운 은혜를 베풀어주십니다.

다윗은 아이가 죽었다는 소식을 듣자마자 일어나 목욕하고 옷을 갈아입었습니다. 그러고는 성막에 들어가 하나님께 경배하고 집에 돌아와서는 음식을 먹었습니다. 신하들은 이러한 다윗의 행동을 의아해했습니다. "아이가 아플 때는 금식하고 우시더니, 도리어 아이가 죽자 음식을 잡수시고 슬픈 기색을 전부 씻어버리십니까?" 그러자 "아이가 살았을 때 내가 금식하고 운 것은 '혹시 여호와께서 나를 불쌍히 여기사 아이를 살려주시지 않을까?' 해서였는데 결국 하나님이 데려가시지 않았는가? 금식하고 통곡한다고 해서 아이가 살아날 것도 아니니 이제는 먹어야지"라고 말합니다(삼하 12:22-23).

금식기도의 위력

금식기도는 절박한 상황을 만났을 때 선택할 수 있는 중요한 기도입니다. '아, 나도 금식기도를 해야 되겠구나. 이렇게 평범하게 기도해서는 문제가 안 풀리겠구나' 하는 생각이 들면 시도하십시오. 영적으로 갈급해 간절히 은혜를 사모할 때 금식하면서 기도하십시오. 금식기도는 특정한 사람만 하는 기도가 아니라 우리 모두가 해야 할 기도입니다.

우리는 국가적으로 대단히 절박한 상황에 놓여 있습니다. 정치는 점점 불안해지고, 남북관계는 불투명해지며, 경제는 휘청거리고 있습니다. 뿐만 아니라 공교육은 무너지고, 성적 타락은 더욱 만연해져 청소년들이 방황하고 있습니다. 이 땅의 교회 역시 제구실을 하지 못하고 우왕좌왕하는 것을 봅니다. 이럴 때 하나님 앞에 먹고 마시는 일을 잠시 접어두고 합심하여 기도해야 합니다.

미국 역사상 가장 커다란 위기는 19세기 남북전쟁 때였습니다. 당시 미국의 아브라함 링컨 대통령은 난국을 타개하고자 국가적으로 금식일을 선포했습니다. 그리고 국민 앞에서 다음과 같이 연설했습니다.

"이 나라를 황폐화시킨 남북전쟁의 끔찍한 재난이 바로 우리가 행한 죄악 때문에 하나님께서 내리시는 징벌일 수도 있다는 사실에 두려워해야 하지 않겠습니까? 우리는 그동안 엄청난 복을 누렸고 오랫동안 평화와 번영을 구가하며 살았습니다. 그런데도 우리는 하나님을 잊었습니다. 무너지지 않는 성공에 취한 나머지 자만심에 빠졌습니다. 그 결과 우리를 구속하시고 보존하시는 은혜의 필요성을 망각하고, 우리를 지으신 하나님께 기도하지 않았습니다. 이제 하나님의 권능 앞에 우리 자신을 겸손히 낮추고, 이 나라의 죄악을 자백하며, 그분의 자비와 용서를 간구하는 것이 우리의 의무라고 생각합니다. 그러므로 이제 나는 상원의 요청에 따라 그리고 상원의 견해에 전적으로 공감하여 1863년 4월 30일 목요일을 따로 지정해 국가적 겸손과 금식과 기도의 날로 선포합니다."

하나님께서 그 기도를 들으셨기에, 열세에 몰려 있던 북군이 승리를 거두고 노예해방이라는 위대한 과업을 이룰 수 있었습니다. 오늘날 미국이 세계를 이끄는 초강대국으로 발돋움하기까지는 하나님의 도우심을 간과할 수 없습니다. 우리나라도 이러한 어려운 때에 서로를 탓하기보다 먼저 하나님 앞에 엎드려야 한다고 생각합니다.

영국이 낳은 복음주의 설교가 아더 윌리스는 금식기도와 관련해 다음과 같은 말을 남겼습니다. "우리가 순수한 마음과 올바른 동기로 금식기도를 한다면, 잠긴 문을 여는 유일한 열쇠가 될 수 있다." 이 말은 우리에게 굉장한 의미를 던져주고 있습니다.

궁극적인 관심

설교를 준비하면서 인터넷에서 '식도락' 관련 정보를 검색해보았습니다. 예상했던 대로 수많은 자료들이 올라와 있었습니다. 전국 곳곳에 있는 유명 음식점과 건강식 이야기가 사이트 전면을 장식하고 있었는데, 어떤 사이트는 방문객이 무려 21만 명에 달했습니다.

사람들은 그저 먹고 마시고 즐기는 일, 건강하게 오래 사는 일에 온통 신경을 쏟고 있습니다. 물론 하나님께서 주셨기에 먹고 마실 수 있는 것은 복이지만 그 자체에 매여서는 안 됩니다. 건강이 우상이 되어서는 안 됩니다.

예수님을 믿는 사람들 역시 자기 절제와 부인 그리고 기도와 말씀과 순종에 너무나 적게 투자합니다. 따라서 겉 사람과 달리 속사람은 점점 여위고 초췌해집니다. 영적인 위기가 아닐 수 없습니다. 다시금 영적인 갈급함을 회복해야 합니다. "하나님 제가 이러면 되겠습니까? 영혼 다음으로 육신이 잘되어야지, 영혼은 건강하지 못하면서 육신의 건강만을 추구한다면 이는 옳지 않습니다." 이럴 때 마음 깊은 데에서 금식기도를 하고 싶은 생각이 든다면 그것이 바로 성령의 음성입니다.

그러나 금식한다고 하나님께서 갑자기 내게 그분의 말씀을 큰 소리로 들려주시는 것은 아닙니다. 다만 우리의 영혼이 맑아지고 예민해지면서 하나님의 소리가 크게 들립니다.

영적인 도약을 위해

안이숙 사모님은 30대 초반 미혼 시절에 신사참배를 거부하다가 결국에는 쫓기는 몸이 되었습니다. 그 일로 형무소에 끌려가 사형당할 위기에 처하기도 했습니다. 피신 생활을 하던 어느 날 이런 생각을 했답니다. "내가 앞으로 주님을 위해 죽을 텐데, 그러기 위해서는 예수님을 좀 더 알아야겠어. 예수님께 확 반해야 내가 예수님을 위해 죽지. 예수님의 사랑이 얼마나 놀랍고 황홀하고 행복한가를 흠뻑 젖도록 알아야, 내가 주님을 위해 죽어도 기분 좋게 죽지. 지금 상태를 가지고는 좀 어렵겠다. 내가 은혜를 좀 더 받아야 되겠어."

그러고는 자기도 모르게 금식을 시작했답니다. 조그만 체구에 저혈압인 그녀가 3일 작정으로 금식을 시작했는데, 3일째 되는 날은 죽는 줄 알았다고 합니다. 온몸이 불덩이같이 되고 경련이 일어나면서 거의 미칠 지경이었답니다. 그런데도 죽을 각오로 계속 금식하고 기도했더니 하나님께서 놀라운 은혜를 주셨습니다. 그녀의 글을 그대로 옮겨봅니다.

"금식이 끝나자 얼마나 놀라운 힘이 나면서 믿음이 굳어지고 성경 말씀이 더 깊이 깨달아졌는지 모릅니다. 하나님 나라에 대한 나의 소망도 십자가에 대한 나의 감격도 더욱더 깊어가고, 은혜는 날로 더 충만해지기만 했습니다." 그런 다음에는 7일, 10일 금식을 예사로 했다고 합니다. 그리고 금식기도를 통해 받은 풍성한 은혜를 가슴에 안고 형무소로 들어가 6년에 이르는 형극의 고통을 이겨냈습니다.

신앙생활을 하면서 이러면 안 되겠다는 고민이 있습니까? 성경을 봐도 도무지 눈에 들어오지 않습니까? 예배가 지루합니까? 예수님은 믿는데 마음에 기쁨과 감사가 없어 날마다 짜증이 납니까? 이것은 영적인 빈혈을 알리는 증세입니다.

이럴 때 은혜를 사모하기 위해서 한두 끼 금식하면서 하나님 앞에 엎드려 깊이 말씀을 묵상해보십시오. 먹는 것과는 비교도 안 되는 놀라운 은혜를 주실 것입니다. "금식기도는 필요하다. 하나님이 하라, 하지 말라 명령하는 것은 아니지만 필요하다"라는 사실을 인식하고, 각자 이 사실을 적용하면서 아름다운 은혜를 경험하길 바랍니다.

참된 금식은
오직 하나님만 아시도록 하는 금식이다.
바르게 금식하면
반드시 하나님께서 은혜를 주신다.

절박한 위기를 만났을 때
금식기도는 우리가 선택할 수 있는
좋은 기도 방법이다.
영적으로 갈급하여 간절히 은혜를 사모할 때
금식하면서 기도하라.

금식한다고 해서
하나님께서 갑자기 큰 소리로
말씀하시는 것은 아니지만
우리 영혼이 맑아지고 예민해져
하나님의 소리를 크게 들을 수 있다.

기억하자.
금식기도는 특정한 사람만 하는 기도가 아니라
우리 모두가 해야 할 기도다.

25

누가 보물을 하늘에 쌓을 수 있는가

마태복음 6장 19-24절

19 너희를 위하여 보물을 땅에 쌓아두지 말라 거기는 좀과 동록이 해하며 도둑이 구멍을 뚫고 도둑질하느니라 20 오직 너희를 위하여 보물을 하늘에 쌓아두라 거기는 좀이나 동록이 해하지 못하며 도둑이 구멍을 뚫지도 못하고 도둑질도 못하느니라 21 네 보물 있는 그곳에는 네 마음도 있느니라 22 눈은 몸의 등불이니 그러므로 네 눈이 성하면 온몸이 밝을 것이요 23 눈이 나쁘면 온몸이 어두울 것이니 그러므로 네게 있는 빛이 어두우면 그 어둠이 얼마나 더하겠느냐 24 한 사람이 두 주인을 섬기지 못할 것이니 혹 이를 미워하고 저를 사랑하거나 혹 이를 중히 여기고 저를 경히 여김이라 너희가 하나님과 재물을 겸하여 섬기지 못하느니라

세상 어떤 사람도 돈과 인연을 끊고 살 수는 없습니다. 인간의 희로애락이나 오욕칠정(五慾七情)은 대부분 돈 때문에 발생합니다. 수많은 사람이 돈 때문에 울고 웃습니다. 신학자 자크 엘륄(Jacque Ellul)도 동일한 입장을 피력하고 있습니다. "돈은 어느 누구도 피하려야 피할 수 없는 현실이다." 즉, 돈에 대해서 남의 이야기처럼 말하거나 모른 체하고 지나갈 수 없다는 의미입니다. 또 "누구든지 자기 삶과 신앙을 말하려면 돈 앞에 서야 된다"라는 의미심장한 말을 던졌습니다. 한마디로 돈은 그 사람의 삶과 인격, 신앙을 드러내는 일종의 시험대 역할을 한다고 볼 수 있습니다.

우리는 자본주의 유물론과 공산주의 유물론으로 대표되는 물질주의의 시대에 살고 있습니다. 존 화이트(John White)의 견해를 그대로 빌리자면, 공산주의 유물론은 돈만을 유일한 존재로 그리고 자본주의 유물론은 돈만을 중요한 것으로 주장한다고 합니다. 결국 표현상 차이만 있을 뿐 그 저변에 물질주의를 배경으로 한다는 점에서는 동일하다고 할 수 있습니다.

따라서 사람들은 돈을 더 많이 가지고자 끝없는 탐욕 속으로 걸어 들어갑니다. 돈만이 그들의 인생을 행복하게 만들어주는 수단이요, 힘을 과시하는 높은 깃발이요, 안전을 지켜주는 확실한 방패막이라고 생각합니다. 더 나아가 생명과 건강을 보장해줄 수 있는 절대적인 존재라고 확신합니다.

돈의 위력

돈에 대한 이처럼 잘못된 이상론은 돈의 횡포를 부추기는 결과를 낳았습니다. 급기야 돈이 인간을 지배하는 폭군의 자리에 서게 되었고 그 세력 앞에 국가도 무릎을 꿇고 말았습니다. 돈의 위세 앞에서는 법도 제 기능을 발휘하지 못하고, 심지어는 교회마저도 쩔쩔매는 비참한 현실이 되어버렸습니다.

언제부턴가 돈은 경제적인 가치나 화폐 수단에 머무르지 않고 다양한 영역으로 월권을 행사하기 시작했습니다. 돈은 우리의 정신은 물론이고 가치관까지 조작해버립니다. 심지어 우리의 전인격을 파괴할 수도 있고, 이 세계의 도덕성마저 전멸시킬 수 있는 가공할 세력으로 우리 앞에 우뚝 서 있습니다.

이러한 돈의 위력에 대해 칼 마르크스(Marx, Karl Heinrich)는 매우 그럴듯한 말을 했습니다. "나는 못생긴 사람이지만 세상에서 가장 아름다운 여인을 돈으로 살 수 있다. 그러므로 나는 못생긴 사람이 아니다." 돈만 있으면 생김새나 그 외에 어떤 것도 문제되지 않고 원하는 것은 다 손에 쥘 수 있다는 말입니다. 또한 "돈은 최고의 선이다"라는 그의 말을 통해서 공산주의 사상의 뿌리를 발견할 수 있습니다. 인간이 동경하는 모든 것을 돈으로 채울 수 있다는 의미입니다.

이어서 그는 "흐르는 돈은 인간 내면의 저수지에서 결코 넘치는 일이 없다"라는 의미심장한 말을 던졌습니다. 돈을 더 가지려는 탐욕은 아무리 채워도 만족할 줄 모른다는 말입니다. 따라서 역사상 "하나님이란 무엇인가? 돈이 하나님이다"라는 유물사상이 전 세계 인구의 절반 이상을 잠식할 정도로 무서운 흡인력을 가지고 역사의 한 부분을 횡단한 것입니다.

주인 없는 세상 창고

예수님은 인간과 돈의 이같이 밀접한 관계를 이미 꿰뚫고 계셨습니다. 주님은 돈을 가리켜 처음에는 보물로 언급하시다가(마 6:19-21), 나중에는 재물 곧 맘몬이라고 하는 돈신(神)으로 바꾸어 말씀하십니다(마 6:24). 결국 예수님이 보물이라고 하실 때는 돈을 가리키는 것입니다.

또한 돈을 갖고 싶고, 쌓아두고 싶고, 거기에 기대고 싶은 인간의 복합적인 욕망을 주님은 간파하고 계셨습니다. 그래서 "보물을 땅에 쌓아두지 말라"(마 6:19)고 말씀하십니다. 돈을 모으지 말라는 것이 아니고 쌓지 말라는 말씀입니다. 이렇듯 돈을 향한 인간의 강한 욕망에 주님은 반기를 드셨습니다.

물론 돈과 사람의 마음 사이에 얽힌 긴밀한 관계를 주님은 인정하셨습니다. 그래서 "네 보물 있는 그곳에는 네 마음도 있느니라"(마 6:21)라고 말씀하십니다. 뿐만 아니라 자칫 하나님 대신 돈을 경배할 수 있는 인간의 연약함을 인정하셨습니다. 그래서 "하나님과 재물을 겸하여 섬기지 못하느니라"(마 6:24)라고 말씀하십니다. 하나님과 돈에서 섬길 대상을 하나만 선택하라는 말입니다.

그러고는 우리의 마음을 다 줄 만큼 그토록 소중한 보물이라면 안전한 곳에 쌓아두라고 제안하십니다. "땅에 쌓지 말라. 거기는 허술하다. 하늘에 쌓아라." 땅에 쌓아두면 금방 없어질 수 있지만, 하늘에 쌓아두면 영원히 안전하다는 의미입니다.

옛날에는 재산이라고 하면 값진 의복들, 곳간에 쌓아둔 곡식, 목장에 있는 가축들을 포함시켜 이해했습니다. 그래서 주님은 돈을 말씀하실 때 다양한 예를 가지고 설명하셨습니다. "곡식을 아무리 곳간에 쌓아두어도 쥐가 와서 먹거나, 썩어버리거나, 도둑맞으면 없어지기 마련이다. 그리고 아무리 고급 옷을 입으며 산다 해도 좀이 먹어서 해지면 결국 아무런 쓸모가 없다." 이렇듯 세상에 쌓아놓는 보물은 영원하지 않습니다.

오늘날에도 마찬가지입니다. 주변을 둘러보면 돈을 맡겨도 될 만한 안전한 곳을 찾지 못해 초조해하는 사람이 많습니다. 가령 금리 하락, 주가 폭락, 물가 상승, 환율 상승, 부동산 경기 침체 등의 요인들은 얼마든지 돈의 가치를 떨어뜨릴 수 있습니다. 또한 벤처기업에 투자하거나 정권을 쥔 사람에게 미움을 사서 한순간에 전 재산을 날리기도 합니다. 심지어 온 가족이 여행하다가 사고로 모두 목숨을 잃는 바람에 돈이 주인을 찾지 못해 결국 국고에 환수되는 경우도 있습니다. 이렇듯 세상의 창고는 보관의 위험성을 피할 수가 없습니다.

시편 39편 6절에서 다윗이 한 고백대로 각 사람이 재물을 쌓기는 하지만 땅에 쌓기 때문에 나중에 누가 거둘지 알 수 없는 것이 현실입니다. 힘겹게 벌어서 쌓아놓아도 나중에는 남 좋은 일로 돌아갈 수 있다는 말입니다. 이것만큼 커다란 모순은 어디에도 없습니다.

보물을 하늘에 쌓으려면

그런데도 사람들은 여전히 이 땅에 재물을 쌓는 일에 집착합니다. 하늘에 쌓으라는 예수님의 말씀에는 꿈쩍도 하지 않습니다. "오직 너희를 위하여 보물을 하늘에 쌓아두라 거기는 좀이나 동록이 해하지 못하며 도둑이 구멍을 뚫지도 못하고 도둑질도 못하느니라 네 보물 있는 그 곳에는 네 마음도 있느니라"(마 6:20-21)라고 주님은 말씀하십니다.

하나님께서 돈에 욕심이 있어서 하늘 곳간에 쌓으라는 것이 아닙니다. '너희를 위하여', 즉 우리 자신을 위해 쌓으라는 말씀입니다. 게다가 하늘 곳간은 안전할 뿐만 아니라 우리 마음을 하늘에 둘 수 있어 더더욱 좋습니다.

그런데 예수님께서 보물을 하늘에 쌓으라고 하시다가 갑자기 "눈은 몸의 등불이니 그러므로 네 눈이 성하면 온몸이 밝을 것이요 눈이 나쁘면 온몸이 어두울 것이니 그러므로 네게 있는 빛이 어두우면 그 어둠이 얼마나 더하겠느냐"(마 6:22-23)라고 눈 이야기를 하십니다. 이 말은 사람의 눈을 어둡게 하는 돈의 특성상, 이를 가까이 하면 얼마든지 돈에 눈이 멀 수 있다는 경고입니다.

따라서 하늘에 보물을 쌓고자 하는 사람은 돈 때문에 눈이 흐려지거나 어두워져서는 안 됩니다. 눈이 흐려지면 영혼의 눈마저 어두워져 하나님과 돈을 혼동하게 되기 때문에 보물을 하늘에 쌓을 수 없습니다. 게다가 단순한 착시현상으로 그치지 않고, 하나님을 대신해 돈을 경배하며 사랑하다 못해 결국 돈의 노예로 전락하고 맙니다.

본문 24절 말씀처럼 사람은 절대로 두 주인을 섬길 수 없습니다. 한 사람을 향해서는 온전한 충성이 가능하겠지만 두 사람에게 동일하게 충성하기는 무리입니다. 그럼에도 사람들은 돈과 하나님을 똑같이 사랑할 수 있다고 말합니다. 하나님의 경고에도 아랑곳하지 않고 우리는 하나님과 돈을 동시에 움켜쥐려는 어리석음을 범하고 있습니다. 눈이 어두워졌기 때문에 벌어지는 현상들입니다.

사람에게 가장 큰 비극은 돈이 하나님으로 보이는 것입니다. 더욱이 그리스도인에게 이 같은 현상이 벌어진다면 그것은 영적으로 최악의 상태에 빠져 있음을 의미합니다. 대상을 막론하고 돈은 사람들 사이에서 '사이비 하나님'으로 군림하면서, 돈이 모든 문제의 해결책이라는 신앙고백을 얻어내고 있습니다. 뿐만 아니라 돈은 거룩한 하나님처럼 행세합니다. 그래서 돈에 관해서는 아무 곳에서나 함부로 말하지 못합니다. 돈 문제를 거론할 때 장난처럼 말하지도 못합니다. 어느 자리에서든지 다른 이야기를 하다가도 돈 이야기만 나오면 갑자기 숙연해집니다. 자녀들 옆에서 부모가 이런 저런 이야기를 나누다가도 막상 돈 이야기를 해야 될 때는 조용히 안방으로 들어가서 은밀하게 나눕니다. 왜 그렇습니까? 그만큼 돈이 거룩하다는 이야기입니다. 돈 이야기는 함부로 해서는 안 되기 때문입니다.

그러므로 우리는 하나님이든 돈이든 둘 중 하나를 선택해야 합니다. 하나님을 섬기지 않는다면 돈을 섬기는 사람입니다. '중간 지대'도 없고 '적당히'도 없습니다. 과연 나의 하나님은 누구인지 스스로 물어보십시오. 그리고 정확하게 양심적으로 대답해보십시오.

안전한 하늘에 보물을 쌓고 싶다면 먼저 마음의 눈이 어두워지지 않도록 주의해야 하고, 하나님의 말씀으로 항상 내 눈에 쓴 안경을 닦아야 하며, 기도의 눈물로 항상 내 눈을 씻어야 합니다.

신앙을 평가하는 잣대

무엇보다도 헌금 생활을 바르게 해야 합니다. 헌금은 하나님이 주신 귀한 재물 가운데에서 일부를 소중하게 구별해 하나님께 드리는 것을 말합니다. 재물을 주신 이가 하나님이고 모든 것의 주인도 하나님이지만, 그분께서 우리의 필요를 아시고 주셨기에 각자의 분복대로 사용하면 됩니다. 그리고 그중 일부를 하나님께 감사하기 위해, 하나님의 영광을 위해 하나님의 제단 앞에 드리는 것입니다. "하나님, 나의 보물을 드립니다. 이 보물을 하나님께서 거룩하고 향기로운 제물로 받으시고, 하나님이 먼저 받으신 다음 복음을 위해 사용해주십시오. 그리고 가난한 이웃을 위해, 주님이 기뻐하시는 선한 일을 위해, 교회의 거룩한 사역을 위해 사용해주십시오." 이렇게 기도하며 드리는 것이 헌금입니다.

헌금은 신앙생활에서 필수 요소입니다. 어떤 면에서는 헌금만큼 그 사람의 인격과 신앙을 정확하게 평가하는 것도 없습니다. 몇 마디 말이나 교회 봉사 그리고 기도를 통해 얼마만큼 그 사람의 진가를 평가할 수 있겠습니까? 겉보기는 좋아 보여도 확실한 평가를 내리기는 어렵습니다.

그러나 한 가지 분명한 기준이 있습니다. 바로 헌금 앞에 서는 것입니다. 헌금은 우리를 시험대에 올려놓습니다. 헌금하는 것을 보면 그 사람의 신앙 수준과 질을 파악할 수 있습니다. 그래서 어떤 사람은 헌금이야말로 우리가 어떤 신앙을 가진 사람인가를 수학적으로 명확하게 밝혀준다고 말했습니다.

개인뿐만 아니라 교회도 마찬가지입니다. 헌금을 보면 그 교회의 질적인 수준과 영적인 파워를 평가할 수 있습니다. 주변을 둘러보면 은혜받은 대로 헌금하는 자들에게 하나님께서 복을 주시는 것을 얼마든지 볼 수 있습니다. 진실한 마음으로 자신의 보물을 주의 제단에 올려놓기 때문에 낭비될 부분까지라도 막아주시는 것입니다. 그들은 비록 큰 부자는 아니지만 행복한 생활을 꾸려나가고 있습니다. 반면에 형편이 넉넉하고 믿음도 좋아 보이는데 헌금에서만은 인색한 사람들이 있습니다. 이런 자들의 마음에는 돈이 하나님으로 자리 잡고 있기 때문에 거듭날 필요가 있습니다. 겉모습만 보고 믿음을 신뢰할 수 없는 것입니다.

예수님과 어느 부자 청년의 대화를 소개하겠습니다. 한 청년이 와서 예수님께 물었습니다. "내가 어떻게 하면 구원을 얻을 수 있겠습니까?" 그 청년은 분명히 구원에 관심이 있었지만, 문제는 그가 하나님이 아닌 돈이라는 우상에 치우쳐 있었다는 점입니다. 한마디로 그는 재산 문제를 해결하지 않으면 구원받을 수 없는 사람이었습니다. 예수님은 돈과 하나님 중 양자택일을 요청하셨습니다. "예수께서 이르시되 네가 온전하고자 할진대 가서 네 소유를 팔아 가난한 자들에게 주라 그리하면 하늘에서 보화가 네게 있으리라 그리고 와서 나를 따르라 하시니"(마 19:21). 풀어서 말하면 이런 뜻입니다. "재산을 다 팔아 가난한 자에게 주어라. 완전히 포기하고 나서야 나의 제자가 될 수 있다. 그러면 너는 구원을 얻을 것이다."

그러나 청년은 결국 돈을 택했습니다. 그에게는 돈이 우상이었기 때문입니다. 슬픈 얼굴을 하고 집으로 돌아가는 그를 보며 주님은 유명한 말씀을 하셨습니다. "내가 진정으로 너희에게 말한다. 부자는 하늘나라에 들어가기가 어렵다. 내가 다시 너희에게 말한다. 부자가 하나님 나라에 들어가는 것보다 낙타가 바늘귀로 지나가는 것이 더 쉽다"(마 19:23-24, 새번역).

마찬가지로 신앙생활을 한다고 하면서 재산을 쌓아놓고 헌금에는 너무 인색하다면 주님께서 우리에게도 양자택일을 요구하실 것입니다. 그때 무엇을 택하겠습니까? 만약 그 문제를 해결하지 않은 채 적당히 예배당에만 출입한다면 하나님 나라에 들어갈 수 있다고 누구도 장담할 수 없습니다. 그러므로 하나님을 선택한 자답게 헌금 생활에도 충실해야 합니다.

공포의 10미터 점프대

많은 사람이 헌금 중에서 십일조에 가장 어려움을 느낍니다. 십일조는 믿음이 있을 때만 가능한 헌금이기 때문입니다. 가령 10만 원에서 1만 원을 떼는 것은 가능할지 모르지만 1,000만 원에서 100만 원을 떼어 기꺼이 십일조로 드리려면 그만한 믿음이 필요합니다. 그래서 부자의 경우 십일조를 드리기가 더욱 힘듭니다.

군인들 가운데 낙하산을 타는 특전 대원이 있습니다. 보기에는 낭만적일지 몰라도 막상 비행기에서 낙하산을 타고 몸을 던지기란 생각만큼 쉽지 않습니다. 그렇게 숙련되기까지는 피눈물 나는 훈련을 해야 합니다.

그런데 그들은 사람이 가장 공포를 느끼는 11미터 높이에서 뛰어내리기 위해 10미터 높이 점프대 위에서 훈련을 합니다. 그 위에 서면 눈높이까지 11미터가 되는데 거기에서 두려움을 느끼지 않고 뛰어내릴 정도가 되면, 다음에는 비행기에서도 뛰어내릴 수 있습니다. 사실 11미터만 통과하면 그 이상의 높이가 주는 두려움에서는 자유로워질 수 있기 때문에 어디에서든지 뛰어내릴 수 있습니다.

어느 목사가 이 10미터 점프대에 십일조를 빗대어 재미있는 이야기를 했습니다. 즉, 십일조란 성도들이 돈에 가장 공포를 느끼는 10미터 점프대라는 것입니다. 십일조에서 겁 없이 뛰어내릴 수만 있다면 앞으로 어떤 헌금에도 자유로울 수 있습니다. 얼마든지 하나님께 드릴 수 있고 하나님 나라에 쌓아놓을 수 있습니다. 헌금 앞에, 돈 앞에 자신을 세우고 하나님께 자신이 누구인지를 물어보십시오.

그러나 여기에서 하늘에 쌓는 것이 꼭 헌금만을 의미하는 것은 아닙니다. 하나님 앞에 기도하면서 선교사나 가난한 이웃을 위해 돈을 사용하고, 하나님의 영광을 위한 목적으로 자녀를 훌륭한 인재로 양성하고자 돈을 사용하는 것도 하늘에 쌓는 것입니다. 그리고 예수 믿는 가정으로 사람들에게 존경을 받고 인간답게 살기 위해 살림을 꾸리는 데 돈을 사용하는 것도 하늘나라에 쌓는 것입니다.

하늘에 쌓는 사람들

애덤 킹(Adam King)이라는 소년이 프로야구 개막전에 와서 시구(始球)를 한 적이 있었습니다. 애덤은 티타늄 재질의 인조 다리를 끌고 기우뚱거리며 티 없이 맑고 명랑한 모습으로 시구를 했습니다. 그를 입양한 아버지는 1년에 8, 9만 달러의 고소득을 올리는 컴퓨터 기능사였는데, 이미 아홉 명이나 되는 장애아와 자폐아를 입양해서 친자식처럼 키우고 있다고 합니다. 부부끼리 둘이서 얼마든지 행복한 생활을 누릴 수도 있었지만 버려진 장애아와 고아들을 입양해 그들을 신앙으로 건실하게 키워갑니다. 이것이 바로 하늘나라에 가장 귀한 보물을 쌓는 일입니다.

최근 주식회사 영성의 회장인 이정재 장로는 현금과 부동산을 포함하여 800억 원이 넘는 재산 전부를 결핵 환자들을 위해 기증했습니다. 그는 지난 40년 동안 7만 명이 넘는 결핵 환자들을 섬기면서 살아왔습니다. 그리고 이제 인생을 마무리할 나이에 이르자 좀 더 하나님 나라에 쌓기 위해서 자신의 소유 전부를 '사랑의 보금자리'라고 하는 복지재단에 기증했습니다.

성령의 사람은 자기가 보물을 하늘에 쌓고 사는 사람인지 땅에 쌓고 사는 사람인지 스스로 대답할 수 있어야 합니다. 세상과 즐기는 데는 아까운 줄 모르고 돈을 쓰면서도 헌금에는 소홀하다면 하늘에 쌓는다고 말할 수 없습니다. 십일조를 내지 않고 자기 욕심대로 돈 모으는 데만 혈안이 된 사람은 하늘에 쌓는 사람이 아닙니다. 울고 있는 가난한 이웃을 외면한 채 자기 자식과 가정의 안락한 삶을 위해 돈을 투자하는 사람은 아무리 새벽기도에 나와서 기도를 많이 해도 하늘에 보물을 쌓는 사람이 아닙니다.

거룩한 재물의 청지기

우리는 돈을 하나님으로 섬기는 자들의 최후를 보아왔습니다. 돈을 사랑하면 사랑할수록 얼마나 비참해지는지, 돈 때문에 향락을 누리면 누릴수록 얼마나 비극적인 인간이 되는지를 너무도 잘 알고 있습니다. 그러나 자신의 보물을 하나님께 드리는 사람은 하나님을 섬기면 섬길수록 행복합니다. 하나님을 사랑하면 사랑할수록 돈으로는 살 수 없는 하늘의 복이 개인의 심령과 가정에 가득 찹니다. 그래서 주님은 너희 보물을 하늘에 쌓으라고 말씀하시는 것입니다.

우리는 하나님께 재물을 받았습니다. 그 모두를 포기하라고 받은 것은 아닙니다. 우리는 받은 것만큼 돈을 쓸 책임이 있습니다. 그러나 더 중요한 것은 받은 것을 바르게 사용할 수 있도록 부름받은 소명자라는 사실입니다. 그런 의미에서 우리의 영성은 심령만 거룩해서는 안 되고 소유한 돈도 거룩해야 합니다. 하나님 앞에 내 몸을 드렸다면 내가 갖고 있는 보물도 하나님 앞에 드려야 합니다. 하나님 앞에 나와서 드리는 시간이 거룩하다면 내가 하나님 앞에 드리는 보물도 거룩해야 합니다.

이런 의미에서 영적인 것과 물질적인 것은 별개가 아니라 동일하게 거룩하고 영적인 것입니다. 하나님께서는 돈을 하나님으로 섬기는 세상 한가운데에서 우리를 택하셔서 오직 하나님만을 섬기는 특권을 주셨고, 우리가 거룩한 교회를 이루어서 영원히 그분의 이름을 찬양하도록 하셨습니다. 그러므로 우리는 삶을 통해 진정한 보물은 하늘에 쌓는 것임을 세상 사람들에게 보여주어야 합니다. 하나님이 주시는 대로 우리의 귀한 보물을 하나님 나라를 위해 쌓아야 합니다. 이것이 하나님께서 기뻐하시는 삶이요, 영원히 남는 삶입니다.

성령의 사람은 자기가 보물을
하늘에 쌓고 사는 사람인지
땅에 쌓고 사는 사람인지
스스로 대답할 수 있어야 한다.

그 누구도 하나님과 돈을
겸하여 섬기지 못한다.
하나님과 돈을 동시에 움켜쥐는
어리석음을 버려라.
세상에서 가장 큰 비극은
돈이 하나님으로 보이는 것이다.

돈이 모든 문제의 해결책이라는
헛된 신앙에서 벗어나라.
마음을 다 줄 만큼 소중한 보물이라면
헛되이 세상 창고에 쌓지 말고 하늘에 쌓아라.

하늘 창고를 채우기 원한다면,
마음의 눈이 어두워지지 않도록 주의하고
말씀과 기도로 눈을 늘 청결히 하라.

우리는 하나님의 청지기다.
우리는 우리의 삶을 통해
진정한 보물은 하늘에 쌓는 것임을
세상 사람들에게 보여주어야 한다.

26

염려를 믿음으로 묶어라

마태복음 6장 25-34절

25 그러므로 내가 너희에게 이르노니 목숨을 위하여 무엇을 먹을까 무엇을 마실까 몸을 위하여 무엇을 입을까 염려하지 말라 목숨이 음식보다 중하지 아니하며 몸이 의복보다 중하지 아니하냐 26 공중의 새를 보라 심지도 않고 거두지도 않고 창고에 모아들이지도 아니하되 너희 하늘 아버지께서 기르시나니 너희는 이것들보다 귀하지 아니하냐 27 너희 중에 누가 염려함으로 그 키를 한 자라도 더할 수 있겠느냐 28 또 너희가 어찌 의복을 위하여 염려하느냐 들의 백합화가 어떻게 자라는가 생각하여 보라 수고도 아니하고 길쌈도 아니하느니라 29 그러나 내가 너희에게 말하노니 솔로몬의 모든 영광으로도 입은 것이 이 꽃 하나만 같지 못하였느니라 30 오늘 있다가 내일 아궁이에 던져지는 들풀도 하나님이 이렇게 입히시거든 하물며 너희일까 보냐 믿음이 작은 자들아 31 그러므로 염려하여 이르기를 무엇을 먹을까 무엇을 마실까 무엇을 입을까 하지 말라 32 이는 다 이방인들이 구하는 것이라 너희 하늘 아버지께서 이 모든 것이 너희에게 있어야 할 줄을 아시느니라 33 그런즉 너희는 먼저 그의 나라와 그의 의를 구하라 그리하면 이 모든 것을 너희에게 더하시리라 34 그러므로 내일 일을 위하여 염려하지 말라 내일 일은 내일이 염려할 것이요 한날의 괴로움은 그날로 족하니라

우리 주변을 돌아보면 염려 없이 하루를 살아가는 사람은 아무도 없습니다. 한 조사에 의하면 우리나라 사람들 가운데 절반가량이 내일을 염려하고, 노후를 불안해하며 살아간다고 합니다. 그러나 이와 같은 자료는 피상적인 것이라고 생각합니다. 국민의 절반 정도만 염려하며 사는 것은 분명 아닐 듯합니다. 사람들의 삶을 들여다보면 열이면 열 모두가 염려를 하면서 한생을 살고 있습니다. 염려가 없는 인생을 살아가는 사람은 없다고 해도 지나친 말이 아닙니다.

그런데 사람들은 무엇을 염려하며 살아갑니까? 사람마다 염려하는 내용이 조금씩 차이가 있기는 하지만 그 뿌리를 찾아보면 예수님께서 말씀을 통해 지적하신 것이 진리임을 알 수 있습니다. "목숨을 위하여", 즉 생명의 안전과 건강, 이것이 우리모두의 염려의 뿌리요, 중심입니다. 그래서 주님이 목숨과 몸을 특별히 염려하십니다.

사람마다 정도의 차이가 날 수 있습니다. 어떤 사람은 염려하는 강도가 높고, 어떤 사람은 약합니다. 그래서 심하게 염려를 하는 사람도 있지만, 어떤 사람은 염려를 하는지 안 하는지 잘 나타나지는 않으나 은근히 마음속 밑바닥에 염려의 고통을 안고 살기도 합니다.

지금도 우리가 사는 현실을 보면 이 염려라는 것이 폭군처럼 우리를 괴롭힐 수 있음을 부인할 수 없습니다. 한때 60퍼센트 이상 되던 중산층이 지난 3, 4년 사이에 전부 무너졌습니다. 부유층 가족의 한 끼 외식 비용에 불과한 돈으로 온 식구가 한 달을 살아야 하는 저소득층이 점점 더 늘어갑니다. 체감 물가는 한 해 사이에 두 자리 숫자로 뛰어오르고, 사교육비는 점점 더 늘어나서 하늘 높은 줄 모르고 치솟습니다. 자녀 한 명 교육시키는 데 1년 사교육비가 평균 133만 원이 든다는 보도도 있었습니다. 전세가 월세로 바뀌면서 탐욕에 눈이 어두워진 집주인들 때문에 가난한 사람들이 더 큰 고통을 겪고 있습니다. 쫓기고 쫓겨서 변두리로, 아니면 지하 단칸방으로 쫓겨 들어가는 일을 많이 봅니다. 신용불량자가 3백만 명을 넘었다는 신문 기사가 하루가 멀다 하고 나옵니다.

그뿐만이 아닙니다. 우리의 목숨과 건강을 위협하는 가상의 적이 정말 많습니다. 교통사고 사망자는 세계 1위입니다. 정말 우리는 교통사고 천국에서 살고 있습니다. 환경오염도 심각해 자연은 엉망이 되어버렸습니다. 그 속에서 우리가 살고 있습니다. 우리의 목숨이 얼마나 큰 위협을 받고 있는지, 우리의 몸이 얼마나 많은 위험에 노출되어 있는지, 나 하나뿐만 아니라 우리의 가족이 어려운 상황에 노출되어 있어 마치 줄타기를 하는 것같이 하루하루를 살고 있습니다. 이런 형편에서 염려하지 않고 산다는 것은 불가능한 정도가 아니라 뭔가 비정상적으로 느껴지기까지 합니다.

염려 없는 인생은 없다

오죽하면 남부러울 것 없이 한생을 산 솔로몬도 인생을 정리하면서 "인생이 무엇인가?"라는 질문에 "평생 근심하면서 수고하다 가는 것"이라고 정의했겠습니까. 이런 의미에서 염려는 인간됨의 실존이요 참모습이라고도 말할 수 있습니다. 성경에 보면 위대한 믿음의 인물이 참 많이 나옵니다. 그런데 한 사람 한 사람을 뜯어보면 그렇게 믿음이 좋은데도 염려를 하지 않고 한생을 보낸 이는 거의 없습니다. 예를 들면 바울은 정말 믿음이 좋습니다. 그래서 성도들을 향해 자신 있게 아무것도 염려하지 말고 기도와 간구로 하나님께 감사함으로 구하기만 하라는 교훈을 할 정도로 대단한 지도자였습니다. 하지만 막상 자신이 염려를 해야 할 상황에 부닥치자 똑같더라는 말입니다.

에바브로디도라고 하는 제자가 자신이 갇혀 있는 로마 감옥을 방문했다가 병이 들었습니다. 소망이 없어 보일 정도로 많이 아팠습니다. 그럴 때 바울이 얼마나 근심을 했던지 나중에 에바브로디도가 하나님의 은혜로 완쾌되자마자 이렇게 고백했습니다. "하나님께서 에바브로디도를 고쳐주심으로 내 근심 위에 근심을 면하게 하셨도다."

근심하고 또 근심했는데 하나님께서 자기를 불쌍히 여기셔서 에바브로디도를 고쳐주심으로 근심을 덜어주셨다는 뜻입니다. 그러므로 아무리 믿음이 좋은 지도자라도 근심에서 완전히 자유롭지는 못한다는 이야기입니다.

이렇게 볼 때 "그러므로 내가 너희에게 이르노니 목숨을 위하여 무엇을 먹을까 무엇을 마실까 몸을 위하여 무엇을 입을까 염려하지 말라 목숨이 음식보다 중하지 아니하며 몸이 의복보다 중하지 아니하냐"(마 6:25)라고 하시는 말씀은 공감이 안 되고 마음에 와닿지도 않습니다. 오히려 "어떻게 염려하지 않고 인생을 살 수 있느냐?"라는 반응이 더 큰 소리를 냅니다. 물론 이 염려는 순기능도 있습니다. 염려 때문에 남보다 더 열심히 일하려고 합니다. 염려가 있기 때문에 위험에 대비하느라 긴장합니다. 염려가 되어 남보다 더 열심히 뜁니다.

염려하지 말라

염려를 정당화시키는 것은 하나님의 자녀답지 못하며, 예수님의 제자로서 어울리지 않는다는 것이 바로 예수님께서 주시는 말씀의 핵심입니다. 하나님의 자녀답지 못하다는 것입니다. 예수님을 따라가는 제자답지 못합니다. 그래서 예수님은 염려하지 말라고 하시는 것입니다.

뿐만 아니라 염려를 묶을 수 있는 방법을 가르쳐주셨습니다. 그리고 왜 염려를 하지 말아야 하는지 이유도 말씀하셨습니다. 우리는 우리가 하나님의 자녀임을 의심하지 않습니다.

그렇다면 우리는 하나님의 자녀로서 자랑스러운 모습을 잃지 말아야 됩니다. 하나님의 자녀다움을 보여주는 모습 가운데 하나가 바로 염려하지 않는 것입니다.

예수님의 말씀을 읽어보면 먼저 중요한 교훈을 발견하게 됩니다. 염려는 안 할수록 좋다는 것입니다. 주님은 세 가지 이유를 들어서 말씀하십니다.

첫째, 염려는 해롭기 때문입니다. 마태복음 6장 24절에 보면 예수님께서 참 중요한 교훈을 하셨습니다. "한 사람이 두 주인을 섬기지 못할 것이니 혹 이를 미워하고 저를 사랑하거나 혹 이를 중히 여기고 저를 경히 여김이라 너희가 하나님과 재물을 겸하여 섬기지 못하느니라." 이는 곧 "한 사람이 두 주인을 못 섬긴다. 하나님도 사랑하고, 돈도 사랑할 수는 없다. 하나님을 사랑하면 돈을 덜 사랑하게 되고, 돈을 사랑하면 하나님을 미워하게 된다. 그러므로 한 사람이 절대 두 주인을 겸하여 섬기지 못한다"라는 뜻입니다. 우리의 마음을 양쪽으로 똑같이 줄 수 없으므로 둘 중 하나를 선택하라는 것입니다. 그리고 나서 "그러므로 내가 너희에게 이르노니 목숨을 위하여 무엇을 먹을까 무엇을 마실까 몸을 위하여 무엇을 입을까 염려하지 말라"(마 6:25)고 하십니다.

두 주인을 섬기지 못한다고 하시고는 갑자기 "그러므로 염려하지 말라"고 하시면 앞뒤가 어떻게 이어지는가 의아할지 모릅니다. 여기에 아주 깊은 진리가 있습니다. 부자나 가난한 자나 돈에 마음을 두기 시작하면 염려의 종이 되어버립니다. 하여튼 돈에 마음을 한 번 주면 틀림없이 염려에 끌려다니는 사람이 되고 맙니다. 염려는 배금(拜金) 바이러스가 일으키는 열병입니다. 돈을 숭상하는 자는 반드시 그 열병에 걸립니다.

잠언에는 "마음의 즐거움은 양약이라도 심령의 근심은 뼈를 마르게 하느니라"(잠 17:22)라는 말씀이 있습니다. 뼈가 썩어 들어가고, 말라가는 병이라면 사람에게 정말 치명적입니다. 근심을 하고 염려를 하면 그것이 우리를 그처럼 병들게 합니다. 누가복음 21장 34절에, 말세가 되면 성도들이 빠지기 쉬운 악이 세 가지 있다고 합니다. 그 악이 얼마나 무서운지 우리를 영적으로 깊이 잠들게 만들어서는 재림하시는 예수님을 맞이할 준비조차 하지 못하게 하고, 나중에는 주님께 버림받도록 만들 위험이 있는 악이라고 합니다.

그 악의 첫째는 방탕이요, 둘째는 술 취하는 것이요, 셋째는 염려입니다. 우리는 방탕을 악이라고 생각합니다. 술에 취하고 알코올에 중독되면 인간다움을 이미 포기한 사람이라고 생각합니다. 그러나 우리는 염려가 방탕과 맞먹는 악이라고 생각해 본 일은 없습니다. 그런데 성경이 그렇다고 말씀합니다. 그만큼 염려는 해롭습니다. 누구든지 돈에 마음을 빼앗기면 이 염려가 우리를 사로잡습니다. 우리를 병들게 하고 영과 육을 망가뜨립니다. 그러므로 염려는 안 할수록 좋습니다.

염려는 무익하다

또한 염려는 무익하기 때문에 안 할수록 좋습니다. 해봐야 소용이 없고 아무 유익이 없습니다. 주님은 "너희 중에 누가 염려함으로 그 키를 한 자라도 더할 수 있 겠느냐"(마 6:27)라고 말씀하십니다. 키 작은 사람에게 염려 주 사를 놓는다고 해서 한 번에 한 자나 자라는 것을 보셨습니까? 염려를 한다고 해서 키가 자라는 사람은 없습니다.

이 본문은 또 다른 해석이 가능합니다. "염려한다고 해서 네 생명을 한 자나 더 늘릴 수 있다고 생각하느냐?" 안 된다는 말 입니다. 우리가 염려해서 생명을 1년 더하고, 2년 더할 수만 있 다면 염려만 잔뜩 하면서 천 년도 살 수 있을 것입니다. 그러나 그것은 불가능한 일이며 아무 소용이 없다는 것을 잘 압니다. 이처럼 염려는 무익합니다.

어떤 사람이 이 염려를 재미있는 사실에 비유했습니다. 자 동차에 앉아서 기어를 중립에 놓고 시동을 건 다음 액셀러레이 터를 밟아대는 것입니다. 기어를 중립에 놓고 액셀러레이터를 밟아보십시오. 요란한 소리가 나면서 엔진은 나 죽는다고 돌아 갑니다. 기름이 펑펑 들어갑니다. 그러나 차는 한 치도 움직이 지 않습니다. 에너지만 소비합니다. 소음만 요란합니다. 염려가 기어를 중립에 놓고 액셀러레이터를 밟는 것과 꼭 같다는 말 입니다. 사람만 요란합니다. 정서적으로, 영적으로, 육신적으로 에너지만 전부 소모되어버립니다. 그러니까 무익하고 쓸모없 는 것입니다.

오래전 일입니다. 미국에서 한때 유명했던 감리교 목사로 웰치 감독이라는 분이 계셨습니다. 그분이 당시로서는 드물게 101세 생일을 맞이했습니다. 기자들이 모여 축하하면서 기자 회견을 했는데 이때 기자들이 이렇게 물었답니다. "목사님, 올

해로 101세가 되셨습니다. 남은 생을 생각하면 걱정이 안 되십니까?" 그랬더니 그 목사님이 이런 말을 하셨습니다.

"나는 지금으로부터 30년 전인 70대에 은퇴를 했는데 그때서야 비로소 깨달은 중요한 진리가 하나 있다네. 나는 일평생 살아오면서 부끄럽지만 목사로서 매일 염려를 끌어안고 살았어. 날마다 염려하고 근심하며 살았는데 은퇴할 때 가만히 보니 내가 평생에 끌어안고 씨름한 것 가운데 실제로 일이 터진 경우는 거의 없었지."

터지지도 않는 문제를 놓고 평생을 씨름하면서 염려한 것이 태반이라는 말입니다. 그러니 쓸데없이 염려했다는 이야기입니다. "내가 이런 과거를 돌아보면서 교훈을 받았기 때문에 앞으로 얼마나 더 살지 모르지만 앞날을 걱정하지 않기로 했어."

염려는 오늘의 행복을 빼앗아간다

염려는 어리석은 짓이므로 안 할수록 좋습니다. "그러므로 내일 일을 위하여 염려하지 말라 내일 일은 내일이 염려할 것이요 한날의 괴로움은 그날로 족하니라"(마 6:34). 너무나 유명한 말씀입니다. 내일은 아직 나에게 이르지 않은 시간입니다. 내 것이 아닙니다. 아직 이르지도 않았을 뿐더러 내 것도 아닌 시간과 날을 놓고 걱정하는 일은 참으로 어리석은 짓입니다.

헨리 나우웬이 염려에 대해 재미있는 표현을 했습니다. "염려한다는 것은 아직 내 앞에 오지도 않은 시간과 장소를 무언 가로 가득 채우려고 하는 것이다." 말을 바꾸면 마음이 '혹시' 로 가득 차는 것입니다. "혹시 암에 걸리지 않을까?", "혹시 자 동차 사고가 나지 않을까?", "혹시 실직하지 않을까?", "혹시 결혼을 못 하면 어쩌나?", "혹시 학교에 간 아이가 안 돌아오면 어떻게 하나?" 이런 식으로 아직 오지 않은 시간과 장소를 '혹 시'로 가득 채우는 것이 염려라는 말입니다.

얼마나 멍청한 짓입니까? 이런 '혹시'가 내 마음에 염려로 자꾸 차오르기 시작하면 그때부터 불안해지고, 두려워지고, 의 심이 많아지고, 탐욕이 생기고, 조급해지고, 나중에는 우울해집 니다. 그래서 우리가 겪는 대부분의 고통은 이와 같은 쓸데없 는 염려와 깊은 관계를 가지고 있습니다. 우리의 영적인 삶을 망가뜨리고 우리 안에서 자유롭게 호흡하시고 우리의 영혼을 날마다 새롭게 창조하시려는 성령의 발목을 잡아버리는 행위 입니다. 때문에 내가 비참해질 수밖에 없습니다. 아직 오지 않 은 내일을 놓고 왜 그렇게 염려해야 합니까?

로마의 시인 호라티우스의 시 가운데 유명한 구절이 있습니 다. "이런 자만이 행복하리라. 오늘을 내 날이라고 말할 수 있 는 자만이 행복하리라." 염려는 오늘 나의 행복을 빼앗아가는 강도입니다. 주어진 오늘도 제대로 살지 못하면서 내일을 끌어 안고 씨름하고 염려하는 것은 바보짓입니다. 이처럼 염려는 해 롭고, 쓸데없으며, 무익합니다.

주님의 말씀을 들으면 "맞아, 옳은 말씀이야" 하면서 고개는 끄덕이는데 문제는 머리로 공감하는 진리가 마음으로 전달이 안 된다는 것입니다. 그저 고개만 끄덕일 뿐입니다. 그리고 마음에는 여전히 염려가 제 집 드나들 듯합니다. 이는 굉장히 좋지 않은 현상입니다. 우리가 하나님의 말씀을 듣고 머리로 인식하고 확인했으면 말씀의 능력과 감동이 마음에까지 전해져야 합니다. 마음에 뿌리를 내려야 합니다. 그래서 내 인격과 삶에 놀라운 변화가 일어나 염려에서 자유로워지는 복을 누려야 합니다. 주님의 말씀이 우리 마음속에 뿌리를 내리도록 기도해야 합니다.

"해롭고 쓸데없고 무익한 염려를 오늘까지 끌어안고 자식처럼 끼고 앉아서 내놓지 않는 바보 같은 짓은 절대 하지 않겠다. 주여, 옳습니다. 이 염려에서 벗어날 수 있게 해주옵소서. 주여 이 염려를 묶어서 꼼짝 못하게 해주옵소서" 하고 기도한다면 성령께서 우리를 도와주실 것입니다. 세상이 너무 험해 염려로부터 완전히 등을 돌리지는 못하지만 염려가 함부로 날뛰지 못하도록 묶어놓을 수는 있습니다.

그 비결은 바로 믿음입니다. 세 가지 믿음입니다. 세 가지의 믿음이라는 쇠사슬로 염려를 꼭 묶어놓고 꼼짝 못하도록 만들 수 있다는 것입니다.

첫 번째 믿음은 '하물며 너희일까 보냐'의 믿음입니다. 예수님께서 염려하는 제자들을 보고 하시는 말씀입니다. "공중에 나는 새를 보라. 저 새는 심지도 않고 추수도 않고 곳간에 쌓아두지도 않았어. 그러나 너희 천부께서 다 기르시고 먹이시지 않느냐." "들에 핀 백합화를 봐라. 백합화에게 누가 저렇게 아름다운 옷을 입혔는가? 하나님이 입히셨다." "오늘 있다가 내일 아궁이에 던져지는 들풀도 하나님이 이렇게 입히시거든 하물며 너희일까 보냐"(마 6:30). 공중에 새도 먹이시는 하나님, 들에 백합화도 입히시는 하나님이신데 하물며 우리를 그대로 내버려두시겠느냐는 이야기입니다.

지구상에 약 천억 마리 정도의 조류가 있다고 합니다. 엄청나게 많은 새들이 어떻게 매일 먹고 사는지 상상이 안 됩니다. 어느 교수가 절기를 따라 우리나라에 오고 가는 제비를 연구했습니다. 제비는 새끼에게 하루 100번, 많게는 600번 이상 먹이를 물어다 준다고 합니다. 수놈과 암놈이 번갈아가면서 곤충을 잡아다가 먹입니다. 그러니 하루살이 등 각종 곤충을 하루에 많게는 7천여 마리, 새끼를 키우는 3주 동안이면 무려 15만 마리를 잡아다 먹이는 것입니다.

제비가 하듯 우리도 자녀에게 먹을 것을 갖다주라고 하면 줄 수 있겠습니까? 어디 제비가 한두 마리입니까? 그런데 하나님께서 그 모든 날짐승까지도 먹이고 키우신다고 말씀하십니다. "전능하시고 부유하신 하나님이 날짐승도 먹이고 키우는데 하물며 나일까 보냐, 하물며 우리일까 보냐?" 이런 믿음을 가지라는 말입니다. 날짐승을 먹이시는 하나님, 들판에 있는 풀도 키우시는 하나님. 하나님께서 너무나 중요한 우리를 가만히 내버려두지 않으신다는 사실을 믿는 믿음입니다.

우리는 사랑받는 하나님의 자녀입니다. 하나님이 정말 사랑하셔서 우리를 볼 때마다 기쁨을 이기지 못한다고 하십니다. 참으로 사랑받는 자녀이기에 우리의 모든 악과 죄를 예수님의 십자가로 깨끗이 씻으시고, 이제는 죄와 흠이 하나도 없는 거룩한 자기 자녀들로 날마다 보시면서 그 머리털도 다 세시고, 눈동자같이 지켜주시고, 어디를 가나 동행하시고 모든 기도를 귀담아들으신다고 말씀하셨습니다. 얼마나 소중한 존재입니까? 공중을 나는 새도 저렇게 먹이시는 하나님께서 그토록 소중한 우리를 그대로 내버려두시겠습니까? "절대 그럴 수가 없을 것이다. 하물며 우리일까 보냐?"라는 이 믿음을 가지면 염려는 힘을 잃어버립니다.

염려가 끼어들어 나를 괴롭힐 때마다 창문을 열고 나무 위에서 지저귀는 새를 바라보며 하나님의 말씀을 회상하십시오. "저 새를 하나님이 저렇게 먹이고 입히시네요. 하나님, 내가 얼마나 소중한 존재입니까? 저는 지금 실직했습니다. 부양해야 할 가족들이 있습니다. 염려가 나를 짓밟으려고 합니다. 하나님, 나에게 믿음을 주십시오. '너희일까 보냐'의 믿음을 주십시오" 하고 기도하십시오. 기도하면 하나님이 그 믿음대로 인도하시리라 믿습니다. 꼭 기억해야 할 것은 '믿음'입니다. 그 믿음이 우리의 염려를 묶어놓습니다.

있어야 할 줄을 아느니라

염려를 묶는 두 번째 믿음은 '있어야 할 줄을 아느니라'의 믿음입니다. 예수님은 본문 31절에서 "염려하여 이르기를 무엇을 먹을까 무엇을 마실까 무엇을 입을까 하지 말라"고 말씀하신 뒤 32절에서는 "이는 다 이방인들이 구하는 것이라 너희 하늘 아버지께서 이 모든 것이 너희에게 있어야 할 줄을 아시느니라"고 말씀합니다. 있어야 할 줄 아신다고 하는 믿음은 하나님이 내 사정을 다 알고 계심을 확신한다는 이야기입니다.

여기서 이방인은 하나님을 모르는 사람들입니다. 귀신을 섬기고 우상을 섬기고, 어떤 면에서는 하나님을 대적하고 하나님께 불순종하는 악한 자들을 말합니다. 즉, 우리 주변에 예수님을 안 믿는 사람, 우상을 숭배하는 사람들이 다 이방인입니다. 하나님은 그들에게 필요한 것이 무엇인지를 다 아시고 그들에게조차 모든 것을 공급해주십니다. 하나님께서 악한 자들에게 비를 주시고 해를 주셔서 악인과 의인을 구별하지 아니하고 다 주신다고 하셨습니다(마 5:45). 이 말씀은 하나님께서 이 세상에 태어난 사람은 비록 이방인이더라도, 악인이라도, 하나님을 섬기지 않는 사람이라도 필요한 것이 무엇인지 알고 다 주신다는 의미입니다.

그렇다면 사랑하는 자녀에게 필요한 것이 무엇인지 하나님이 모르실 리 없습니다. 다 알고 계십니다. 그러므로 염려가 몰려오면 길에 나가서 지나다니는 사람들을 보십시오. 그리고 마음으로 이렇게 외치십시오. "하나님, 저기 예수 안 믿는 사람들은 참 건강합니다. 좋은 자동차도 타고 다닙니다. 예수 안 믿는 사람이라는 것을 제가 아는데 정말 좋은 집에 삽니다. 하나님, 저런 사람에게도 무엇이 있어야 할 줄을 알고 주셨는데 하물며 저를 가만히 내버려두시겠습니까? 절대 그렇지 않다고 저는 믿습니다" 하고 스스로 한번 장담해보십시오.

휴 헤프너는 포르노 잡지의 시조라고 할 수 있는, 정말로 인간을 더러운 음란의 쓰레기통에 집어넣는 데 공헌한 매체인 〈플레이보이〉(*Playboy*)를 창업한 사람입니다. 우리 생각 같으면 천벌을 받아서 30세도 못 살 것 같은데 어느덧 75세 생일을 맞았습니다. 한때는 뇌졸중에 걸려 죽음을 눈앞에 두었다는 소리가 들리는가 싶더니 이제는 건강을 완전히 회복했습니다. 지금도 20대 미녀 일곱 명과 함께 살면서 노익장을 과시하고 있습니다. 이런 모습을 보며 우리는 생각해야 합니다. "하나님, 보십시오. 헤프너도 필요하니까 전부 다 주시지 않습니까? 건강 주시지, 장수하게 하시지, 여자도 일곱 명이나 같이 살게 하시지. 다 주시면서 하나님의 자녀인 저를 그대로 두시겠습니까? 저는 그렇게 믿지 않습니다. 하나님이 제게 필요한 것을 다 아신다고 믿습니다. 반드시 때가 되면 주신다고 믿습니다" 하고 소리를 지르십시오. 그 믿음이 내 안에서 소리를 지르는 이상 염려는 꼼짝도 못합니다. 그 믿음이 염려를 묶어놓기 때문입니다. 우리 하나님은 다 아십니다.

이 모든 것을 더하시리라

염려를 묶는 세 번째 믿음은 '이 모든 것을 더하시리라'의 믿음입니다. "너희는 먼저 그의 나라와 그의 의를 구하라 그리하면 이 모든 것을 너희에게 더하시리라"

(마 6:33). 이는 참 좋은 믿음입니다. 우리가 하나님의 나라와 그 의를 구하기만 하면 하나님이 때를 따라 필요한 것을 구하지 아니해도 다 주신다는 말씀입니다.

그의 나라와 그의 의를 구한다는 말을 너무 어렵게 생각하지 마십시오. 그것은 첫째, 예수님을 나의 구주로 고백하고 믿는 것을 말합니다. 우리가 주님 앞에 나와 경배하고 주님의 이름을 높이며 찬양하는 예배가 참으로 소중한 줄 알기에 들판으로 나가고 싶은 유혹을 끊어버리고, 바쁜 세상을 살면서도 시간을 내어 함께 모여서 예배드리는 이 생활 자체, 행동 자체가 하나님의 나라를 구하는 것입니다.

주기도문에 나오는 말씀대로 "하나님이여 어떻게 하면 우리 아버지의 이름이 온 땅에 영광을 받으실 수 있습니까?" 하는 관심을 갖는 것이 하나님 나라를 구하는 것입니다. "주님의 뜻이 이 땅에서 이루어지기를 원합니다"라는 소원을 가지고 사는 것이 하나님 나라를 구하는 것입니다. 하나님 나라가 이 땅에 완성되어 우리가 영생을 누리도록 하신다는 주님의 아름다운 약속을 붙들고 그날의 청사진을 가슴에 품고 꿈을 꾸는 삶이 하나님의 나라를 구하는 것입니다.

다만 여기서 '구한다'는 말에 주의하십시오. 가만히 앉아서 되는 것이 아닙니다. 노력하고 훈련해야 합니다. 최선을 다해야 합니다. 악한 세상에서 우리가 하나님 나라를 구한다는 것은 가만히 앉아서 되지 않습니다.

매일 아침 일어나 직장에 나갑니다. 똑같은 생활이 반복되지만 하나님 나라를 구하는 자의 태도는 다릅니다. 일찍 일어나서 바쁘고 쫓기는 일상을 살지만 조금이라도 시간을 내어 골방에 들어가서 하나님의 말씀을 펴놓고 기도합니다. "하나님, 오늘 나는 어떻게 살아야 됩니까? 내 스케줄은 이렇습니다. 이 스케줄을 통해서 하나님의 이름이 높아지기를 원합니다. 주님의 나라가 이 땅에 확장되기를 원합니다. 나를 사용해주시고 하나님의 뜻에 나를 일치시켜주십시오." 이렇게 매일 아침 단 5분, 10분이라도 기도하고 나서 하루를 시작하고자 노력하는 사람이 바로 하나님의 나라를 구하는 사람입니다.

세상에 살되 세상에 속하지 않은 사람답게 살려고 하는 노력, 이것이 영적인 삶입니다. 그래서 하나님의 관심사와 우리의 관심사를 일치시키고 우리 삶의 무게를 하나님 나라에 두는 것입니다. 이것이 그의 나라와 그의 의를 구하는 길입니다. '하나님이 기뻐하시는 일을 항상 제일 먼저, 내가 좋아하는 것은 제일 뒤에' 하는 식으로 우선순위를 바로 정하고 신앙생활을 하려고 노력하는 것이 하나님 나라를 구하는 길입니다. 한 걸음 더 나아가서는 나의 젊음과 나의 인생을 주님의 영광을 위해서 헌신하는 것이 하나님의 나라를 구하는 길입니다.

백 번을 태어나도

서울 한강변 양화진에는 선교사 공동묘역이 있습니다. 미개한 나라 한국, 120년 전에 이 땅에 찾아온 위대한 선교사들. 이십 대 꽃다운 처녀의 몸으로 머나먼 이곳까지 찾아와서 복음을 전하다가 젊은 나이에 세상을 떠난 선교사의 묘에는 "나는 다시 백 번을 태어나도 복음을 들고 한국에 올 것이다"라고 적혀 있습니다. 바로 이런 자세가 그 나라와 그의 의를 구하는 헌신된 모습입니다.

아이들이 묻혀 있는 묘지에 가보면 태어난 날과 죽은 날이 같은 무덤들이 있습니다. 당시는 근대적인 의료시설이 전혀 없었습니다. 아이가 태어나서 문제가 생기면 손을 쓸 수 없습니다. 그러므로 태어나자마자 죽은 것입니다. 이 나라에 복음을 전하려 전하는 일에 밀알로 희생된 거룩한 생명들입니다. 이렇게 자기 생명을 주를 위해 바치며 헌신하는 것, 이것이 곧 그의 나라와 그의 의를 구하는 것입니다.

우리가 평범하게 주님의 나라와 의를 구하든지, 완전히 헌신하고 주의 나라와 의를 구하든지 간에 주님의 나라를 구하면 하나님이 약속하십니다. "이방인들이 날마다 걱정하는 것, 내가 모든 것을 매일매일 공급해주겠다. 너희는 내 나라를 걱정해라. 나는 너희들을 걱정하마. 내가 너희들을 걱정하면 너희는 염려하지 않아도 돼."

홍해선교회를 만들어 한평생 중동 지역의 이슬람권에 가서 헌신하다가 세상을 떠난 거니 박사가 있습니다. 캐나다에서 태어난 그는 선교사이며 의사입니다. 그는 복음을 전하려는 열정 때문에 결혼도 하지 않고 중동으로 갔습니다. 그곳에서는 비밀리에 복음을 전해야 합니다.

평생 태어나서 죽을 때까지 "알라, 알라, 알라" 하다가 죽는 그 사람들이 얼마나 불쌍합니까. 그래서 그들에게 복음을 전하기 위해 갔는데, 드러내놓고 복음을 전하지 못하니까 1년 내내 전해도 열매가 전혀 없을 때가 많습니다. 한국을 방문했을 때 그가 나에게 편지를 전해주었습니다. 사우디에서 온 편지였습니다. "선교사님, 제가 예수님을 믿는다는 것을 사람들이 알면 제 등에 칼을 꽂을 것입니다. 그리고 우리 가족이 어떻게 될지 모릅니다. 그러나 저는 기뻐요. 예수님을 믿었기 때문에 구원받은 것이 너무 기뻐요."

그 편지를 읽으면서 얼마나 가슴이 뭉클했는지 모릅니다.

거니 박사에게 한 가지 궁금한 것을 물어보았습니다. "거니 박사님, 40여 년 동안 중동에서 선교를 할 때 뒤에서 후원하는 선교 단체가 어느 곳이었습니까? 어느 단체와 협력했나요?" 그는 저를 한참 쳐다보더니 "내 후원 단체는 마태복음 6장 33절입니다"라고 대답한 다음 이어서 이렇게 말했습니다. "'너희는 먼저 그의 나라와 그의 의를 구하라 그리하면 이 모든 것을 너희에게 더하시리라.' 나는 이 약속을 믿고, 오직 이 말씀을 붙들고 중동으로 갔습니다. 실제로 지난 40년 동안 나는 단 한 번도 끼니를 거른 적이 없습니다. 옷이 없어 헐벗고 다니지도 않았습니다. 하나님은 이토록 신실하십니다. 내가 하나님의 나라와 그의 의를 구했더니 하나님께서는 때를 따라 내게 필요한 것을 항상 주셨습니다."

우리도 이 말씀이 진리임을 깨닫고 확신해야 합니다. 우리에게 이 모든 것을 더하신다는 믿음을 가지면 우리는 모든 염려를 묶어놓을 수 있습니다.

티테디오스: 염려에서 해방된 사람

초대교회 문헌을 보면 성도들이 별명처럼 자기 이름 앞에 붙이고 다니는 말이 하나 있었습니다. '티테디오스'(Titedios)라는 말로, 염려에서 해방된 사람이라는 뜻입니다. 당시 대부분의 성도들은 무식하고 가난했습니다. 그들의 삶에는 인간적인 기쁨이 별로 없습니다. 그러나 예수님을 믿고 나서, 하나님 나라의 영광을 보고 나서부터는 그들의 가슴이 얼마나 은혜로 충만했는지 모릅니다. 한생을 주님의 복음을 위해 살려고 노력했습니다. 그러므로 그들은 자신들이 종사하는 생업을 통해서, 자신들이 몸담은 가정을 통해서 복음이 전해지도록 최선의 노력을 다했습니다. 그래서 나중에는 로마가 그들 앞에 무릎을 꿇었습니다. 그렇게 전 세계에 복음이 전해질 수 있도록 발판을 만들었습니다.

이렇게 헌신된 삶을 살자 염려가 다 없어지는 것을 알았습니다. 염려에서 해방되니 이것을 자랑하고 싶어서 자신을 '티테디오스 베드로', '티테디오스 요한', '티테디오스 도마'라는 식으로 지칭했다고 합니다.

우리도 이런 사람이 되어야 합니다. 우리는 예수님의 제자입니다. 하나님의 자녀입니다. 아무리 염려가 산더미처럼 쌓여 있는 현실이라 할지라도 '티테디오스 옥' 하면 얼마나 신이 납니까? 우리 모두 자신의 이름을 티테디오스 OOO으로 한번 불러봅시다. 티테디오스. 주님이 우리에게 원하는 모습은 바로 이런 것입니다.

믿음이냐 염려냐

예수님은 우리가 염려로부터 자유로울 수 있고, 모든 것을 새롭게 볼 수 있는 세계로 우리를 초대하십니다. 바로 믿음의 세계입니다. 조지 뮬러는 이렇게 말했습니다. "믿음의 시작은 염려의 끝이요, 염려의 시작은 믿음의 끝이다. 그러므로 염려하느냐, 믿음이 죽는다. 믿음을 가지느냐, 염려가 죽는다."

옳은 말입니다. 그러므로 세 가지 믿음을 가지십시오. 첫째는 '하물며 너희일까 보냐'의 믿음입니다. 둘째는 '있어야 할 줄을 아느니라'의 믿음입니다. 셋째는 '이 모든 것을 더하시리라'의 믿음입니다.

믿음으로 염려를 꽁꽁 묶어버리십시오. 그러고는 창고에 가두고 자물통을 잠그십시오. 우리에게 이와 같은 변화가 일어나야 합니다. 염려가 산더미처럼 쌓여 있고 염려 없이는 도무지 하루를 버틸 수 없는 불안한 세상에 살지만 티테디오스의 사람이 됩시다. 염려에서 해방된 사람으로 세상 앞에 우리의 모습을 보여줄 수 있도록 믿고 기도합시다.

꼭! 이것만은
기억하자!

염려 없이 하루를 살아가는 사람은 없다.
생명의 안전과 건강,
이것이 모든 염려의 뿌리요 중심이다.

어떤 형태로든 염려를 정당화하는 것은
하나님의 자녀답지 못하며
예수님의 제자로서 어울리지 않는다.

염려는 하지 않을수록 좋다.
염려는 해로운 것이며,
무익하고, 어리석은 것이며,
오늘의 행복을 빼앗아간다.

세 가지 믿음의 사슬로
염려를 묶어 움직이지 못하도록 하라.
'하물며 너희일까 보냐'의 믿음을 가져라.
'있어야 할 줄을 아느니라'의 믿음을 가져라.
'이 모든 것을 더하시리라'의 믿음을 가져라.

믿음의 시작은 염려의 끝이요,
염려의 시작은 믿음의 끝이다.

27

비판하지 말라

마태복음 7장 1-6절

1 비판을 받지 아니하려거든 비판하지 말라 2 너희가 비판하는 그 비판으로 너희가 비판을 받을 것이요 너희가 헤아리는 그 헤아림으로 너희가 헤아림을 받을 것이니라 3 어찌하여 형제의 눈 속에 있는 티는 보고 네 눈 속에 있는 들보는 깨닫지 못하느냐 4 보라 네 눈 속에 들보가 있는데 어찌하여 형제에게 말하기를 나로 네 눈 속에 있는 티를 빼게 하라 하겠느냐 5 외식하는 자여 먼저 네 눈 속에서 들보를 빼어라 그 후에야 밝히 보고 형제의 눈 속에서 티를 빼리라 6 거룩한 것을 개에게 주지 말며 너희 진주를 돼지 앞에 던지지 말라 그들이 그것을 발로 밟고 돌이켜 너희를 찢어 상하게 할까 염려하라

얼마 전에 소포를 하나 받았는데 발신인은 지방에 있는 어느 교회의 성도였습니다. 꽤 두툼한 소포를 끌러보니 편지 한 장과 함께 여러 개의 카세트테이프가 들어 있었습니다. 게다가 제가 쓴 요한복음 강해 설교집 일부가 같이 들어 있었습니다. "참 이상한 소포도 다 있네." 의아해하면서 우선 편지를 펼쳐 보았습니다.

"목사님, 저희 교회의 부끄러운 현실을 알려드립니다." 내용인 즉, 그 교회 담임목사님이 수요일마다 요한복음 강해를 하는데 제가 쓴 책 내용을 몇 달 동안 토씨 하나 빠뜨리지 않고 그대로 인용해왔다는 것입니다. 그래서 하도 기가 막혀 이 사실을 알리고자 편지를 보낸다는 내용이었습니다. 또 자기 말을 믿어주지 않을까 봐 그 목사님의 설교를 녹음한 테이프와 인용 구절들을 일일이 붉은 줄로 표시한 제 설교집 일부를 함께 보냈습니다. 한마디로 증빙서류를 첨부해 보낸 것입니다. 그리고는 끝내 자신의 이름을 밝히지 않은 채 이렇게 끝맺었습니다.

"우리 교회는 주님의 말씀이 없어져버리는 안타까운 현실을 안고 탄식하고 있습니다."

편지를 덮으면서 착잡한 마음을 금할 길이 없었습니다. 설교 테이프를 대충 들어본 결과, 제 책에서 그대로 인용한 부분도 간혹 있었지만 대부분은 중요한 내용만을 발췌해 설교하셨음을 알 수 있었습니다. 그런데 마침 이 성도는 제 책을 읽었던지 담임목사님 설교가 제 설교집과 많은 부분에서 유사한 것을 확인하고는 괴로운 마음에 제게 편지를 띄운 것입니다.

빚을 지고 사는 설교자

설교자는 수많은 사람에게 빚을 지고 사는 사람입니다. 기독교 역사 2,000년 동안 배출되어온 유수한 설교자들과 훌륭한 책들을 집필한 저술가들, 성경을 해석하고 연구하는 데 평생을 바친 위대한 주석가들의 헌신 덕분에 주옥같은 유산들이 우리에게 남겨져 있습니다. 그러므로 설교자는 그 모든 분들에게 빚을 지고 사는 것입니다. 그분들의 책을 읽고 자료를 검토하면서 성도들과 꼭 나누고 싶은 은혜로운 내용들을 선별한 후에, 그것을 가슴에 안고 씨름하면서 설교를 만드는 사람이 설교자입니다.

설교자는 이처럼 남의 말을 인용할 때도 많습니다. 물론 본인이 전혀 준비하지 않고 다른 사람이 연구하거나 설교한 내용을 가져다가 그대로 설교한다면 문제가 될 수 있습니다. 그러나 어느 정도 인용한 것을 놓고 험담한다면 모든 설교자는 설

자리를 잃을 수밖에 없습니다. 오히려 어떤 설교자가 자신의 설교나 성경 해석에 독보적인 권위를 부여하여 자신만이 제대로 된 설교를 할 수 있으며 자신의 해석만이 옳다고 주장한다면 그 사람은 이단입니다.

지난번 어떤 목사님이 설교하다가 갑자기 혼동이 되었던지 삭개오라는 이름 대신 연거푸 니고데모의 이름을 언급했습니다. 사실 강단에서 열정적으로 말씀을 전하다 보면, 엉뚱하게 다른 이름이 튀어나오곤 합니다. 예전에 저도 다윗과 사울의 이름을 혼동해서 바꾸어 부른 적이 있습니다.

그럴 때 '목사님이 우리에게 좋은 설교를 해주시려다가 긴장하신 나머지 약간 혼동을 하셨구나'라고 생각한다면 은혜를 받는 데 아무런 지장이 없습니다. 반면에 저에게 편지를 보낸 성도처럼 용납하지 못하고 "목사가 삭개오와 니고데모도 구별 못하나?"라고 반응한다면 은혜와는 점점 멀어집니다.

더 나은 의

예수님께서는 자신을 따르는 자들에게 "비판하지 말라"고 말씀하십니다. 비판이란 형제의 약점이나 허물을 들추어서 험담하거나 공격하는 언어폭력이라고 할 수 있습니다. 자신만의 잣대로 다른 사람을 재면서 시시비비를 가리는 것입니다.

물론 비판에는 건전한 비판도 있습니다. 그러므로 이 말씀의 의미가 비판의식을 전면적으로 부정하는 것은 아닙니다. 만약 교회가 잘못되면 바로잡히기를 바라는 마음으로 건전한 비판의식을 갖는 것은 당연합니다. 한국교회가 조금이라도 부패하고 세속화되어간다면 이래서는 안 된다는 비판의식을 가지고 하나님 앞에 통회하며 기도해야 합니다.

또한 주님께서 비판을 금하셨다 해도 책망까지 금하신 것은 아닙니다. 하나님의 말씀은 우리가 잘못할 때면 어김없이 책망합니다. 교회에서도 우리가 잘못하면 책망합니다. 잘못되는 것을 보고도 책망하지 않는 교회는 이미 생명이 떠난 교회입니다. 많은 성도가 악과 결탁하여 잘못된 길로 빠져들고 그 영혼이 파괴되어가는데도 여전히 침묵으로 일관한다면, 그 교회는 이미 하나님의 권위를 잃어버린 교회입니다. 그러므로 책망은 반드시 필요합니다.

다만 주님의 말씀은 교회 안에서 형제끼리 서로의 약점과 허물을 용납하지 못해 말로 상처주지 말라는 의미입니다. 이것이 비판하지 말라는 말씀에 담긴 뜻입니다.

원래 바리새인들은 남을 비판하는 데 일가견이 있는 사람들이었습니다. 그들은 자신의 십일조 생활을 자랑하기 위해 십일조를 드리지 않는 사람들을 무조건 공격했습니다. 그러나 예수님은 그들의 의를 인정하지 않으셨습니다. "내가 너희에게 이르노니 너희 의가 서기관과 바리새인보다 더 낫지 못하면 결코 천국에 들어가지 못하리라"(마 5:20)는 말씀을 기억해야 합니다.

예수님은 우리가 바리새인처럼 되기를 원치 않으십니다. 그들이 내세우는 의는 다른 사람은 죽이고 자기가 사는 의입니다. 우리에게는 더 나은 의, 곧 형제를 비판하지 않는 의, 나를 죽이고 형제를 높이는 의가 필요합니다. 주님께서는 우리에게 바로 이러한 의를 기대하십니다.

비판할 수 있는 대상

우리가 비판할 수 있는 대상은 교회 안에 있는 형제가 아닌 세상 사람입니다. 그들이 하나님과 얼마나 맞서는 자리에 있으며, 얼마나 악한지를 우리는 영적으로 분별하고 비판할 수 있습니다. 한마디로 그들과 우리는 본질적으로 다릅니다. 주님은 그들을 개에 비유하셨습니다. "거룩한 것을 개에게 주지 말며 너희 진주를 돼지 앞에 던지지 말라 그들이 그것을 발로 밟고 돌이켜 너희를 찢어 상하게 할까 염려하라"(마 7:6).

'거룩한 것'이라는 말은 '목걸이'라는 말로도 번역할 수 있습니다. "목걸이를 개에게 던지지 말라. 너희 손가락에 끼고 있는 진주를 빼서 개에게 던지지 말라." 여기에서 개는 집에서 키우는 애완견이 아니라 사납고 더러운 들개를 말합니다. 우리 속담에 "돼지 목에 진주 목걸이"라는 말이 있습니다. 이는 그 가치를 알지 못하는 사람에게는 값비싼 진주나 귀한 보물이 아무 소용 없다는 뜻입니다.

우리에게 있는 거룩한 것은 예수 그리스도의 이름이요, 하나님의 영광스러운 말씀이요, 영생의 복과 복음입니다. 우리는 이것을 소중히 다루어야 하며, 세상 사람들에게 함부로 던지듯이 주어서는 안 됩니다. 예수님의 이름을 마구 모욕하고, 의

도적으로 하나님의 영광을 가리는 자들을 영적으로 잘 분별하고 판단해서 복음을 전해야 합니다. 예수님께서도 전도하실 때 "귀 있는 자가 들을지어다"라고 말씀하셨습니다.

누구나 복음을 귀한 것으로 받아들이지는 않습니다. 어떤 사람은 가치를 모르는 개와 돼지처럼 복음을 물어뜯거나 짓밟아버립니다. 은근히 기독교를 비판하면서 즐기는 사람들이 그렇습니다. 이런 사람에게는 거룩한 복음, 거룩한 예수님의 이름을 함부로 건네지 말아야 합니다. 하지만 교회 안에는 이러한 개와 돼지 같은 사람이 없습니다. 모두가 하나님의 거룩한 자녀들이기 때문입니다. 그러므로 교회 안에서는 비판받아야 할 사람이 없으며, 비판해서도 안 됩니다.

누구나 싫어하는 비판

말씀을 보면 비판에 관한 두 가지 사실을 알 수 있습니다. 첫째, 이 세상에 비판받기를 좋아하는 사람은 아무도 없다는 사실입니다. 예수님께서도 이 사실을 인정하시고 "비판을 받지 아니하려거든"(마 7:1)이라는 말로 말문을 여셨습니다. 이 말은 "너희 중에 비판받기를 원하는 사람은 하나도 없지? 그렇다면 당연히 너희도 남을 비판하지 말아야 한다"라는 뜻입니다.

비판받기 싫어하는 것은 저 자신도 예외가 아닙니다. 목사니까 비판을 받으면 겸손히 수용할 거라고 생각하는 분들이 많습니다. 물론 건전한 비판이라면 언제든지 들을 준비가 되어

산상수훈 2 하늘 행복으로 살아가는 작은 예수

있습니다. 그러나 사실 건전하고 그렇지 않고를 떠나서 어떤 비판이든지 좋아하지 않는 것이 저의 본심입니다.

제 마음속에는 20년이 넘도록 잊히지 않을 정도로 깊이 각인되어 있는 어떤 사람의 얼굴 표정이 있습니다. 그리고 그때 그 사람이 했던 몇 마디 말도 아직까지 제 귓가에 쟁쟁합니다.

교회를 개척한 지 3년 만에 교회 이름을 '사랑의교회'로 바꾸었는데, 이름이 특이해서인지 전국적으로 소문이 났습니다. 그리고 얼마 후 어느 목회자 모임에 갔다가 잘 알지도 못하는 목사님에게서 "교회 이름을 왜 그따위로 지었느냐?"라는 격앙된 말을 들었습니다.

"뭐가 잘못되었습니까?" 하고 물었더니, "교회 이름에 '의' 자가 들어가는 경우가 어디 있느냐"라는 것이었습니다. 이유를 떠나 자신과는 아무 관계도 없는 다른 교회 이름을 두고 그런 반응을 보이는 것이 내심 불쾌했습니다. 그날은 얼떨결에 아무 말도 하지 못했지만 그 목사님의 표정과 음성이 제 마음에 박혔습니다. 이것은 제가 비판을 환영하지 않음을 단적으로 보여주는 사건이었습니다.

비판을 받지 않으려면 선행되어야 할 일이 있습니다. 남을 비판하지 말아야 합니다. "비판을 받지 아니하려거든 비판하지 말라 너희가 비판하는 그 비판으로 너희가 비판을 받을 것이요 너희가 헤아리는 그 헤아림으로 너희가 헤아림을 받을 것이니라"(마 7: 1-2). 남을 비판하면 자신도 그만큼 비판받기 마련입니다. 반면에 남을 비판하지 않으면 자신도 비판받지 않습니다. 이것은 7장 12절에 기록된 황금률과도 일맥상통합니다.

"그러므로 무엇이든지 남에게 대접을 받고자 하는 대로 너희도 남을 대접하라 이것이 율법이요 선지자니라." 내가 먼저 대접할 때 비로소 대접받을 수 있다는 말씀입니다.

티보다 더 큰 들보가

둘째, 비판하는 사람은 이미 그 자신이 지독한 모순에 빠져 있다는 사실입니다. 예수님께서도 이 사실을 비유를 들어 짚어주셨습니다. "어찌하여 형제의 눈 속에 있는 티는 보고 네 눈 속에 있는 들보는 깨닫지 못하느냐 보라 네 눈 속에 들보가 있는데 어찌하여 형제에게 말하기를 나로 네 눈 속에 있는 티를 빼게 하라 하겠느냐"(마 7:3-4)

우리 눈은 워낙 예민해서 미세한 티만 들어가도 쉽게 충혈이 되고 눈물을 흘립니다. 하물며 건축 자재인 들보가 눈에 들어간다는 것은 상상도 할 수 없는 일입니다. 한마디로 티와 들보는 규모 면에서 비교가 불가능한 대상입니다. 그럼에도 예수님은 이 둘을 자연스럽게 비교하십니다. "비판하는 사람은 자기 눈에 들보를 가지고 있는 사람이고, 비판받는 사람은 자기 눈에 티를 가지고 있는 사람이다. 그러면 어느 쪽이 더 나쁜 사람이냐? 당연히 비판하는 사람이 더 나쁘지 않겠냐?" 들보가 티보다 엄청나게 큰 것처럼 비판하는 사람은 비판받는 사람보다 그만큼 더 나쁘다는 말씀입니다.

자기 눈에 있는 큰 들보는 보지도 못하면서 남의 눈에 있는 작은 티만 탓한다면 얼마나 자기모순에 빠져 있는 사람입니까? 그래서 예수님은 날마다 "주여! 주여!" 하면서 남을 비판하는 모순에 빠지지 말라고 말씀하신 것입니다. 그런 모순을 안고 산다면 인격 또한 건강할 수 없습니다.

그러므로 남을 곧잘 비판하는 사람은 자신의 들보를 보지 못하는 영적 맹인이거나, 남의 티가 들보처럼 크게 보이는 비정상적인 안구를 지닌 환자이거나, 아니면 자신의 들보를 숨기기 위해 남의 티를 드러내려는 외식주의자일 것입니다.

〈가이드포스트〉(Guidepost)에 실려 있던 단순하지만 깊이 생각하게 만드는 이야기 한 편을 소개합니다.

아파트에 사는 한 부인이 오후에 한가할 때면 응접실로 나와 차를 마시거나 신문을 보면서 시간을 보냈습니다. 자연스레 건너편에 있는 아파트 응접실로 시선이 멈춰서곤 했습니다. 좁은 골목을 사이에 두고 아파트끼리 서로 마주하고 있었기 때문에 상대방의 응접실이 들여다보였기 때문입니다. 건너편 집 응접실에서는 고상해 보이는 부인이 가끔 바느질을 하거나 책을 읽곤 했습니다. 서로 만나서 대화를 나눈 적은 없지만 언제부턴가 서로 쳐다보는 사이가 되었습니다.

그러던 어느 날, 이 부인이 여전히 응접실에 나와서 무심코 건너편에 있는 부인을 바라보았습니다. 그런데 그날따라 그녀의 모습이 전처럼 선명하지 않고 흐릿하게 보였습니다. 그러자 대뜸 "원, 세상에 창문이나 제대로 닦고 책을 읽던지, 바느질을 하던지 할 것이지. 저렇게 게을러서 책만 읽으면 뭐하나?" 하고 자신도 모르게 투덜거렸습니다.

한 2주가 지났습니다. 따뜻한 봄을 맞아 유리창을 닦고, 집

안 구석구석에 있는 쓰레기를 치웠습니다. 마침내 늦은 오후가 되어서야 청소를 끝내고 피곤도 풀 겸 차 한 잔을 들고 응접실 포근한 의자에 몸을 맡겼습니다. 그러고는 습관처럼 건너편 아파트를 건너다보았습니다. 그런데 이상하게도 그 부인이 너무나 선명하게 보였습니다. 순간 머리에 스치는 생각이 있었습니다. "저 부인이 창문을 닦지 않아서가 아니라 내가 창문을 제대로 안 닦아서 그동안 희미하게 보였구나." 그제야 자신의 잘못을 깨달았습니다.

비판하는 사람은 마치 자신의 창문은 닦지 않으면서 남의 창문만 안 닦았다고 비난하는 사람과 같습니다. 이런 모순을 안고서는 신앙생활을 이어갈 수 없습니다. 그래서 주님은 비판하지 말라고 단호하게 말씀하시는 것입니다.

말을 통제하시는 성령님

오순절 성령이 강림하신 이래로 성령은 교회에 임하셔서 능력을 주셨고, 그리스도를 아는 것과 믿는 일에 하나가 되게 하셨습니다. 또 교회와 우리의 심령에 내주하시면서 우리로 하여금 예수님을 온전히 닮아가도록 하십니다. 사랑, 희락, 화평, 오래 참음, 자비, 양선, 충성, 온유, 절제라고 하는 예수님 닮은 인격의 열매를 맺도록 해주십니다.

성령은 이를 위해 우리의 혀를 통제하십니다. 왜냐하면 야고보의 말처럼 말실수가 없어야 온전한 자이기 때문입니다. 한 사람의 인격이 성숙한지의 여부는 말로 평가할 수 있습니다.

성령이 예루살렘 다락방에 임하셨을 때 거기에 앉아 있는 120문도의 말을 통제하셨습니다. 성령의 말하게 하심을 따라 하나님의 크신 일을 말하도록 만드셨습니다. 마찬가지로 오늘도 교회와 우리 안에 거하시는 성령은 우리의 입과 말을 통제하십니다. 선한 말은 꿀송이 같아서 마음에 달고 뼈에 양약이 된다고 말씀하셨습니다. 그런 선한 말을 형제들과 주고받으면 성령은 우리 안에서 기뻐하시며 충만하게 임하시지만, 우리가 성령을 거역하고 형제를 함부로 비판하면 성령은 근심하고 소멸되어버립니다.

그러므로 우리 스스로를 돌아보아야 합니다. 육신의 사람은 성령의 통제를 벗어나 형제를 비판하는 근성에서 벗어나지 못하는 사람입니다. 반대로 성령의 사람은 비판하지 말라는 주님의 말씀에 순종하려는 사람입니다. 그래서 형제를 비판하려 하다가도 혀를 깨물면서 입을 다물려고 노력합니다. 바로 성령께 사로잡혀 있기 때문입니다. 이런 사람들이 모이는 교회가 충만한 성령의 역사를 경험할 수 있습니다.

우리는 하루에 2만 5천에서 3만 마디라는 엄청난 양의 말을 한다고 합니다. 사람들은 이러한 말들이 시간이 지나면 없어질 거라 생각하지만, 실상은 수많은 말이 사라지지 않고 남아 있습니다. 어떤 사람의 마음이나 기억에 오래도록 거하면서 무서운 힘을 발휘하기도 합니다.

이와 관련하여 이해인 수녀가 지은 시 〈말을 위한 기도〉의 일부를 소개합니다.

내가 이 세상에 태어나 수없이 뿌려놓은
말의 씨들이
어디서 어떻게 열매를 맺었을까
조용히 헤아려볼 때가 있습니다

무심코 뿌린 말의 씨라도 그 어디선가
뿌리를 내렸을지 모른다고 생각하면
왠지 두렵습니다.

더러는 허공으로 사라지고
더러는 다른 이의 가슴속에서
좋은 열매를 또는 언짢은 열매를 맺기도 했을
언어의 나무

주여
내가 지닌 언어의 나무에도
멀고 가까운 이웃들이 주고 간
크고 작은 말의 열매들이
주렁주렁 달려 있습니다
둥근 것, 모난 것, 밝은 것, 어두운 것,
향기로운 것, 반짝이는 것
그 주인의 얼굴은 잊었어도
말은 죽지 않고 살아서
나와 함께 머뭅니다

우리가 비판한 말은 없어지지 않고 누군가의 마음에 머물러 있습니다. 따라서 성령께서는 우리가 비판하지 않도록 항상 도와주시며, 형제를 불쌍히 여기는 마음을 계속해서 일으켜주십니다. 우리 가운데 비판받지 않을 만큼 온전한 사람은 없습니다. 우리 모두는 예수님을 닮아 온전한 자가 되겠다는 공동의 목표를 가지고 있지만, 허물과 약점으로 얼룩진 십자가를 벗을 수 없습니다. 그러므로 서로를 불쌍히 여겨야 합니다.

행복에 이르는 지름길

에베소서 4장 32절대로 '서로 친절하게 하며 불쌍히 여기는' 것이 그리스도인의 자세입니다. 주님께서도 "긍휼히 여기는 자는 복이 있나니 그들이 긍휼히 여김을 받을 것"(마 5:7)이라고 말씀하셨습니다. 우리는 남으로부터 불쌍히 여김을 받아야 평안한 삶을 유지할 수 있고 행복할 수 있습니다. 내가 남으로부터 불쌍히 여김을 받으려면 먼저 남을 불쌍히 여기는 것이 마땅합니다. 그러므로 믿는 형제간의 관계는 비판하는 관계가 아니라, 불쌍히 여기는 관계임을 성령께서 날마다 우리에게 가르쳐주십니다. 불쌍히 여기는 이상 남을 비판할 수 없기 때문입니다.

성령은 형제를 칭찬하고 격려하도록 우리를 감동시켜주십니다. 우리가 성령으로 충만하면 형제의 약점이나 실수가 눈에 보이지도 않고 기억에 남지도 않습니다. 오히려 날마다 그 형제가 갖고 있는 장점을 볼 수 있도록 성령께서 우리의 눈을 열어주십니다. 그 결과 자연히 격려와 칭찬을 아끼지 않게 됩니다. 이것은 우리 자신의 행복을 위해서도 참으로 소중합니다. 성령이 우리 안에서 근심하고 탄식하면 우리는 불행할 수밖에 없습니다. 아무리 세상의 좋은 것을 가지고 살아도 우리 안에 거하시는 성령이 늘 근심하고 탄식하신다면 우리는 영적으로 절대 행복할 수가 없습니다. 그러나 내 안에 계시는 성령께서 기뻐하신다면 그 기쁨은 나에게 행복으로 전해집니다. 바로 이런 사람이 성령의 사람입니다.

성경은 우리가 비판하는 것을 엄격하게 금할 때가 많습니다. "네가 어찌하여 네 형제를 비판하느냐 어찌하여 네 형제를 업신여기느냐 우리가 다 하나님의 심판대 앞에 서리라"(롬 14:10). 바꾸어 말하면 이런 뜻입니다. "네가 어찌 감히 형제를 비판할 수 있느냐? 네가 어찌 그 형제를 비판하며 업신여길 수가 있단 말이냐? 우리가 다 같이 하나님의 심판대 앞에 서면 입으로 한 모든 말 하나하나를 심판받을 텐데, 그 형제와 네가 뭐가 다르다고 함부로 비판하느냐?"

우리는 이 같은 성령의 통제에 겸손하게 순종하면서 그분의 인도하심을 따라야 합니다.

이 세상은 너무나 잔인합니다. 혀에서 나오는 몇 마디 말 때문에 오늘도 얼마나 많은 사람이 다치고 죽는지 모릅니다. 어쩌면 칼에 맞아 죽는 사람보다 말에 맞아 죽는 사람이 더 많을지도 모릅니다. 이런 세상에서 우리가 어떻게 기뻐하며 살 수 있을까요? 어떻게 서로 믿고 의지하며 살 수 있을까요? 어떻게 서로 행복을 나누면서 살 수 있을까요? 과연 어디에서 이러한 행복을 소유할 수 있을까요? 바로 교회밖에 없습니다.

교회는 성령 공동체이기 때문에 진정한 위로와 평안과 신뢰가 있습니다. 이런 교회를 주신 주님을 찬양합시다. 행여 우리가 성령의 통제를 벗어나 교회 안에서 형제를 헐뜯고 비판하는 돌이나 쓴 뿌리가 되지 않도록 말씀으로 우리 자신을 바로 세웁시다. 이것이 우리가 사는 길이요, 우리가 행복할 수 있는 길이요, 다른 사람을 행복하게 만들 수 있는 지름길입니다.

예수님께서는 자신을 따르는 자들에게
비판하지 말라고 하셨다.
이 말씀은 비판의식에 대한
전면적인 부정이 아니다.
형제의 약점이나 허물을 들추어내
험담하거나 공격하지 말라는 것이다.

바리새인의 의를 버려라.
그들이 내세우는 의는
다른 사람은 죽이고 자기가 사는 것이다.

우리에게는 더 나은 의,
곧 형제를 비판하지 않는 의,
나를 죽이고 형제를 높이는 의가 필요하다.

기억하라.
비판받기를 좋아하는 사람은 아무도 없다.
비판하기를 즐기는 사람은,
자신의 들보를 보지 못하는 영적 맹인이거나
남의 티가 들보처럼 크게 보이는
비정상적인 안구를 지닌 환자이거나

자신의 들보를 숨기기 위해
남의 티를 드러내는 외식주의자일 것이다.

스스로를 돌아볼 필요가 있다.
형제를 비판하려는 근성에서 벗어나라.
혀에서 나오는 몇 마디 말 때문에
오늘도 많은 사람이 다치거나 죽어가고 있다.

28

구하고 찾고 두드리는 기도

마태복음 7장 7-12절

7 구하라 그리하면 너희에게 주실 것이요 찾으라 그리하면 찾아낼 것이요 문을 두드리라 그리하면 너희에게 열릴 것이니 8 구하는 이마다 받을 것이요 찾는 이는 찾아낼 것이요 두드리는 이에게는 열릴 것이니라 9 너희 중에 누가 아들이 떡을 달라 하는데 돌을 주며 10 생선을 달라 하는데 뱀을 줄 사람이 있겠느냐 11 너희가 악한 자라도 좋은 것으로 자식에게 줄 줄 알거든 하물며 하늘에 계신 너희 아버지께서 구하는 자에게 좋은 것으로 주시지 않겠느냐 12 그러므로 무엇이든지 남에게 대접을 받고자 하는 대로 너희도 남을 대접하라 이것이 율법이요 선지자니라

짧은 한생을 살면서 우리 힘으로는 어찌할 수 없는 불확실한 일들과 역경을 많이 만납니다. 그럴 때면 누군가 붙들고 마음속에 가둬둔 이야기를 실컷 털어놓고 싶은데, 내 말에 진지하게 귀를 기울여줄 만한 사람이 없어서 답답함을 느낍니다. 설령 내 이야기를 들어줄 사람을 만난다 하더라도 문제 해결에는 별 도움이 되지 않습니다.

그렇기 때문에 본문과 같은 말씀을 조용히 묵상할 때면 한층 더 가슴이 시원해집니다. 단순하면서도 소박한 내용이 마음에 평안과 신뢰를 심어주어, 우리 영혼이 마치 물 댄 동산같이 풍요로워지기 때문입니다.

마태복음 6장에서 '무엇을 마실까, 무엇을 먹을까, 무엇을 입을까를 염려하지 말라'고 하시던 주님이 7장에서는 '구하라, 찾으라, 두드리라'고 말씀하십니다. 염려하지 말아야 하는 우리가 왜 기도를 해야 합니까? 기도가 염려의 백신이기 때문입니다. 기도하면 염려가 사라지지만, 기도를 그만두면 염려가 발병합니다. 그러므로 기도하기와 염려하지 않기는 신앙생활에서 항상 나란히 갑니다.

"아무것도 염려하지 말고 다만 모든 일에 기도와 간구로, 너희 구할 것을 감사함으로 하나님께 아뢰라"(빌 4:6)고 주님은 말씀하십니다. 염려하지 않는 데서 그치지 말고 기도하는 데까지 나아가야 한다는 말입니다. 이 두 가지를 제대로 병행할 때 우리 영혼이 비로소 푸른 초장에서 뛰노는 양과 같이 건강할 수 있습니다.

열정, 끈기, 집념

예수님께서는 7장 7절에서 기도를 세 가지로 표현하십니다. "구하라, 찾으라, 두드리라." 그러나 이것은 구별된 세 가지의 기도를 알려주시는 것이 아니라 기도를 강조하기 위해 반복해서 말씀하신 것입니다. 기도는 우리의 열정을 담아 하나님께 아뢰는 것이요, 끈기 있게 하나님께 매달리는 것이요, 포기할 줄 모르는 집념을 가지고 하나님께 마음을 토하는 것입니다.

수월하게 하는 몇 마디 기도도 하나님께서 들으시지만, 기도의 핵심은 구하고 찾고 두드리는 열정과 끈기와 집념에 있음을 알아야 합니다. 이런 의미에서 기도는 우리가 개인적, 현실적으로 부딪히는 여러 가지 절박한 문제를 가지고 하나님 앞에서 씨름하는 것이라고 말할 수 있습니다. 이것이 구하고, 찾고, 두드리는 기도입니다.

누가복음 11장에도 동일한 본문이 나옵니다. 주님은 본문을 더 쉽게 이해할 수 있도록 아름다운 예화를 인용하셨습니다.

늦은 밤 어떤 가정에 귀한 손님이 찾아왔습니다. 요즘은 방문할 일이 있으면 미리 전화로 약속을 하지만, 옛날에는 통신 수단이 없어서 예고 없이 손님이 들이닥칠 때가 종종 있었습니다. 그런데 그날따라 만들어놓은 빵도 다 떨어지고 배를 채울 만한 요깃거리도 전혀 없었습니다. 빵을 다시 굽자니 발효시키는 데 시간이 너무 많이 걸리고, 그렇다고 하루 종일 먼 길을 걸어온 귀한 손님을 굶길 수도 없는 노릇이었습니다. 궁리 끝에 조금 떨어진 곳에 있는 친구 집을 찾아가기로 했습니다.

그런데 우려한 대로 벌써 창문에는 불이 꺼져 있었습니다. 친구는 이미 자녀와 함께 잠자리에 들어간 후였습니다. 당시 유대의 집은 대문이나 마당이 없는 조그만 단독 가옥 형태였습니다. 그래서 방문 앞에 가서 두드리고 이야기하면 문을 열지 않고도 말소리를 서로 알아들을 수 있을 정도였습니다. 그는 문 밖에 서서 한참을 망설였습니다. '두드릴까 말까?' 그러다가 포기하고 몸을 돌리려는 순간 고픈 배를 움켜쥐고 잠을 청해야 할 손님의 얼굴이 눈에 밟혔습니다.

하는 수 없이 다시 돌아서서는 불고체면하고 용기를 내 문을 두드렸습니다.

"똑똑똑."

방 안에서 "누구요?" 하는 대답이 들려왔습니다.

"날세. 우리 집에 참 귀한 손님이 오셨는데, 마침 빵이 다 떨어졌다네. 이렇게 늦은 시간 잠을 설치게 해서 정말 미안하지만, 그래도 좀 도와주게나. 빵이 있으면 몇 개만 빌려주게."

"자네도 알다시피 우리 가족은 벌써 잠자리에 들지 않았는가? 그러니 어쩌겠나? 미안하지만 오늘 저녁만 참으라고 하게나. 그리고 자네도 돌아가주면 좋겠네."

그 말을 들으니 더 이상 대꾸할 말이 없었습니다. 어찌할 바를 몰라 그저 문 밖에서 서성거릴 뿐입니다. 그런데 도저히 발걸음이 떨어지지 않았습니다. '안 되겠다. 안면몰수하고 꼭 빵을 얻어가야겠어.'

그러고는 아까보다 문을 더 세게 두드렸습니다. 집 안에서 친구의 볼멘소리가 들려왔습니다.

"정말 해도 너무하네. 그만 돌아가달라고 하지 않았나? 오늘 밤에는 줄 수 없으니 나를 좀 내버려두게."

"제발 나 좀 도와주게. 내가 어떻게 빈손으로 돌아가서 손님에게 그냥 잠을 청하라고 말하겠나? 자네가 조금만 수고해주면 되지 않나?"

이렇게 그는 친구가 일어날 때까지 계속 두드렸습니다.

그다음 장면은, 결국 자고 있던 친구가 일어나 빵을 주어 돌려보내는 것으로 막을 내립니다. 이어서 주님은 다음 말씀으로 이야기를 마무리하십니다. "내가 너희에게 말하노니 비록 벗됨으로 인하여서는 일어나서 주지 아니할지라도 그 간청함을 인하여 일어나 그 요구대로 주리라"(눅 11:8).

친구 관계라는 이유만으로는 요구를 들어주고 싶지 않지만 귀찮아서 못 견딜 정도로 거듭 간청하는 것에는 손을 들 수밖에 없습니다. 주님은 우리가 드리는 기도를 말씀하시면서 이처

럼 끝까지 구하고, 찾고, 두드리는 태도를 지녀야 한다고 비유
로 말씀하신 것입니다.

하나님의 때가 이르기까지

기도에 관해 몇 가지 더 기억해야 할
사실이 있습니다. 첫째로, 구하고, 찾고, 두드리는 기도는 '하나
님의 때를 기다리는 기도'여야 함을 암시합니다. 만약 한 번만
기도해도 내가 원하는 시간에 응답받을 수 있다면, 집요하게
구할 필요가 없을 것입니다. 그러나 주님이 "구하고, 부족하면
찾고, 그래도 부족하면 끝까지 두드리라"고 말씀하신 이유는
우리가 하나님의 때를 알 수 없기 때문입니다. 비록 내 기도 제
목에 하나님께서 아무런 반응을 보이시지 않더라도 구하고, 찾
고, 두드리는 자세를 포기해서는 안 됩니다. 하나님의 응답이
놀랍게 임하는 그때를 기다리며 기도를 이어가야 합니다.
　바른 생각으로 아이를 키우는 부모라면 철없는 자녀가 요구
하는 것을 무조건 다 들어주지는 않습니다. 물론 그것보다 더
큰 것도 해주고 싶은 것이 부모 마음이지만, 자녀에게 진정 유
익한 것이 무엇일까를 교육적으로 따져보면 가장 적절한 때와
수준을 분별할 수밖에 없습니다.
　어리석고 때로는 악하기도 한 세상의 부모도 그러한데, 하
물며 지혜로우시고 선하신 하나님은 어떻겠습니까? 하나님께
서는 때를 분별하셔서 기다리기도 하시고 즉각적으로 반응하
기도 하십니다. 그러므로 하나님께서 침묵을 유지하실 때에라

도 우리는 계속 하나님께 매달려야 합니다. 그러한 과정을 거듭하면서 우리의 신앙은 점점 깊이를 더해가고, 우리의 인격은 주님 보시기에 아름답게 빚어져갑니다.

사랑의교회에는 '365일 철야기도회'가 있는데, 매일 밤 약 7, 80명이 모여서 기도를 합니다. 언젠가 기도회에 참석한 성도의 간증문을 읽었습니다. 그분은 10년 정도 신앙생활을 해오셨는데, 가난을 극복하기 위해 새벽부터 밤늦게까지 몸부림치고 있었습니다. 하지만 그의 노력을 비웃기라도 하듯이 부채는 하루가 다르게 늘어만 갔습니다. 부채를 감당할 길이 없자 남편이 한없이 원망스러웠고, 살 의욕도 없어졌으며, 신앙에 회의가 올 정도로 좌절감에 빠졌습니다. 그러다가 문득 '사랑의교회 철야기도회가 있다는데, 하나님 앞에 한번 매달려봐야겠다' 하는 생각이 들었답니다.

작심을 하고 드디어 철야기도회에 참석하기 시작했습니다. 거리로 봐서는 자가용이나 택시를 이용해야겠지만 형편상 그럴 수 없어서 매번 꼬박 45분을 걸어서 왔습니다. 하루 종일 일하고 쉬어야 할 시간에 그 먼 길을 와서는 새벽 두세 시쯤 기도를 마치고 다시 45분을 걸어서 집으로 돌아갔습니다. 그런 다음 잠깐 눈을 붙이고 또다시 일하러 나갔습니다. 중간에 포기하고 싶을 정도로 힘들었지만 작정한 대로 기도를 계속했습니다. 그러자 신기하게도 매월 필요한 만큼 하나님께서 재물을 채워주셨습니다. 때로는 다급한 상황에서 하나님께 매달리면 바로 응답해주시기도 했습니다.

그에게는 고등학교 3학년 딸이 있는데, 모의고사 성적이 그다지 좋지 않았습니다. 한번은 철야기도회에 나와서 전도사님께 걱정을 털어놓았더니 다음과 같이 기도하라고 말씀해주셨답니다. "딸의 눈과 마음과 손이 오답을 찍지 않고 정답을 고를 수 있도록 해주시옵소서." 그래서 수능 시험을 앞두고는 밤마다 꼭 그렇게 기도했습니다. 딸이 제일 어려워하는 과목이 수학이었는데, 막상 수학 시험지를 받아보니 정말로 풀 수 없는 문제가 대여섯 개 있었다고 합니다. 공란으로 비울 수가 없어서 답을 찍어 답안지를 제출했습니다. 그런데 그 다섯 문제 중 네 문제가 맞아떨어지는 기적 같은 일이 일어났습니다. 그 때문에 성적이 올라 특차까지 응시할 수 있었다고 합니다.

그러나 무엇보다도 그가 밤마다 기도회에 참석하면서 깨달은 진리는 바로 이것이었습니다. "기도하면 바로 응답받기도 하지만, 인내하면서 오래 기다려야 하는 것이 기도다."

하나님을 아버지로 부르는 기적

둘째로, 우리가 구하고, 찾고, 두드리는 기도의 대상이 하나님 아버지라는 사실을 기억해야 합니다. "너희가 악한 자라도 좋은 것으로 자식에게 줄 줄 알거든 하물며 하늘에 계신 너희 아버지께서 구하는 자에게 좋은 것으로 주시지 않겠느냐"(마 7:11). 하나님은 모든 것을 다 가지고 계시고, 마음만 먹으면 무엇이든지 하실 수 있는 전능하신 분입니다. 구더기와 하루살이 같은 우리를 인격적으로 대우해주시고 불쌍히 여기시는 자비로운 분입니다. 말씀으로 약속하신 것들을 빠짐없이 지키시는 성실하신 분입니다. 기도는 바로 그 하나님 아버지께 구하고, 찾고, 두드리는 것입니다.

우리가 예수님을 믿고 나서 경험하는 많은 기적 가운데 빼놓을 수 없는 것은, 하나님을 '아버지'라고 마음껏 부를 수 있다는 사실입니다. 성경은 이것을 '권세'라고 표현하는데, 이는 하나님이 주신 권세요, 하나님의 자녀로서 얻은 권세입니다. 한 나라의 왕을 아버지라고 부른다는 것은 곧 왕이 가진 권세와 영광을 함께 누림을 뜻합니다. 하나님을 아버지라고 부르는 것도 그와 같습니다. 그러므로 아무나 하나님을 아버지라고 부르지 못합니다. 예수님이 십자가 처형을 당하신 것도 하나님을 아버지라고 부르다가 사람들에게 미움을 샀기 때문입니다. 그런데 하나님께서 예수님을 믿는 우리에게 이 권세를 주셨습니다. 아버지를 향해 구하고 두드리는 것이 바로 기도입니다.

그럼에도 하나님을 나의 아버지로 100퍼센트 신뢰하지 못하는 사람이 많습니다. 이에 대한 단적인 증거가 기도를 등한시하는 태도입니다. 하나님을 아버지로 신뢰한다면 기도를 안 할 수 없습니다.

사랑의교회 홈페이지에 들어가보면 제자훈련 실황을 영상으로 만날 수 있습니다. 어느 목사님의 인도로 진행되는 제자반을 처음부터 끝까지 지켜보면서 많은 은혜를 받았습니다. 마침 '하나님은 누구신가?'라는 주제를 다루고 있었는데, 거룩, 전능, 무소부재, 자비 등과 같은 하나님의 속성들을 배워나가면서 은혜를 나누고 있었습니다.

그날의 훈련을 마무리하면서 내용을 한 번 더 확인하기 위해 인도자가 이런 질문을 했습니다. "오늘 우리가 배운 대로 하나님께서는 진짜 그런 분이심을 여러분은 믿으십니까?"

그러자 아무도 대답하지 못한 채 침묵이 흘렀습니다. 다른 자리 같으면 깊이 생각하지 않고 즉시 "아멘"이라고 대답할 수도 있었겠지만 제자훈련을 하는 자리에서만큼은 그럴 수 없었던 것입니다.

그러다가 어떤 자매가 자신의 심정을 솔직하게 털어놓았습니다. "목사님, 이렇게 말씀을 배울 때는 하나님이 그런 분이심을 인정하는데, 실제로는 잘 안 믿어질 때가 많습니다."

이 말은 우리 모두의 현주소를 대변해준다고 할 수 있습니다. 겉으로 표현만 안 했을 뿐, 어쩌면 우리도 그러한 심정인지 모릅니다.

두 개의 이미지

우리가 무릎을 꿇고 하나님을 향해 "아버지!" 하고 부를 때마다 확인할 수 있는 감격스러운 사실이 있습니다. 무엇보다도 먼저, 아버지 되신 하나님이 성령을 통해서 우리와 함께 동행하시는 분이라는 것입니다.

전능하신 하나님, 모든 것을 가지신 하나님, 자비로우신 하나님, 한 번 약속하시면 반드시 실행하시는 성실하신 하나님이 나와 함께 세상을 걸어가는 아버지가 되신다고 말씀합니다. 그렇기 때문에 인생을 살다가 물 가운데로 지나갈 때, 사망의 음침한 골짜기를 통과할 때, 내 곁에 계신 하나님 아버지께 구하고 찾고 두드리는 것은 지극히 자연스러운 현상입니다.

또 하나 감격스러운 사실은, 우리가 집요하게 기도하면 하나님께서 그 간구를 들으시고 마음을 바꾸신다는 것입니다. 흔히 아버지라고 하면 주로 두 개의 이미지가 떠오릅니다. 하나는 고집이 세고, 자기주장을 결코 굽히지 않는 완고한 이미지입니다. 종교개혁자 루터의 아버지가 그런 유형에 속했습니다. 이런 아버지를 둔 가족들은 매사에 "말해봐도 소용없다. 괜히 잘못 말했다간 집안에 분란이 일어날 테니 차라리 가만히 있는 게 낫지"하는 식의 반응을 보입니다.

이와 정반대인 이미지가 있습니다. 부드럽고 자상하며 항상 자녀의 말에 귀를 기울이는, 그래서 자녀의 생각이 옳다는 판단이 들면 지체 없이 자신의 생각을 접고 자녀의 소원대로 해주시는 너그러운 아버지의 이미지입니다.

어떤 사람은 하나님을 이렇게 가르칩니다. "하나님은 한 번 뜻을 정하시면 절대로 변치 않으시는 분이다. 정해진 뜻은 반드시 이루어진다. 그러므로 우리가 하나님의 뜻을 바꾸려고 생각하는 것은 불경죄에 해당한다."

물론 성경에는 그렇게 가르칠 만한 근거가 있긴 하지만 그것이 전부는 아닙니다. 만약 하나님을 그런 분으로만 믿는다면 기도하기가 매우 어렵습니다. 하나님의 뜻을 다 알아서 거기에 일치하는 기도를 할 수 있는 사람은 아무도 없기 때문입니다. 그러나 사실 우리는 하나님의 뜻이 무엇인지 모르기 때문에 달리 도리가 없어 부르짖는 것이고, 너무나 급하고 절박한 나머지 견딜 수 없어서 하나님을 찾는 것입니다.

그러므로 하나님께서 우리에게 기도의 문을 열어놓으시는 이유는 바로 이것입니다. 즉, 우리 기도에 하나님이 설득을 당하실 수도 있다는 것입니다. 이것이 하나님의 입장입니다.

뜻을 돌이키시는 하나님

성경에 이것을 설명할 수 있는 좋은 예가 있습니다. 열왕기하 20장에 보면, 경건하고 하나님의 뜻대로 살려고 했던 젊은 왕 히스기야가 등장합니다. 그는 하나님을 잘 섬겼고 하나님의 복을 받은 왕이었는데, 삼십 대 후반 한창 때에 치명적인 병에 걸리고 말았습니다. 어느 날 하나님께서 이사야 선지자에게 다음과 같이 말씀하셨습니다. "너는 히스기야에게 가서 내 뜻을 전해라. 내가 그의 생명을 취할 것이다. 그러므로 이제 유언을 준비하라고 알려주어라." 이사야는 히스기야에게 하나님의 말씀을 그대로 전했습니다.

그 말을 들은 히스기야가 얼마나 슬퍼하고 절망했는지 몸을 돌려 벽을 향해 방성대곡하면서 하나님 앞에 부르짖었습니다. 그러자 하나님이 기도를 들으시고는 돌아오는 선지자의 걸음을 다시 돌이키셨습니다. "히스기야에게 다시 돌아가라. 내가 마음을 바꾸었다고 전해라." 그런 다음 이런 내용의 말씀을 그의 입에 넣어주셨습니다. "하나님께서 왕의 기도를 들었고 왕의 눈물을 보셨다고 합니다. 그래서 마음을 바꾸시고 왕의 생명을 15년간 더 연장시켜주시겠다고 약속하셨습니다. 왕이여, 소망을 가지고 일어나십시오."

하나님의 뜻에서 기본적이고 커다란 틀은 바뀌지 않습니다. 그 틀은 곧 우리를 통해서 영광을 받으시겠다는 것과, 모든 것이 합력하여 선을 이루도록 하시겠다는 것입니다. 이런 틀 안에서 우리 개인의 문제를 다루실 때, 경우에 따라 우리의 기도를 들으시고 그분의 뜻을 바꾸기도 하십니다. 우리의 기도에 설득당하시는 것같이 보일 때가 자주 있다는 것입니다. 왜냐하면 너그러우신 아버지이기 때문입니다.

많은 사람들이 즐겨 읽는 달라스 윌라드(Dallas Willard)의 글에 이런 말이 있습니다. "적절하다고 생각되는 상황에서 뜻을 못 바꿀 하나님이라면 그는 전능하신 분이라고 할 수 없다." 뜻을 바꿀 수 있는 적절한 상황인데도 그러지 못하고 어딘가에 계속 매여 있다면, 어떻게 그런 분을 전능하다고 할 수 있겠느냐는 말입니다. 우리의 유익을 위해 하나님은 능히 자신의 마음을 바꾸실 수 있습니다. 그러므로 우리는 하나님께 구하지 못할 이유가 전혀 없습니다.

언제나 좋은 응답으로

셋째로, 구하고, 찾고, 두드리는 자에게는 반드시 좋은 것을 주신다고 약속하셨습니다. "너희가 악한 자라도 좋은 것으로 자식에게 줄 줄 알거든 하물며 하늘에 계신 너희 아버지께서 구하는 자에게 좋은 것으로 주시지 않겠느냐"(마 7:11).

미국 캘리포니아 주립 형무소에서 패터슨이라는 사람이 복역 중입니다. 가정을 팽개치고 강도 짓에 마약까지 복용하면서 방탕한 생활을 하다가 결국 감옥에 갇혔습니다. 이런 악한 사람을 누가 아버지요, 남편이라고 생각하겠습니까? 그런데 어느 날 그는 딸이 위독하다는 소식을 들었습니다. 딸은 콩팥이 하나밖에 없는 채로 태어났는데, 그것마저 문제가 생겼던 것입니다. 그러자 아버지가 자기 콩팥을 기증하겠다고 나섰습니다. 이 일이 사람들의 주목을 끌었던 이유는 그 역시 콩팥이 하나밖에 없었기 때문입니다. 결국 하나 남은 자기 콩팥을 딸을 살리기 위해 기증하고 자기는 죽기로 정한 것입니다.

이렇듯 본성상 악한 육신의 아버지도 자식에게는 좋은 것을 주려 하는데, 하물며 선하시고 인자와 긍휼이 무궁하신 하늘의 아버지 하나님께서 우리에게 좋은 것을 주시지 않겠습니까? 구하고, 찾고, 두드리는 자에게 주시는 하나님의 응답은 언제나 좋은 것입니다.

그런데 주의해야 할 것은 내 눈에 좋은 것이 아니라 하나님의 눈에 좋다는 사실입니다. 물론 앞의 예처럼 시험을 볼 때 다섯 개를 찍었는데 그중 네 개가 맞은 경우는 내 눈에도 좋은 응답입니다. 그러나 대부분의 응답은 우리 눈에는 안 좋아 보입니다. 하나님은 떡이라고 주시는데 내가 보기에는 돌로 보입니다. 그럴수록 하나님이 주시는 것이 좋은 것이라는 믿음을 가지고 오히려 감사하면, 그분이 주시는 응답이 떡이었음을 발견할 수 있습니다. 우리의 영안이 어둡기 때문에 하나님이 주시는 것이 돌로 보입니다. 심지어 우리 실수로 위기에 빠져서 하나님께 매달릴 때도 그분은 선으로 응답하십니다.

　　　　　　　　한 자매가 저에게 편지를 보냈습니다. 예수님을 믿은 지는 오래되었지만 신앙이 별로 뜨겁지는 않았던 모양입니다. 오히려 남편이 직장생활을 하면서 주님을 위해 충성하자 은근히 남편을 핍박했습니다. 그러다가 신앙이 좋은 남편에게 감화를 받았는지 성경대학에 입학하고는 하나님의 말씀을 부지런히 배우기 시작했습니다. 그런데 갑자기 직장암 초기라는 청천벽력 같은 진단을 받았습니다.

　절망 중에서 남편은 위로의 말을 아끼지 않았다고 합니다. "여보, 이 병이 하나님이 주신 것이라면 좋은 것일 거야. 결코 나쁜 것이 아니야. 우리는 그렇게 믿어야 해." 그 말을 의지하고 1년 동안 항암 치료를 받았습니다. 그러던 중에 5일 연속 주사를 맞는 마지막 치료 과정을 거치면서 그만 영적인 침체가 찾아왔습니다. '좋은 것을 주실 줄 알았는데, 기껏해야 이런 것이었나?' 하는 생각에 믿음이 흔들리면서 말로 표현할 수 없는 답답함을 느꼈답니다. 마침 심방을 오신 목사님께 이러한 심정을 털어놓았더니 목사님도 남편과 똑같은 이야기를 들려주셨습니다. "하나님은 절대 나쁜 것을 주시지 않습니다. 좋은 것을 주시는 하나님을 굳게 믿으십시오."

　힘겨웠던 1년간의 치료를 다 마치고 결과를 듣기 위해 의사를 찾아갔습니다. "암세포는 다 없어진 것 같은데 전이가 의심되는 부분이 한 군데 있습니다. 검사를 조금 더 하고 한 달 후에 다시 한번 봅시다."

　그 말을 듣자마자 하나님께 버림받은 기분이었다고 합니다.

며칠을 고민하다가 '이왕 이렇게 된 바에야 하나님 앞에 매달려보자' 하고는 남편과 함께 새벽기도회에 나가기로 결심했습니다. 그리고 열심히 새벽마다 기도했습니다. "하나님이여, 주님을 머리로만 믿는 것이 아니라 마음으로 믿게 해주소서. 구원의 기쁨을 다시 회복시켜 주소서. 나에게 주신 이 병의 의미가 무엇인지 가르쳐주시고 고쳐주소서." 이렇게 기도하기를 보름, 그러자 또다시 영적인 침체가 찾아왔습니다.

이런 상황에서 불신자를 만나 자기도 모르게 전도를 하기 시작했습니다. 자기가 불평하고 있는 하나님, 의심하고 있는 하나님을 전한 것입니다. 그런데 전도를 하고 나서 놀라운 변화가 일어났습니다. 하나님이 자매의 눈을 열어주셨습니다. 자매는 다음과 같이 적었습니다.

"갑자기 마음이 편안해졌습니다. 답답하고 분한 마음도 없어지고 감사하는 마음이 생겨났습니다. 그날 이후 마음에 쌓인 여러 가지 생각이 정리되면서 가장 좋은 것을 주시는 하나님 아버지를 믿고 묵상하게 되었습니다. 병이나 영적인 갈등도 다 제게 필요해서 주신, 좋은 것임을 비로소 알게 되었습니다.

의사의 판정이 어떻게 나든 그것을 허락하신 하나님의 주권을 인정하며 감사해야겠다는 마음이 들었고, 병에 대한 집착도 사라져버렸습니다. 낫든지, 안 낫든지 이 일을 통해서 하나님께서 남편과 저를 다루고 계시며 하나님의 온전한 사랑으로 세움을 입으리라는 확신이 들었습니다. 목사님, 1년 동안 치료를 받고 나서 바로 완치되었다는 판정을 받았다면 지금처럼 제가 하나님께 가까이 다가설 수 있었을까요? 제가 정말 많이 달라졌습니다. 이제껏 신앙생활을 해오면서 요즘처럼 좋은 때가 없었습니다. 남들은 이해하지 못할 것입니다. 목사님께 이 고백을 꼭 나누고 싶었습니다."

기도와 형제 대접

끝으로 구하고, 찾고, 두드리는 기도는 남을 먼저 대접하는 것입니다. "그러므로 무엇이든지 남에게 대접을 받고자 하는 대로 너희도 남을 대접하라 이것이 율법이요 선지자니라"(마 7:12). 내가 비판하고 싶은 사람이 있다면, 그 사람을 대접하는 길이 무엇일까요? 먼저 내가 하나님 앞에 진지한 자세로 엎드려야 합니다. "주여, 나의 눈에 있는 들보를 뽑아주옵소서."

그러면 하나님께서 내 눈에서 들보를 뽑으시고, 형제의 눈에 있는 티를 보던 나의 잘못된 생각을 바꾸어주십니다. 기도하다가 내가 바뀌는 것입니다. 그렇게 되면 자연히 다른 형제를 대접하는 사람으로 바뀌는 것입니다.

반대로 나를 비판하고 업신여기는 사람이 있다면, 그 사람을 대접하는 길은 무엇일까요? 마찬가지로 내가 하나님 앞에 엎드려 그를 위해 기도하는 것입니다. 그러면 하나님께서 그 사람을 변화시켜주십니다. 마음의 문고리는 마음 안에 있기 때문에 밖에서는 열 수 없습니다. 그러나 하나님께서 그 사람의 마음을 변화시키면 그가 스스로 문을 열고 나옵니다. 이렇게 볼 때 기도는 다른 형제를 대접하는 것과 같습니다.

우리는 지금 구하고, 찾고, 두드리지 않으면 안 되는 상황에 놓여 있습니다. 날마다 우리를 당황하게 만드는 사건들이 일어납니다. 그러나 우리에게는 선인과 악인을 가리지 않으시고 비를 주시는 하나님 아버지가 계십니다.

그런데 이러한 어려움을 당할 때 왜 찾고, 구하고, 두드리지 않습니까? 환경오염으로 말미암아 원인 모를 질병에 걸릴 위험을 안고 살아가면서도 왜 우리 곁에서 동행하시는 좋으신 하나님 앞에 구하고, 찾고, 두드리는 기도를 하지 않습니까? 부모의 사랑으로도 막을 수 없는 자녀의 탈선을 앞에 두고 왜 자녀를 위해 구하고, 찾고, 두드리지 않습니까?

생활고나 진로나 어떤 문제든지 절박한 문제가 있다면 서슴지 말고 하나님 아버지께 구해야 합니다. 그러면 하나님께서는 반드시 좋은 것을 주신다고 약속하셨습니다. 경우에 따라서는 하나님의 뜻이 어떠하든 간에 우리의 기도를 들으시고 자신의 마음을 바꾸신다고 약속하셨습니다. 이 좋은 하나님이 우리 아버지이십니다.

기도함으로써 승리하는 삶, 기적을 창출하는 삶, 하나님의 놀라운 영광을 세상에 보여줄 수 있는 삶을 살아갑시다.

기도는 우리의 열정을 담아
하나님께 아뢰는 것이요,
끈기 있게 하나님께 매달리는 것이요,
포기할 줄 모르는 집념을 가지고
하나님께 마음을 토하는 것이다.

기도의 핵심은
구하고, 찾고, 두드리는
열정과 끈기와 집념에 있다.
하나님께서 아무런 반응을 보이시지 않더라도
포기하지 말고
하나님의 때를 기다리며 기도하라.

구하고, 찾고, 두드리는 기도의 대상이
하나님 아버지라는 사실을 기억하라.
기도는 모든 것을 가지고 계시고
마음만 먹으면 무엇이든지 하실 수 있는
전능하신 하나님께
구하고, 찾고, 두드리는 것이다.

우리의 유익을 위해

하나님은 능히 자신의 마음을
바꾸실 수 있다는 것을 기억하라.
어떤 문제든 절박한 문제라면
서슴지 말고 하나님 아버지께 구하라.
그러면 하나님께서는
반드시 좋은 것을 주신다.

29

당신은 좁은 길을 걸어가고 있는가

마태복음 7장 13-14절

13 좁은 문으로 들어가라 멸망으로 인도하는 문은 크고 그 길이 넓어 그리로 들어가는 자가 많고 14 생명으로 인도하는 문은 좁고 길이 협착하여 찾는 자가 적음이라

교차로는 거기에 오래 머물 수 없고, 반드시 어느 한 방향을 선택해서 발길을 옮겨야 하는 곳입니다. 우리 인생에도 이런 교차로가 있습니다. 살아가다 보면 때로는 중대한 결정을 내려야 하는 교차로를 만나기도 하는데, 그럴 경우 어느 방향을 선택하느냐에 따라서 자신의 미래가 좌우되기도 합니다. 이런 의미에서 인생은 하나의 선택이라고 말할 수 있습니다.

예수님께서도 이 세상에서 꼭 선택해야 하는 두 가지 길이 있다고 말씀하셨습니다. 하나는 좁은 길이요, 다른 하나는 넓은 길입니다. 들어가는 문도 두 개가 있다고 하셨습니다. 좁은 문과 넓은 문입니다. 어느 것을 선택하느냐에 따라 두 가지 결과가 기다린다고 하셨습니다. 영생과 멸망입니다. 좁은 길과 넓은 길의 교차로에서, 어떤 사람들은 넓은 문을 선택하여 넓은 길로 가다가 멸망하고, 어떤 사람들은 좁은 문을 선택하여 좁은 길을 가다가 영생을 얻습니다.

넓은 문은 예수님을 하나님의 아들로 인정하기를 거부하고 그분을 믿지 않는 사람들이 들어가는 문입니다. 그 문에 들어서면 앞으로 죽 펼쳐진 길이 넓고 편해서 안심하고 걸어갈 수 있습니다. 게다가 재미있는 일이 많아 마음껏 즐기며 걸어갈 수 있습니다. 그래서 많은 사람이 그 길을 선호합니다.

이 길은 미국 뉴욕에 있는 브로드웨이를 연상케 합니다. 뉴욕을 방문하는 사람이라면 꼭 한 번쯤 찾아가고 싶어 하는 곳입니다. 맨해튼에서 시작해서 허드슨강을 중심으로 알바니까지 이어지는데, 그 길이는 장장 200킬로미터가 넘습니다. 아마전 세계적으로 가장 길고 넓은 길이 아닐까 생각합니다. 또 그길에는 세계 금융계의 중심이라고 할 수 있는 월스트리트와 유명한 대학이 자리 잡고 있습니다.

그런데 사람들이 특별히 브로드웨이를 좋아하는 이유가 있습니다. 42번가에 있는 소위 '타임즈 광장'(Times Square) 때문입니다. 그곳에는 음란하고 추악한 스트립바와 24시간 포르노 영화를 상영하는 극장들이 즐비하게 늘어서 있고, 매매춘이 성업하고 있습니다. 쾌락을 좇는 사람들이 술, 성, 마약, 도박에 빠져서 세월 가는 줄 모르는, 그야말로 향락의 거리입니다. 그곳에는 하나님이 계시지 않습니다. 오직 멸망만이 기다릴 뿐입니다. 주님께서 말씀하신 넓은 문, 넓은 길은 바로 이런 곳과 흡사할 것입니다.

반면에 좁은 문이란 예수님을 하나님의 아들로 고백하고, 자신의 구원자로 믿는 사람들이 발을 들여놓는 곳입니다. 누가복음 13장에는 마태복음 7장과 비슷한 내용이 나오는데 좁은 문을 이해할 수 있는 배경을 제공합니다.

어떤 사람이 구원을 얻는 자의 숫자에 상당히 관심을 보이며 예수님께 이런 질문을 했습니다. "예수님, 구원을 얻을 사람들이 앞으로 많을까요? 적을까요?" 그러자 예수님께서 유명한 대답을 하셨습니다. "좁은 문으로 들어가기를 힘쓰라 내가 너희에게 이르노니 들어가기를 구하여도 못하는 자가 많으리라" (눅 13:24). 바꾸어 말하면 다음과 같은 예언입니다. "나를 믿으라. 그러나 세상에서는 나를 믿고 싶어도 믿지 못할 사람이 많을 것이다." 따라서 좁은 문은 예수님을 믿는 것을 가리킵니다. 많은 사람이 예수님을 믿고 싶어도 믿지 못하고 포기하는 경향이 많아질 것을 주님은 이미 알고 경고하신 것입니다.

좁은 길 기피증

우리는 흔히 이 시대를 개성이 강한 시대, 혹은 개성화 시대라고 부릅니다. 불과 반세기 전만 해도 개인의 취향과는 상관없이 공장에서 대량생산되어 나오는 획일적이고 규격화된 상품만 살 수 있었습니다. 즉, 선택의 여지가 거의 없었습니다.

그러나 오늘날은 상품이 다양화되어 개인의 취향에 따라 선택할 수 있고, 주문생산도 가능해졌습니다. 하지만 이에 따른 부작용도 큽니다. 개성이 각양각색인 데다 매우 강하기까지 해서 자신이 좋아하는 것에는 무섭게 몰두하지만 싫어하는 것은 아예 거들떠도 보지 않는 경향이 심화되고 있습니다. 이러한 성향이 우리의 의식 세계에 크게 영향을 끼치고 있습니다. 고

지식하고 고집스러우며 하나만을 주장하는 식의 태도를 갖다 보니, 사람들이 점점 더 배타적이 되어가는 것입니다.

예수님이 길이요, 진리요, 생명이라는 이 복음은 2,000여 년 동안 끊임없이 세상 사람들에게 전해져왔습니다. 그런데 개성 화 시대를 살아가는 현대인들에게는 복음이 너무나 고지식한 주장으로 비쳐지고 있습니다. '오직 예수'라고 하는 말 자체부 터 너무 독선적이라며 거부반응을 보입니다. "그런 식의 획일 화된 진리는 받아들일 수 없다. 모든 종교에는 진리가 있고 어 떤 종교를 믿든지 구원을 받는다"라고 하는 다원주의적인 사 상이나 가르침을 선호합니다. 갈수록 넓은 길을 선택하는 사람 이 많아집니다. 반면에 예수님만이 우리의 구원자라고 주장하 는 기독교의 좁은 문에는 발길이 뜸해지고, 나중에는 길이 점 점 좁아져서 두 사람이 함께 걷기조차 힘든 협로가 될 가능성 도 있습니다.

좁은 문과 좁은 길

이와 같은 시대에 좁은 문을 선택하고, 좁은 길에 들어섰다는 것만큼 우리에게 큰 복과 기적이 없습니 다. 그것은 내 의지가 강해서도 아니고 특별한 체험을 해서도 아니며, 오직 하나님의 은혜로 이루어진 일이기 때문입니다. 에베소서 2장 8절이 이 사실을 잘 보여줍니다. "너희는 그 은혜 에 의하여 믿음으로 말미암아 구원을 받았으니 이것은 너희에 게서 난 것이 아니요 하나님의 선물이라." 우리는 이 놀라운 선물을 값없이 받고서 예수님을 마음에 모시는 좁은 길을 선택한 사람들입니다.

중요한 사실은 좁은 길에 들어섰다고 해서 모두가 그 길을 가는 것은 아니라는 점입니다. 마태복음 7장에서 이를 암시합니다. 예수님께서 좁은 문으로 들어가라고 말씀하실 때 그 말을 듣고 있던 사람들은 제자들입니다. 산상수훈은 믿지 않는 사람들을 대상으로 하신 말씀이라기보다는 고향도 가정도 포기하고 혈혈단신 주님을 따르는 제자들에게 하시는 말씀입니다. 그들은 예수님을 하나님의 아들이요, 구주라고 고백하면서 자기 자신을 그분 앞에 던진 사람들입니다.

이런 사람들을 보고 예수님께서 "좁은 문으로 들어가라"고 하셨다는 것은 그 말이 단순히 "예수님을 믿으라"는 의미가 아님을 암시합니다. "이미 너희는 나를 하나님의 아들로 인정하고 믿었으니, 이제는 험하고 고되고 외로운 이 좁은 길을 끝까지 걸어가라." 바로 이런 의미입니다.

'좁은 문 들어서기'와 '좁은 길 걸어가기'는 원칙상 하나여야 합니다. 그러나 교회 안에서도, 좁은 문으로 들어서기는 했지만 걸어가야 할 길의 형세가 만만치 않은 것을 보고 그 길을 기피하려는 경향이 있습니다. 마치 그 둘이 별개인 것처럼 '예수 믿기'와 '예수 따라가기'가 일치하지 않는 것을 자연스럽게 받아들이며 생활하는 사람들이 있다는 말입니다.

신앙고백과 신앙생활은 하나로 이어져야 합니다. 한 번 좁은 문으로 들어온 사람은 좁은 길을 걸어가야 합니다. 좁은 길로 가는 것이 겁나서 넓은 길을 기웃거리며 적당히 교회만 드나드는 것은 바른 신앙생활이 아닙니다. 그런 식이라면 영생을 장담할 수 없다는 사실을 분명히 인식해야 합니다.

강물을 거슬러 올라가는 연어처럼

당신이 과연 좁은 문으로 들어왔으며, 좁은 길을 가는 하나님의 자녀인지 알고 싶다면 다음 세 가지 질문에 대답해보십시오.

첫째로, '세상에서 신앙생활을 하는 것이 정말 어렵다고 생각될 때가 많은가?'입니다. 만약 그렇다면 당신은 좁은 길을 가는 사람입니다.

간혹 예수님을 믿는 것이 무조건 좋은 것이라고만 생각하는 분들이 있습니다. "목사님, 정말 기쁘고 행복해요. 예수님을 믿는 것이 이렇게 좋은 줄 몰랐어요. 왜 좀 더 빨리 믿지 않았는지 모르겠어요." 물론 이것도 정상적인 반응입니다. 예수님을 믿는 것만큼 세상에서 우리 가슴을 뜨겁게 하는 것도 없기 때문입니다. 그러나 만약 이것이 신앙생활의 전부라고 생각한다면 그는 아직도 어린아이의 신앙을 가진 사람입니다.

등산을 가는 어른들을 따라 나온 예닐곱 살 어린아이들을 상상해보면 쉽게 알 수 있습니다. 아이들이 처음에는 산에 간다는 것 자체가 너무나 좋고 흥분되어 이리저리 뛰어다니며 야단법석을 떱니다. 그러다가 등산을 시작하고 두어 시간만 지나면 금방이라도 죽을 것처럼 앓는 소리를 합니다. "업어달라, 못가겠다" 투정을 부리면서 그 자리에 주저앉기도 합니다. 마냥 기분 좋아하는 것은 아직 등산이 무엇인지 잘 모를 때의 일이며, 실제로 높고 험한 산을 오르기 시작하면 그게 얼마나 힘든 일인지 알게 된다는 말입니다.

신앙생활도 마찬가지입니다. 초기에는 세상이 달라 보이고 모든 것이 감사할 뿐입니다. 그러나 시간이 흐르면서 하나님의 말씀과 그분의 요구를 깊이 깨닫고, 변화된 자신의 신분이 얼마나 고상하고 거룩한지 인식하면서 신앙생활이 만만치 않음을 느끼게 됩니다. 더욱이 세상이 악해지면 악해질수록 하나님의 자녀로 사는 것이 얼마나 힘겨운 일인지 절감합니다.

흔히 신앙생활을 연어가 강물을 거슬러 올라가는 것에 비유합니다. 바다에서 마음대로 돌아다니던 연어가 산란기가 되면 자기가 태어났던 강으로 떼를 지어 돌아갑니다. 큰 물줄기를 거슬러 강 상류로 올라가는데, 웬만한 절벽도 거뜬히 뛰어오릅니다. 연어잡이를 나온 곰들이 있어도 아랑곳하지 않습니다. 도중에 몇 마리가 잡아먹히든 계속 전진합니다. 다만 죽은 연어만이 물결을 따라 떠내려갈 뿐입니다.

신앙생활도 이처럼 세상 물결을 따라 마음대로 떠다니는 사람에게는 하나도 어렵지 않을 것입니다. 그러나 그 물결을 거슬러 올라가기를 각오한 사람에게는 무엇보다도 어렵습니다.

마태복음 16장 24절은 신앙생활이 힘든 이유를 다음과 같이 기록하고 있습니다. "누구든지 나를 따라오려거든 자기를 부인하고 자기 십자가를 지고 나를 따를 것이니라." 신앙생활은 예수님을 따라가는 것인데, 그것은 자기를 부인해야 가능하다고 말씀합니다. 자기를 부인한다는 것은 예수님을 몰랐을 때 가졌던 나 자신을 위한 꿈과 욕심을 버리는 것을 의미합니다.

예수님을 믿었지만 우리 속에는 아직도 부패한 옛 본성이 자리 잡고 있어서 막 낚아 올린 갈치처럼 날뛸 때가 많습니다. 예수님의 제자답게 거룩한 삶을 살려면 이것을 십자가에 못 박는 자기 부인의 과정이 꼭 필요합니다.

그렇게 되면 세상 사람들이 좋아하는 것들을 즐길 수도 없게 되고, 그들의 가치관을 수용하지 못하는 경우도 많이 생깁니다. 세상에서 살지만 세상에 속하지 않은 자로서 하나님의 자녀다운 차별성을 드러내다가, 불이익과 핍박을 당할 때도 있고 고독한 길을 선택해야만 할 때도 있습니다.

신앙생활은 자기 부인을 전제로 하는 것임에도 아직 교회 안의 많은 사람이 이런 사실을 모르고 있습니다. 또 설령 안다 해도 무시하며 살아갑니다. 자기를 부인하기보다 긍정하기에 바쁘고, 옛 자아의 소욕을 포기하기는커녕 그것을 성취하는 수단으로 신앙을 이용하려고 합니다. 이런 사람들은 좁은 문으로 들어왔을지는 모르지만 좁은 길을 걸어가는 사람은 아닙니다.

타락의 증세

어느 목사님의 강의를 들으면서 큰 충격을 받은 적이 있습니다. 종교학에서는 그 종교에 자기 부인이 있는가를 놓고 세상 모든 종교를 고등종교와 하등종교로 구분한다고 합니다. 이슬람교는 고등종교에 속합니다. 이슬람교를 믿는 사람들 중에는 진리를 탐구하고 영원한 가치를 추구하기 위해 스스로 고행을 하는 사람이 많습니다. 자기 부인이 있는 것입니다. 불교도 마찬가지로 고등종교입니다. 무아지경에서 보살이 되기 위해 평생 면벽 수양을 하는 사람이 많습니다. 자기 부인이 있습니다.

기독교는 어떻습니까? 예수님의 말씀에 비추어볼 때 기독교의 본질은 자기 부인에 있습니다. 신앙생활은 거기서부터 출발합니다. 자기 부인이 안 되어 욕심을 다 채우려는 마음을 가지고서는 정상적인 신앙생활이 불가능합니다. 그러므로 거듭나서 새사람이 되어야 합니다. 이런 의미에서 기독교도 고등종교에 속합니다.

그런데 고등종교들이 타락하여 점점 퇴색하기 시작할 때 나타나는 증세가 몇 가지 있다고 합니다. 이는 어느 종교에서나 동일하게 나타나는 증세인데, 우선 성직자의 수가 급증합니다. 티베트의 라마교가 타락했을 때 그 나라 남성의 70퍼센트가 승려였습니다. 로마제국의 기독교가 암흑기에 접어들었을 때 똑똑한 젊은이들은 모두 수도원으로 들어갔습니다.

다음으로 종교 기관이 늘어난다고 합니다. 급증하는 성직자들을 모두 먹여 살려야 하기 때문입니다. 마지막으로 기복신앙이 점점 중심적인 메시지가 된다고 합니다. 이 세상에서 복 받고 잘사는 것이 그 종교의 본래 목적처럼 변질되는 것입니다.

공식적으로 확인된 바는 아니지만 한국의 신학생들을 다 모으면 전 세계 신학생들을 모은 것보다 더 많다는 이야기도 있습니다. 미국에 있는 신학교들 다수가 재정의 상당 부분을 한국 유학생들과 이민 2세 학생들이 내는 수업료에 의존하고 있다고 합니다. 그래서 한국 학생들이 미국 신학교를 먹여 살린 다는 이야기가 나올 정도입니다.

70여 년 전, 위대한 선배 목사님들의 삶은 몸서리가 날 정도 였습니다. 가난을 꼬리표처럼 달고 살았으며 세상에서도 정당 한 대우를 전혀 받지 못했습니다. 성도들이 갖다주는 성미가 다 떨어지면 아무 말도 못하고서 그저 주님의 이름만 부르며 복음을 위해서 살다가 생을 마치기도 했습니다. 만약 오늘날 한국교회 지도자들의 모습도 이와 같다면 그렇게 많은 젊은이 들이 신학교에 매력을 느끼지는 않았을 것입니다. 교회 지도자 들이 자기 부인을 기피하고 있기 때문에 목사라는 직업이 화려 해 보이는 것입니다.

신앙생활을 바로 하려면 자기를 부인해야 하기 때문에 몹시 힘이 듭니다. 따라서 주님의 십자가를 붙들고 기도할 수밖에 없습니다. "하나님, 도와주십시오. 하나님이 주시는 은혜가 없 으면 저는 도저히 견딜 수 없습니다."

당신에게 이런 고통과 어려움이 있습니까? 이런 땀방울과 눈물이 있습니까? 그렇다면 당신은 좁은 길을 가는 하나님의 자녀입니다.

값을 치르는 것이 있다면

당신이 대답해야 할 두 번째 질문은, '신앙생활을 바로 하기 위해 희생을 치르는가?'입니다. 만약 그 렇다면 당신은 좁은 길을 가는 사람입니다. "누구든지 나를 따

라오려거든 자기를 부인하고 자기 십자가를 지고 나를 따를 것
이니라"(마 16:24). 이 말씀은 희생에 대해 다시 한번 생각하게
합니다. 십자가를 지는 것은 자기희생이자 값을 치르는 것입니
다. 윌리엄 바클레이의 말처럼 기독교에는 항상 십자가가 존재
합니다. 왜냐하면 기독교는 십자가의 종교이기 때문입니다. 예
수님은 이 십자가를 숨기려고 하지 않으셨습니다. 대중의 인기
때문에 그들이 듣기 좋아하는 설교를 하려고 신앙생활을 비단
에 싸듯 보기 좋게 포장하지 않으셨다는 말입니다.

예수님은 끔찍하게 들리는 말씀을 종종 하셨습니다. "사람
의 원수가 자기 집안 식구리라 아버지나 어머니를 나보다 더
사랑하는 자는 내게 합당하지 아니하고 아들이나 딸을 나보다
더 사랑하는 자도 내게 합당하지 아니하며"(마 10:36-37). 좁은
길을 걷다 보면 골육지친의 정을 끊고 주님을 따라가야 할 경
우도 있다는 말씀입니다. 그런 희생을 각오하지 않고는 주님을
따를 수 없습니다. 항상 하나님보다 가족을 먼저 생각하는 사
람은 부모나 배우자, 자녀가 우상이 되어 신앙생활을 정상적으
로 할 수 없습니다.

하나님은 우리에게 마음과 뜻과 목숨을 다하여 하나님만 사
랑하라고 요구하십니다. 만일 그것을 위해 치러야 할 값이 있
다면 주저하지 말라고 하십니다. 역설적이지만 이처럼 하나님
을 그 누구보다 가장 사랑할 때 비로소 가족이 나에게 진정한
의미로 다가옵니다. 그 전까지는 나에게 유익하기 때문에 사랑
하는 상대적인 존재에 지나지 않습니다.

경우에 따라서는 주님을 따라가기 위해 목숨을 버려야 할

때도 있습니다. 극단적인 예이지만 얼마든지 가능한 일입니다. 지금도 북한에는 목숨을 걸고 예수님을 따르는 지하 교회 성도들이 많습니다.

피셔는 웨일스 출신의 금발머리 소녀였습니다. 그는 고등학교를 졸업하자마자 아프리카의 가난한 나라 짐바브웨로 떠났습니다. 영양실조로 죽어가는 그곳 어린이들을 도와주면서 복음을 전하는 것이 꿈이었던 그는, 한 미션스쿨에 들어가 학생들을 가르쳤습니다. 1978년 7월, 무장단체가 그 학교를 습격했습니다. 교사나 학생을 가리지 않고 총을 난사했습니다. 피셔도 그때 희생을 당했습니다. 그 후 피셔의 가방에서 그의 음성이 녹음된 테이프가 발견되었는데 거기 이런 내용이 있었습니다. "내게 사는 것은 그리스도니 죽는 것도 유익함이라. 주의 손을 잡고 주가 허락하신 좁은 길을 걸어가리라. 주의 뜻대로 걷는 것만이 평화와 기쁨과 감격이라네."

OM선교회에 소속된 배 '둘로스'호에는 120여 개국에서 모인 약 350명의 선교사들이 타고 있습니다. 열대지방에서 배를 타고 선교한다는 것은 순교정신이 없다면 거의 불가능한 일입니다. 그 배가 움직이기 위해서는 아침부터 밤까지 엄청난 중노동을 감당해야 합니다. 24시간 엔진 소리에서 벗어나지 못합니다. 늘 뱃멀미를 달고 지내야 합니다. 그러다가 항구에 도착하면 육지에 상륙해 사람들을 만나서 복음을 전합니다.

북미나 유럽의 선진국에서 태어나 자랐지만, 좋은 환경을 뒤로하고 젊은 나이에 그 고생을 하는 사람들이 주는 메시지가 무엇입니까? 그들은 주님을 따라가기 위해 좁은 길을 선택한 사람들이요, 그래서 그와 같은 희생이나 십자가도 감수해야 한다는 것을 철저하게 믿고 인식한 사람들이라는 사실입니다.

당신은 주님을 따라 좁은 길을 가기 위해 어떤 값을 치르고 있습니까? 예배를 위해 주일 하루를 온전히 헌신하지 못하면서 값을 치르는 신앙생활을 한다고 할 수 없습니다. 수입이나 생활환경에 비해 헌금은 너무나 초라하게 드리면서 주님을 위해 희생한다고 할 수 없습니다. 예수님을 알지 못하고 영원한 멸망을 향해 달음질치는 영혼들이 수없이 많은데, 1년이 다 지나도록 그들에게 전도 한 번 하지 못하면서 값을 치른다고 할 수 없습니다. 사회의 그늘진 곳에서 하루하루 힘겹게 사는 사람들에게 따뜻한 위로 한마디 건네지도 않으면서 주님을 따라간다고 할 수 없습니다.

당신은 대가를 지불하고 있습니까? 그렇다면 좁은 길을 가는 사람입니다. 만약 지불하는 것이 아무것도 생각나지 않는다면 오늘부터 삶의 태도를 바꾸십시오.

하나님 나라를 생각할 때마다

당신이 대답해야 할 세 번째 질문은, '하나님 나라에 소망을 품음으로써 기쁨이 있는가?'입니다. 그 기쁨이 있다면 좁은 길을 걸어가는 사람입니다. 그런 사람이라면, 하나님 나라와 그 나라에서 장차 우리가 누릴 영광을 생각하기만 해도 은혜의 강물이 넘쳐흐르듯 벅찬 기쁨과 감격이 밀려올 것입니다.

산세가 험해서 두세 시간이나 힘들게 등산했는데도 여전히 정상이 보이지 않으면 이내 지치고 맙니다. 그럴 때 정상에 올라갔다가 내려오는 사람들에게 제일 먼저 묻는 말이 있습니다. "얼마나 더 가면 되지요?" 어떤 사람은 30분 정도 더 가야 되는 거리인데도 "한 5분만 가면 됩니다. 힘내세요"라며 기운을 북돋아줍니다. 그러면 그 말을 믿고는 힘을 내서 다시 올라 갑니다. 높은 산을 오르는 사람에게 정상이 다가온다는 것만큼 기쁜 대답이 없습니다. 정상에 대한 꿈을 가지고 그것을 이유로 기뻐할 수 있는 사람이라면, 그는 험하고 높은 길을 올라가는 사람임에 분명합니다.

로스앤젤레스에서 세미나를 인도하고 난 뒤, 국립공원을 방문했을 때 일입니다. 거기에는 높이가 300~400미터나 되는 거대한 암벽이 많았습니다. 그런데 주변에 있는 방문객들이 그 암벽에 시선을 고정하고 있었습니다. 더러는 쌍안경에 눈을 바짝 들이대고 열심히 들여다보고 있었습니다. 저도 유심히 살펴봤지만 까마득한 암벽 외에는 아무것도 보이지 않았습니다. 그러다 망원 렌즈를 꺼내 암벽을 살펴보았더니, 암벽 여기저기에 등반가들이 매달려 있었습니다. 시간이 한참 흘러 날이 어두워졌지만 아무도 내려올 생각을 하지 않고 몸에 부착한 램프에 불을 밝히며 계속해서 올라갔습니다.

그다음 날에도 그곳에 들러보니, 사람들이 암벽 밑에 자동차를 줄지어 주차해놓고는 암벽을 오르려고 준비하기도 하고 이미 올라갔다가 내려와서 잠시 휴식을 취하고 있었습니다. 그 중 한 청년에게 다가갔습니다. 암벽을 타고 막 내려온 듯한 그에게 암벽 등반에 시간이 어느 정도 걸리는지 물어보았습니다. "아주 잘 타는 베테랑은 24시간이면 올라갑니다. 그리고 조금 서툴면 3일, 진짜 서툰 사람은 1주일도 걸립니다."

3일 동안 암벽을 올라간다고 상상해보십시오. 자일(등산용 밧줄)에 몸을 매달고 올라가다가 밤이 되면 그 위에서 잠을 잡니다. 때로는 기후가 불안정해 비바람이 몰아치고 온도가 급격히 떨어지기도 합니다. 그야말로 생명을 건 등반입니다. 그런데도 왜 그처럼 올라가려고 하는지 다시 물었습니다. 그랬더니 아무나 설 수 없는 암벽 꼭대기에 우뚝 올라서는 기분은 이루 말할 수 없다는 답을 내놓았습니다. 순간 한 가지 깨달음이 왔습니다. 생명을 걸고 구슬땀을 흘리며 배고픔을 잊어가면서 암벽에 기어 올라가는 사람만이, 정상에서 두 손을 높이 들고 천하를 내려다보는 황홀감을 느낄 수 있다는 것입니다.

신앙생활도 마찬가지입니다. 끊임없이 자기를 부인하는 자만이, 그리고 무거운 십자가를 지고 주님의 길을 부지런히 올라가는 자만이 천국을 생각할 때마다 황홀감에 젖을 수 있습니다. 로마서 5장 2절 말씀처럼 하나님의 영광을 바라보며 즐거워할 수 있습니다.

C. H. 가브리엘이 노랫말을 쓴 찬송가 〈잠시 세상에 내가 살면서〉의 4절 가사를 함께 보겠습니다.

한숨 가시고 죽음 없는 날 사모하며 기다리니
내가 그리던 주를 뵈올 때 나의 기쁨 넘치리라
열린 천국 문 내가 들어가 세상 짐을 내려놓고

자기를 철저히 부인하면서 신앙생활을 올바로 하기를 원합니까? 비록 무겁지만 십자가를 지고 주님의 길을 따라가는 것을 기뻐합니까? 그렇다면 분명 좁은 길을 가는 성도요, 영광스런 주님의 제자입니다. 그러한 이들에게는 주님이 영생을 선물로 주실 것입니다. 우리 모두 그날이 오기까지 절대로 포기하지 말고, 이 좁은 길을 함께 걸어가길 바랍니다.

꼭! 이것만은
기억하자!

신앙고백과 신앙생활은 하나로 이어져야 한다.
'좁은 문 들어서기'와 '좁은 길 걸어가기'는
원칙상 하나여야 한다.

그러나 교회 안에서도,
좁은 문으로 들어서기는 했지만
걸어가야 할 길의 형세가 만만치 않은 것을 보고
그 길을 피하려는 경향이 있다.

'예수 믿기'와 '예수 좇아가기'가
일치하지 않는 것을
자연스럽게 받아들이며 사는 사람들이 있다.
한 번 좁은 문으로 들어온 사람은
좁은 길을 걸어가야 한다.

좁은 길이 겁이 나서
넓은 길을 기웃거리며
적당히 교회만 드나드는 것은
바른 신앙생활이 아니다.
세상에서 신앙생활을 하는 것이
정말 어렵다고 생각될 때가 많은가?

신앙생활을 바로 하기 위해
희생을 치르고 있는가?
하나님 나라를 소망함으로써 오는
기쁨이 있는가?
그렇다면 당신은 좁은 길을 걸어가는 사람이다.
끊임없이 자기를 부인하는 자만이,
무거운 십자가를 지고
주님의 길을 부지런히 올라가는 자만이
하늘 행복을 얻을 수 있다.

30

순종은 믿음만큼 중요하다

마태복음 7장 15-29절

15 거짓 선지자들을 삼가라 양의 옷을 입고 너희에게 나아오나 속에는 노략질하는 이
리라 16 그들의 열매로 그들을 알지니 가시나무에서 포도를, 또는 엉겅퀴에서 무화과
를 따겠느냐 17 이와 같이 좋은 나무마다 아름다운 열매를 맺고 못된 나무가 나쁜 열매
를 맺나니 18 좋은 나무가 나쁜 열매를 맺을 수 없고 못된 나무가 아름다운 열매를 맺
을 수 없느니라 19 아름다운 열매를 맺지 아니하는 나무마다 찍혀 불에 던져지느니라
20 이러므로 그들의 열매로 그들을 알리라 21 나더러 주여 주여 하는 자마다 다 천국에
들어갈 것이 아니요 다만 하늘에 계신 내 아버지의 뜻대로 행하는 자라야 들어가리라
22 그날에 많은 사람이 나더러 이르되 주여 주여 우리가 주의 이름으로 선지자 노릇 하
며 주의 이름으로 귀신을 쫓아내며 주의 이름으로 많은 권능을 행하지 아니하였나이까
하리니 23 그때에 내가 그들에게 밝히 말하되 내가 너희를 도무지 알지 못하니 불법을
행하는 자들아 내게서 떠나가라 하리라 24 그러므로 누구든지 나의 이 말을 듣고 행하
는 자는 그 집을 반석 위에 지은 지혜로운 사람 같으리니 25 비가 내리고 창수가 나고
바람이 불어 그 집에 부딪치되 무너지지 아니하나니 이는 주추를 반석 위에 놓은 까닭
이요 26 나의 이 말을 듣고 행하지 아니하는 자는 그 집을 모래 위에 지은 어리석은 사
람 같으리니 27 비가 내리고 창수가 나고 바람이 불어 그 집에 부딪치매 무너져 그 무
너짐이 심하니라 28 예수께서 이 말씀을 마치시매 무리들이 그의 가르치심에 놀라니 29
이는 그 가르치시는 것이 권위 있는 자와 같고 그들의 서기관들과 같지 아니함일러라

이 세상에는 가르치는 자리에 있는 분이 많습니다. 부모가 자녀를, 선생이 학생을, 목사가 성도를 가르치는 현장을 어렵지 않게 발견할 수 있습니다. 또 가르치는 일은 신성하고 보람 있다는 인식에 아직도 많은 사람이 공감합니다.

그러나 가르치는 자의 마음 한구석에는 염려와 불안이 항상 존재합니다. '과연 저들이 내가 심혈을 기울여 가르치는 교훈대로 살까? 만약 그렇지 않고 내 말을 다 흘려버린다면 내 가르침이 도대체 무슨 의미가 있을까?' 이런 생각이 들 때마다 열심히 가르쳐야겠다는 의욕이 꺾입니다. 아마도 가르치는 일을 하는 분이라면 누구나 공감할 것입니다.

예수님께서도 제자들과 무리를 향해 마태복음 5장에서 7장에 이르는 산상수훈을 가르치시면서, 마음 한편으로 동일한 심적 부담을 느끼셨던 것 같습니다. 순종에 대해 강도 높게 말씀하심으로써 산상수훈을 마무리하시는 것을 보면 이를 알 수 있습니다.

특히 맨 끝에서 집 짓는 비유를 통해 순종하는 자와 순종하지 않는 자를 극적으로 대비시키신 것은 이러한 주님의 심정을 그대로 보여줍니다. "이 말을 듣고 행하는 자는 그 집을 반석 위에 지은 지혜로운 사람 같으리니 비가 내리고 창수가 나고 바람이 불어 그 집에 부딪치되 무너지지 아니하나니 이는 주추를 반석 위에 놓은 까닭이요 나의 이 말을 듣고 행하지 아니하는 자는 그 집을 모래 위에 지은 어리석은 사람 같으리니"(마 7:24-26).

작은 예수로 살라

예수님께서는 산상수훈을 통해 자신을 닮은 작은 예수로서 어떤 인품을 지니고 어떻게 생활해야 하는지 다양한 예를 들어 구체적으로 설명하셨습니다. 복 있는 자가 되려면 마음을 비우고, 애통하며, 온유하고, 긍휼히 여기며, 마음이 청결하고, 화평케 하며, 의에 주리고 목말라해야 한다고 말씀하십니다. 경우에 따라서는 의를 위해 핍박도 감수해야 한다는 매우 높은 차원의 요구를 하십니다. 주님께서는 이 세상에서 빛과 소금의 역할을 감당하는 우리를 통해 믿지 않는 자들도 하나님께 영광 돌리기를 원하셨습니다.

이어서 실질적인 문제들을 언급하십니다. 형제에게는 원한을, 여인에게는 음욕을 품지 말며, 함부로 맹세하지 말라고 가르치십니다. 악한 자를 대적하지 말고 오히려 원수를 축복하는 자가 되라고 가르치십니다. 사람에게 보이려고 구제와 기도와 금식을 일삼는 외식하는 자가 되지 말라고 경계하십니다. 땅에 보물을 쌓아두고는 돈을 하나님처럼 숭배하지 말며, 남을 비판하지 말라고 말씀하십니다. 염려 대신 구하고 찾고 두드리는 기도를 하라고 권면하십니다. 좁은 문으로 들어가는 사람이 되어 좁은 길을 걸으라고 힘주어 말씀하십니다. 이 모든 내용을 우리에게 가르쳐주셨습니다.

순종은 믿음만큼 중요하다

우리 모두가 읽고 고백하는 바와 같이 예수님은 하나님의 아들이십니다. 그분은 가장 강력한 권세를 가진 분이며, 그분의 입에서 나오는 말씀은 바로 하나님께서 계시하신 말씀입니다. 그 말씀만이 생명과 진리와 길이 되며, 온 인류에게 소망을 가져다줄 수 있습니다. 그러기에 산에서 예수님의 말씀을 들은 사람들은 깜짝 놀라지 않을 수 없었습니다(마 7:28-29). 예수님의 말씀에서 뭔가 설명할 수 없는 권위가 느껴졌기 때문입니다. 직업적으로 가르치는 서기관에게서는 결코 찾아볼 수 없었던 능력이 그분께 흐르고 있었습니다. 흡인력 있는 말씀 앞에 어둠이 물러가고 빛이 찾아드는 것을 느꼈고, 그래서 무릎을 꿇었습니다.

그러나 아무리 절대 권위를 가진 하나님의 말씀이라고 해도 그 권위에 순복하지 못하고 대수롭지 않게 흘려버린다면 아무런 소용이 없습니다. 마치 무너질 줄 알면서도 땀 흘려 집을 짓는 어리석은 사람처럼 결국에는 남는 것이 하나도 없을 것입니다. 그러면 이렇게 질문할지 모릅니다. "순종을 안 하면 구원까지도 못 받는다는 말씀입니까?" 인정하고 싶지 않겠지만 솔직히 말해 구원받지 못할 확률도 많습니다.

21절은 이러한 사실을 그대로 보여줍니다. "나더러 주여 주여 하는 자마다 다 천국에 들어갈 것이 아니요 다만 하늘에 계신 내 아버지의 뜻대로 행하는 자라야 들어가리라." 우리는 보통 "믿음으로 구원받는다"는 말씀만 덥석 받아 들고서, '순종은 잘 못해도 믿기만 하면 된다'는 안일한 생각을 가지고 신앙생활을 합니다. 그러나 "믿음으로 구원받는다"는 바울의 말보다 "순종하는 자가 천국에 들어간다"는 예수님의 말씀에 더 큰 권위가 있음을 알아야 합니다. 그러므로 예수님을 믿지만 순종에는 관심이 없는 사람은 남는 것이 없는 신앙생활을 할 수 있으며, 결국에는 구원받지 못할 확률이 높습니다.

이렇듯 신앙생활에서 순종은 믿음만큼 중요합니다. 그럼에도 많은 분들이 이 사실을 명확하게 알지 못해 곤란해지곤 합니다. 얼마 전 제게 이메일을 보낸 젊은이도 예외는 아니었습니다. "목사님, 예수님을 믿은 지 그리 오래되지 않은 제 후배가 성경을 읽다가 한 가지 의문이 생겼다면서 저에게 다음과 같이 질문해왔습니다. '형, 성경 어딘가에 누구든지 예수 그리스도를 믿고 영접하면 영생을 얻는다고 말씀했는데, 또 다른 곳을 넘겨보니 나더러 주여, 주여 하는 자마다 천국에 들어가지 못하고 아버지의 뜻대로 행하는 자가 들어간다고 되어 있더군요. 성경에 일관성이 없는 것 같아서 약간 혼동이 되는데 형이 좀 가르쳐주세요.'"

그런데 그 말을 듣고 보니 혼동이 생기기는 자기도 마찬가지여서 제게 답을 달라고 이메일을 보내온 것입니다.

성경 지식이나 기초 교리가 빈약하면 누구나 겪을 수 있는 혼란이지만, 반드시 정리해야 할 과제임에는 분명합니다.

거짓 선지자를 조심하라

누군가에게 잘못 배웠거나 좋지 않은 영향을 받은 경우에도 순종의 중요성을 망각할 수 있습니다. 산상수훈의 마지막에 이르러 예수님께서 왜 거짓 선지자들을 삼가라고 하시는지 신중히 생각해볼 필요가 있습니다.

"거짓 선지자들을 삼가라 양의 옷을 입고 너희에게 나아오나 속에는 노략질하는 이리라"(마 7:15). 거짓 선지자는 구약시대와 마찬가지로 신약시대에도 교회 안팎으로 활동하고 있었습니다. 이들을 일컬어 사도 바울은 '사나운 이리'라고 말한 바 있습니다(행 20:29).

유대에서는 호시탐탐 양을 덮치려는 이리들이 목장 주변에서 배회하는 광경을 흔히 볼 수 있었습니다. 바로 이러한 이리 같은 자들이 교회 안과 밖에 진을 치고는 거짓된 말로 사람들을 유인하고 시험한다는 것입니다. 더욱 놀라운 사실은 바울이 자기한테서 복음을 듣고 장로까지 된 사람들을 앉혀놓고 "너희들 중에도 사나운 이리와 같은 거짓 선지자들이 나올 것이다"라고 말했다는 점입니다.

주님은 거짓 선지자들을 나쁜 나무에 비유하십니다. 나무가 나쁘다는 말은 나무의 질이 근본적으로 좋지 않음을 의미하므로 으레 열매도 나쁠 수밖에 없습니다. 이와 같이 거짓 선지자들도 근본이 잘못된 사람들이요, 중생이나 회개와는 거리가 먼 사람들이라는 것입니다. 그들은 입만 요란할 뿐 진심으로 하나님을 사랑하지 않으며, 자기 유익을 위해 마음대로 행동합니다. 나쁜 열매, 불순종의 열매를 맺으며 사는 것입니다.

그런데도 이들이 간혹 엄청난 사역을 하곤 합니다. 큰 교회를 인도하는 지도자가 되거나, 귀신을 쫓아내고 병자를 고치는 등의 권능을 행하기도 합니다(마 7:22). 하지만 실제로는 전부 거짓 선지자요, 이리 떼라는 말입니다. 주님은 이런 사람들이 말세에 이르러 교회 안에 많이 생겨나고 기세를 올릴 것이라고 예견하셨습니다.

또한 그들도 "주여, 주여"라고 외칩니다. 원래 이 말에는 굉장한 뜻이 담겨져 있습니다. 즉, "왕이시여. 하나님이시여. 나는 당신을 나의 하나님, 나의 왕으로 모십니다. 절대 충성하겠습니다. 무엇이든지 명령하십시오. 오라고 하면 오고, 가라고 하면 가겠습니다. 주님이 원하시면 내 생명도 아끼지 않고 드리겠습니다"라는 신하의 맹세가 포함되어 있습니다. 그러나 그들은 순종과는 거리가 먼, 타성에 젖은 "주여, 주여"만 외칠 뿐입니다. 입으로는 충성을 맹세하면서도 삶에서는 충성하지 않는 모순을 보입니다.

주후 100년경 교회가 조금씩 성장하면서 교회 안에 거짓 선지자들의 횡포가 잦아졌습니다. 그래서 교회 지도자들은 거짓 선지자들을 구별하는 방안으로 지침서를 만들었는데, 이것이 바로 '디다케'(Didache)입니다. 그중 한 가지만 소개하면 다음과 같습니다. "말만 하고 실천하지 않는 사람은 거짓 선지자니라. 가르치기만 하고 행하지 않는 사람은 거짓 선지자니라."

더욱 심각한 것은 거짓 선지자들이 자신들만 나쁜 열매를 맺는 데서 그치지 않고 교회 안에까지 들어와 착한 성도들을 유인한다는 점입니다. 좁은 문으로 들어가 좁은 길로 걸어가려는 사람들을 곁에서 유인해 넓은 길로 밀어넣었습니다. 여기에서 넓은 길이 순종과는 무관하게 자기 좋을 대로 신앙생활하는 것이라면, 좁은 길은 주님을 따라가기 위해 어떠한 대가를 치르더라도 순종하는 것을 말합니다.

말씀을 희석시키는 사람들

우리가 지금 신앙생활을 하는 터전은 결코 안전지대가 아닙니다. 예수님은 "아버지의 뜻대로 행하는 자가 구원받는다", "내가 너희에게 분부한 모든 것을 가르쳐 지키게 하라"고 말씀하면서 순종을 철저히 강조하셨습니다. 하지만 이런 주님의 말씀에 물을 타는 사람이 우리 주변에 너무도 많습니다. 그들은 예수님의 권세와 권위에 도전해 자기 마음대로 하나님의 말씀을 희석시키곤 합니다. 소위 교회 중진이라고 하는 사람들이 교회 안에서는 예수님을 잘 믿는 것처럼 허세를 부리면서, 실상은 거짓 선지자들의 일에 가담하는 경우가 많습니다.

여기에서 '물을 탄다'는 표현의 의미를 다음 몇 가지 예로 쉽게 설명할 수 있습니다. "온유한 자는 복이 있나니 그들이 땅을 기업으로 받을 것임이요"(마 5:5)라는 말씀에 이렇게 반응하는 것입니다. "상대방이 조금만 순해 보여도 짓밟아버리는 악한 세상에서 어떻게 온유함으로 살 수 있다는 말인가? 성경은 좋은 말씀만 할 뿐이다. 자동차 접촉사고만 나도 당장 큰소리치는 사람이 이기는 세상인데 온유해서는 절대로 세상에서 살아갈 수 없다. 그러니 적당히 듣고 새기면 된다."

또한 원수를 사랑하라는 말씀에는 "원수를 사랑하라는 말은 귀가 아프도록 들어왔지만 실제로 그런 사람이 어디 있는가? 한낱 기독교의 이상론일 뿐이지. 그런 말씀을 너무 예민하게 받아들이다 보면 사는 것보다 차라리 죽는 쪽이 더 행복할지도 몰라" 하고 적당히 타협해버립니다.

보물을 하늘에 쌓아두라는 말씀에 대해서도 마찬가지입니다. "성경은 항상 그렇게 말씀하지만, 성경 다른 곳에 보면 하나님이 주시는 것을 받아서 날마다 누리고 먹고 마시고 기뻐하라는 말씀도 있지. 그러니까 성경 한 구절에만 너무 집중하지 말고 골고루 볼 필요가 있어." 그러고는 온통 인생을 즐기는 데에만 관심을 쏟을 뿐, 정작 주님의 길을 따라가고 그분께 순종하는 데에는 무관심하거나 소극적으로 반응합니다.

그뿐만이 아닙니다. "구원은 믿기만 하면 받는다고 했는데, 뭘 더 순종하라는 것인가? 선행을 이야기하는 것은 오히려 복음의 정신을 왜곡하는 것이고 복음과 상충되는 것이다. 하나님의 말씀에 온전히 순종하는 사람이 어디에 있겠는가? 단지 좀 더 거룩하게 살라는 말이므로 예전처럼 믿기만 하면 된다"라면서 말씀의 기준을 끌어내립니다.

이런 사람들은 하나같이 예수님의 말씀에 물을 타는 사람들로서, 거짓 선지자들이 될 확률이 높기 때문에 경계해야 합니다. 가령 밤낮없이 기도한다고 교회에 드나들면서도 말씀을 실천하는 데에는 무관심하여 가정과 교회에 덕을 세우지 못하는 사람들이나, 또는 인격이 불신자만도 못하면서 믿음을 과시하는 교만한 사람들을 들 수 있습니다.

우리는 말씀을 희석시켜 기독교의 진리를 값싼 복음으로 전락시키는 사람들을 특별히 조심하면서, 그들의 영향권에 들어가지 않도록 경계를 게을리해서는 안 됩니다. 그럴 때 비로소 믿는 대로 순종하는 주님의 제자가 될 수 있습니다.

좋은 나무가 좋은 열매를!

믿음과 순종의 관계를 좀 더 깊이 이해시키려고 예수님은 나무와 열매의 관계에 비유해 말씀하셨습니다. 좋은 나무가 좋은 열매를 맺는 것은 자연의 법칙입니다. 참믿음을 가진 자가 순종하는 일은 영적 불변의 법칙입니다. 아무리 나무의 모양이 탐스럽고 꽃이 만발해도, 가을이 되어 탐스럽게 익은 열매를 먹어보지 않고는 나무의 질을 판가름할 수 없습니다.

믿음도 마찬가지입니다. 믿음은 영적이고 내면적인 것입니다. 믿는다는 말만 들어서는 참된 믿음과 거짓 믿음을 식별하기가 어렵습니다. 차라리 순종하는 삶을 통해 확인해야 합니다. 순종하는 삶은 실제적이고 외적이어서 믿음의 질을 평가하는 중요한 기준이 됩니다.

그러므로 순종하지 않는다면 믿지 않는 사람이거나 잘못 믿는 사람입니다. 반대로 순종한다면 바르게 믿는 사람입니다. 주님께서 이 세상에 복음을 전하시는 목적도 모든 민족으로 믿어 순종케 하기 위함이라고 말씀하셨습니다(롬 16:26). 그러므로 믿음과 순종은 불가분의 관계입니다.

야고보는 믿음과 행함의 절대적인 관계를 몇몇 구절에서 명료하게 설명합니다. "내 형제들아 만일 사람이 믿음이 있노라 하고 행함이 없으면 무슨 유익이 있으리요 그 믿음이 능히 자기를 구원하겠느냐"(약 2:14). "네가 보거니와 믿음이 그의 행함과 함께 일하고 행함으로 믿음이 온전하게 되었느니라"(약 2:22). "영혼 없는 몸이 죽은 것같이 행함이 없는 믿음은 죽은 것이니라"(약 2:26).

한편 야고보서의 이와 같은 말씀은 믿음으로만 구원을 얻는다는 로마서 말씀과 정면으로 충돌하는 듯 보입니다. 그러나 자세히 보면 충돌이 아닌 조화요, 보완임을 발견할 수 있습니다. 행함이 있는 믿음만이 산 믿음임을 줄곧 강조하는 그의 어조로 보아서는, 우리가 대단히 순종하기 힘든 일을 행하라고 할 것만 같습니다. 그러나 야고보서를 다 읽고 난 뒤 그 목록을 작성해보면, 하나같이 우리가 얼마든지 순종할 수 있는 평범한 것들이라는 사실에 놀라게 됩니다.

먼저 예수님을 믿는 사람은 '자기 혀를 재갈 물려야 한다'고 합니다. 혀를 재갈 물리지 못하고 나오는 대로 내뱉어 사람들에게 상처를 주고, 거짓말도 거침없이 한다면 믿음을 가진 자라 할 수 없습니다. 또한 '고아와 과부를 환란 중에 돌아보라'고 합니다. 안 믿는 사람도 자신보다 더 곤핍한 사람들을 도우려고 나서는데, "주여, 주여" 하면서 그들을 외면한다면 누구도 그 믿음을 인정할 수 없습니다.

아울러 "자기를 지켜 세속에 물들지 말라"고 당부합니다. 비록 우리가 세속의 탁류가 범람하는 세상에서 살고 있지만 결코 세속화되어서는 안 됩니다. 한 예로 결혼해서 고생하며 사는 딸에게 "얘, 그만 헤어져. 그렇게 힘들게 살 필요가 뭐 있니? 나이 젊을 때 이혼하면 좋은 남자 만나기도 더 쉬워. 내가 기도할 테니 그만 헤어져라"와 같은 식으로 말한다면 완전히 세속화된 믿음을 가지고 있는 것입니다.

야고보는 계속해서 '외모로 사람을 구별하지 말라'고 말합니다. 당시만 해도 화려하게 치장한 옷차림에 부유해 보이는 사람이 예배에 참석하러 오면 앞쪽의 좋은 자리로 정중하게 인도하고, 남루한 옷차림에 초라해 보이는 사람의 경우 뒤쪽에 아무 데나 앉도록 불친절하게 대했던 모양입니다.

야고보가 열거한 내용들은 지극히 평범하고, 믿지 않는 사람들까지도 실천하는 미덕입니다. 그런데 이 정도 일에도 순종하지 않으면서 하나님을 믿는다고 한다면, 누가 그런 믿음을 구원받는 믿음이라고 하겠습니까? 옆집 강아지도 웃을 만한 믿음이 아닐까요?

순종이 따르지 않는 믿음은 참된 믿음이 아닙니다. 그런데 우리의 신앙생활 이면에는 항상 믿음과 순종 사이를 이간하는 문제가 숨어 있습니다. 이것은 트로이성을 함락시킨 목마와 같이 우리를 무너뜨릴 수 있는 복병임을 알아야 합니다. 일반적으로 우리는 성경을 배우면서 삶에 적용하기보다는, 단편적인 정답을 습득하는 데만 관심을 기울였습니다. 정답만 알면 모든 신앙생활 과정을 끝낸 것으로 간주해 버리는 잘못된 교회 문화에 오랫동안 젖어왔기 때문입니다. 그러나 말씀을 듣고 배우면서 얻은 진리는 반드시 삶이 뒤따라야만 완전해집니다.

이러한 한국교회의 취약점을 데니스 레인(Denis J. V. Lane) 목사는 다음과 같이 지적했습니다. "한국교회는 높이 살 만한 두 가지 장점을 가지고 있는데, 바로 뜨거운 기도와 헌신이다. 그러나 말씀을 실생활에 적용하고 순종하는 일은 너무나 등한히 한다." 10여 년 동안 한국에 드나들면서 그분이 내린 결론에 그저 부끄러울 따름입니다.

다시 말하면 우리가 순종이 없는 신앙생활에 열정을 쏟고 있다는 것입니다. 문제는 이러한 사람의 기도를 하나님께서 얼마나 들으시며, 그의 헌신을 얼마나 기뻐하실까 하는 것입니다. 이사야 1장을 보십시오. 하나님께서는 그런 기도를 듣지 않으시고, 그런 헌물 또한 기뻐하지 않으시며, 그런 소행을 견디지 못하겠다고 말씀하십니다.

그러므로 믿음에서 순종은 생명과도 같습니다. 우리가 무언가를 믿는다면, 그것을 사실로 믿고 행동해야만 그 믿음이 참되다는 증거를 얻을 수 있습니다. 성경이 말하는 믿음, 천국에 도달하는 믿음, 예수 그리스도를 나의 구주로 고백하고 그분을 닮고자 하는 열정을 가지는 믿음은 순종을 요구합니다. 위대한 신학자 본회퍼(Dietrich Bonhoeffer)가 이를 한마디로 정리했습니다. "믿는 자는 순종하며, 순종하는 자만이 믿는다."

예수님께서 우리에게 산상수훈을 주시면서 특별히 순종을 명하신 이유가 있습니다. 바로 우리 모두가 예수님을 닮아가는 작은 예수가 되기를 소원하셨기 때문입니다. 죄인이요, 하나님과 원수 되었던 우리가 하나님의 거룩한 아들과 딸의 모습으로 변할 수 있다고 인정해주시는 것 자체가 엄청난 영광이요, 특권이 아닐 수 없습니다.

믿음만으로는 예수님을 닮아갈 수 없다는 사실을 꼭 기억해야 합니다. 반드시 믿고 순종하는 과정을 통해서 주님의 모습을 닮아갈 수 있습니다. 이 길이야말로 영생이 있는 길이요, 영원토록 하늘의 별처럼 빛나는 복의 길입니다.

순종은 은혜를 부른다

주님을 닮기 위해 말씀 한마디 한마디에 힘과 정성을 다해 순종하려고 하는 자에게는 하나님께서 비밀한 은혜를 주십니다. 신앙생활을 하면서 간혹 우리의 영적 토양이 황폐화되고 침체기를 맞는 이유는 순종을 안 하기 때문입니다. 다음 간증은 순종하는 자에게 주시는 하나님의 은혜를 잘 보여줍니다.

오래전부터 알았던 믿음이 좋고 아름다운 자매가 있습니다. 그런데 그에게도 믿음의 가시가 있었습니다. 가족 가운데 화해하지 못한 채 수십 년간 담을 쌓고 지내온 지체가 있었던 것입니다. 그로 인해 많은 고통과 아픔을 겪었습니다. 이런 환경 속에서 그 자매가 며칠 전 편지를 보내왔습니다.

"목사님, 요즘 몇 달 동안 하나님이 주시는 은혜의 큰 물결 속에서 하나님의 숨결을 느끼며 살고 있습니다. 회개와 더불어 용서하려는 마음이 생겨났고, 그동안 미워해온 그분에 대해 잊고 살았던 감사가 생각나도록 하셨습니다. 가슴 찢어질 듯이 애틋한 사랑으로 그분을 축복하며 기도하게 하신 주님의 손길에 그저 감격스러울 뿐입니다. 언젠가 목사님이 하신 설교 가운데, '사랑이 얼마나 아름답습니까? 사랑이 얼마나 강합니까? 사랑이 얼마나 위대합니까? 사랑은 서로 위로하는 것, 사랑은 서로 용서하는 것, 사랑은 서로 인내하는 것, 사랑은 외로운 사람과 함께하는 것입니다'라는 말씀을 얼마나 많이 생각했는지 모릅니다. 이렇게 잘 배워 제 생활 속에 기쁨과 감격을 주신 목사님께 다시 한번 깊은 감사를 드리며, 부끄럽지만 마음이 변화되었다는 기쁜 소식을 전해드리고 싶었습니다."

편지를 정리하면, '사랑하라, 순종하라'는 말씀에 순종했더니 은혜의 파도가 마음속 깊이 밀려왔다는 것입니다. 그래서 전에 느끼지 못했던 감사가 꽃피고, 기쁨이 샘처럼 솟아나며, 지친 영혼이 힘을 얻어 하늘을 비상하는 듯한 은혜를 얻었다는 내용입니다.

이렇듯 순종하면 하나님께서 은혜를 부어주십니다. 순종하지 않으면 훨씬 더 편한 신앙생활을 하리라고 생각할지 모르지만 그것은 위험한 착각입니다. 결국 모래 위에 집을 지었다가 한순간에 무너지는 비참한 신앙생활로 끝나고 맙니다. 힘들고 어려울지라도 주님을 사랑하는 마음으로 묵묵히 순종하며 좁은 길을 걸어가십시오. 그러면 하늘로부터 오는 은혜의 파도가 우리 안에 밀려들어, 우리의 영혼을 풍요롭고 행복하게 만드는 신앙생활로 인도할 것입니다.

신앙생활의 행복과 불행을 가르는 갈림길은 순종에 있습니다. 다시 말합니다. 순종은 믿음만큼 중요합니다. 이것이 주님이 주시는 산상수훈의 마지막 결론이요, 예수님의 엄숙한 말씀입니다. 이 귀한 진리를 가슴에 담고 말씀대로 살아가는 행복한 주의 제자가 되기를 바랍니다.

예수님께서는 산상수훈을 통해
자신을 닮은 작은 예수가 되려면
어떤 인품을 지니고
어떻게 생활해야 하는지 말씀하셨다.

우리 모두가 고백하는 바와 같이
예수님은 하나님의 아들이다.
그분은 최고의 권세를 가지신 분이며
그 입에서 나오는 말씀은
바로 하나님께서 계시하신 말씀이다.

그러나 아무리 절대 권위를 가진
하나님의 말씀이라고 해도
그 권위에 순복하지 못하고
대수롭지 않게 흘려버린다면
아무런 소용이 없다.
순종이 따르지 않는 믿음은 참믿음이 아니다.
좋은 나무가 좋은 열매를 맺는 것은
자연의 법칙이다.
참믿음을 가진 자가 순종하는 일은
영적 불변의 법칙이다.

순종하는 삶은 실질적이고 외적이어서
믿음의 질을 평가하는 중요한 기준을 제공한다.
믿음에서 순종은 생명과도 같다.
믿음만으로는 예수님을 닮아갈 수 없다.
믿고 반드시 순종함으로써
비로소 주님의 모습을 닮아갈 수 있다.

힘들고 어려울지라도
묵묵히 순종하며 좁은 길을 걸어가라.
그러면 하늘로부터 내려온 은혜가
우리를 행복으로 인도할 것이다.

Index of Scripture Passages

성경구절 색인

산상수훈 2 하늘 행복으로 살아가는 작은 예수

국제제자훈련원은 건강한 교회를 꿈꾸는 목회의 동반자로서 제자 삼는 사역을 중심으로
성경적 목회 모델을 제시함으로 세계 교회를 섬기는 전문 사역 기관입니다.

옥한흠 전집 강해 10

산상수훈 2 하늘 행복으로 살아가는 작은 예수

초판 1쇄 발행 2001년 7월 25일
개정2판 1쇄(12쇄) 발행 2020년 8월 14일

지은이 옥한흠

펴낸이 오정현
펴낸곳 국제제자훈련원
등록번호 제2013-000170호(2013년 9월 25일)
주소 서울시 서초구 효령로68길 98(서초동)
전화 02)3489-4300 **팩스** 02)3489-4329
이메일 dmipress@sarang.org

ISBN 978-89-5731-816-4 04230
ISBN 978-89-5731-785-3 04230(세트)

※ 책값은 뒤표지에 있습니다. 잘못된 책은 구입하신 곳에서 교환해드립니다.